Neue
Kleine Bibliothek 276

W0075693

P. M. 01-02/20

Bernhard Knierim
Winfried Wolf

Abgefahren

Warum wir eine
neue Bahnpolitik brauchen

PapyRossa Verlag

Gewidmet all denen, die vor Ort für eine »Bahn für Alle« und gegen die zerstörerischen Projekte der Deutschen Bahn AG kämpfen. Zu nennen sind insbesondere die Aktiven im Bündnis »Bahn für Alle«, die »Prellbock Altona«-Initiative in Hamburg, die »BeltretterInnen« auf Fehmarn, die Freundinnen und Freunde in München im Kampf gegen die »Zweite S-Bahn-Stammstrecke« und nicht zuletzt die Menschen in Stuttgart, die seit gut zehn Jahren mit Demos an jedem Montag und seit mehr als neun Jahren mit dem Mahnwachenzelt den vorbildlichen Bürgerprotest gegen Stuttgart 21 am Leben halten.

© 2019 by PapyRossa Verlags GmbH & Co. KG, Köln
Luxemburger Str. 202, 50937 Köln
Tel.:   +49 (0) 221 – 44 85 45
Fax: +49 (0) 221 – 44 43 05
E-Mail: mail@papyrossa.de
Internet: www.papyrossa.de

Alle Rechte vorbehalten

Umschlag: Verlag, unter Verwendung
               eines Fotos © by chalabala / Adobe Stock [118816765]
Druck: Interpress

Die Deutsche Nationalbibliothek verzeichnet diese Publikation in der Deutschen Nationalbibliografie; detaillierte bibliografische Daten sind im Internet über http://dnb.d-nb.de abrufbar

ISBN 978-3-89438-707-5

Inhalt

**Kommentare von Personen und Initiativen,
die sich für den klimafreundlichen Schienenverkehr engagieren**

Vorwort

»Alle reden vom Klima – Wir nicht.« Mit einer solchen Losung müsste in diesen Zeiten der drohenden Klimakatastrophe eigentlich für die Schiene geworben werden. Doch so wie der wunderbare Bundesbahn-Werbespruch aus den 1960er Jahren »Alle reden vom Wetter – Wir nicht« als PR der heutigen Bahn als Lachnummer aufgefasst werden würde, so wirkt auch ein abgewandelter Klimaretter-Bahn-Slogan unglaubwürdig. Ein wachsender Teil der Bevölkerung empfindet in Bezug auf Pünktlichkeit und Zuverlässigkeit der Bahn, Komfort und Service im Schienenverkehr, das Ansehen der Deutsche Bahn AG und den Zustand der Infrastruktur wohl die Charakterisierung »abgefahren« als weitaus zutreffender.

Obwohl wir die Eisenbahn als klima- und umweltfreundlichstes Verkehrsmittel dringender denn je brauchen, erleben wir seit Jahrzehnten ihren Niedergang. Aus unserer Sicht spricht viel dafür, dass die Bahn in Deutschland sich weiter in ihrer existenziellen Krise festfährt. Dabei wird der Schienenverkehr in Deutschland heute von *vier Seiten* bedroht.

Erstens gibt es einen Verkehrsmarkt, in dem seit vielen Jahrzehnten systematisch der Straßenverkehr und die Luftfahrt bevorzugt und die Schiene benachteiligt werden. Um dies nur für die Verkehrswege zu verdeutlichen: Allein seit der Vereinigung von BRD und DDR wurde das Schienennetz um 7000 Kilometer abgebaut, während im gleichen Zeitraum zehntausende Kilometer neue Straßen, darunter allein 2300 Kilometer neue Autobahnen, gebaut wurden. Der Kahlschlag im Bereich Schiene betrifft vor allem Qualität und Effizienz der Infrastruktur. Im Zeitraum 1994 bis 2018 wurde die Zahl der Weichen und Kreuzungen im Schienennetz mehr als halbiert.

Zweitens befindet sich der Bahnkonzern in einer akuten Finanz-
und Strukturkrise. Für das Jahr 2019 weist die Deutsche Bahn AG in
ihrer Bilanz Schulden in Höhe von 25 Milliarden Euro aus. Damit
ist der Schuldenberg erstmals höher als derjenige, den die Deutsche
Bundesbahn im Zeitraum 1949 bis 1992 mit 47,8 Milliarden DM
angehäuft hatte. Wohlgemerkt: Die Deutsche Bahn AG startete im
Januar 1994 schuldenfrei. Diese Krise ist das logische Ergebnis der
Privatisierung der Eisenbahn im Jahr 1994, was euphemistisch als
»Bahnreform« bezeichnet wurde, der fatalen Orientierung auf den
Börsengang (2000 bis 2008) und – seit mehr als zwei Jahrzehnten –
des verantwortungslosen Kahlschlags bei Infrastruktur und Beleg-
schaft.

Drittens stellt die 2012 beschlossene grundsätzliche Zulassung
des flächendeckenden Fernbusverkehrs einen weiteren Mosaikstein
der »verkehrten Verkehrsmarktordnung« dar. Ähnlich wie im Fall
der Konkurrenz zwischen Uber und dem traditionellen Taxigewer-
be gibt es inzwischen einen höchst ungleichen Konkurrenzkampf
zwischen Schienenfernverkehr und Busfernverkehr. Das damit verbundene Preisdumping hat dazu geführt, dass der Fernverkehr auf
Schienen nicht mehr kostendeckend betrieben wird.

Viertens haben wir es im Bundesverkehrsministerium im Allgemeinen und bei der Deutschen Bahn AG im Besonderen mit Institutionen zu tun, deren Spitzenpersonal – zurückhaltend formuliert – keinerlei Leidenschaft für den Schienenverkehr aufbringt. Ja,
ein großer Teil insbesondere des Führungspersonals der Deutschen
Bahn ist strukturell mit dem konkurrierenden Straßenverkehr bzw.
der Luftfahrt verbunden. Diese Personen sind mitverantwortlich
für die zerstörerischen Prozesse im Bereich Schiene. Auf sie trifft in
politischer – und oft auch in juristischer – Hinsicht der Vorwurf der
Untreue zu.

Damit nicht auch in Bälde gilt, der sprichwörtlich letzte Zug sei
»abgefahren«, schrieben wir als zwei leidenschaftliche Bahnfahrer,
die sich seit eineinhalb Jahrzehnten gemeinsam mit der Thematik
befassen und für eine »Bahn für Alle« werben, dieses Buch. Es geht

nicht in erster Linie um ein paar Dutzend Milliarden Euro mehr, nicht um ein paar Prozentpunkte Mehrwertsteuer im Schienenfernverkehr weniger und nicht um das eine oder andere Bauernopfer im Bahnvorstand. Vielmehr brauchen wir eine grundsätzlich neue Bahnpolitik. Wir skizzieren in dieser Schrift die Grundzüge einer solchen »Bahnwende in der Verkehrswende«. Diese haben wir in insgesamt 16 Kapitel eingeteilt, die sich jeweils mit einem Aspekt der Bahnkrise befassen. Am Ende eines jeden Kapitels präsentieren wir konkrete Lösungsvorschläge für eine bessere Bahn.

Dazu lassen wir nach jedem Kapitel Personen bzw. Initiativen aus dem Bahnsektor zu Wort kommen, die ihre eigenen Erfahrungen dokumentieren und Bausteine für eine »Bahn der Zukunft« vortragen. Ohne einen Neuanfang kann die selbstzerstörerische Fahrt aufs verkehrspolitische Abstellgleis nicht gestoppt und damit der erforderliche Beitrag der Schiene für eine nachhaltige Klimapolitik nicht geleistet werden.

Bernhard Knierim und Winfried Wolf

Kapitel 1
Das Klima. Die Bahnkrise. Die Politik.

> In ihrem Koalitionsvertrag setzten sich Union und SPD so ehr-
> geizige Pläne für den Bahnverkehr, dass jeder Umweltschützer
> nur begeistert sein kann. Aber in der Realität war es bisher so:
> Die Schiene bekommt die schönen Worte und die Straße das
> Geld. Die Haushaltsmittel für Neu- und Ausbau der Bahn stei-
> gerten Union und SPD von 2017 auf 2019 um vier Prozent, wäh-
> rend das Budget für neue Fernstraßen um 45 Prozent wuchs.
>
> *Dirk Flege, Allianz pro Schiene, 2019*[1]

Ende des zweiten Jahrzehnts des 21. Jahrhunderts steht die Klimakrise zu Recht im Zentrum der gesellschaftlichen Debatten. 61 Prozent
der Bevölkerung in Deutschland erklären, der Klimawandel bereite
ihnen »große Sorgen«. Zwei Jahre zuvor waren es erst 37 Prozent.
70 Prozent fordern vor dem Hintergrund der Klimaerwärmung den
Ausbau des öffentlichen Verkehrs.[2] Hunderttausende junge Menschen beteiligen sich europaweit an den Fridays-for-Future-Demos,
auf denen Forderungen nach einer Energie- und Verkehrswende die
zentrale Rolle spielen. In Deutschland erscheint vielen eine grün-
rot-rote Regierung auf Bundesebene vorstellbar – nicht nur eine rot-
grün-rote in dem eher kleinen Stadtstaat Bremen. Wobei auch hier,

---

1   Zitiert in: Focus 9/2019.

2   Repräsentative Umfrage zu Mobilität »Bürger wünschen passende Lösun-
    gen für Stadt und Land – mehr Klimaschutz vom 6. Mai 2019, Institut für
    Demoskopie Allensbach (IfD). Die Umfrage zum ÖPNV-Nulltarif (mit 71 %
    Befürwortung) nach Infratest dimap, Januar 2018.

im Koalitionsvertrag der SPD-Grünen-Linken-Landesregierung in der Hansestadt, die Themen Klima, Energie und Verkehr eine zentrale Rolle spielen.

In einer solchen Situation ist die Bahn gefragt. Doch wo ist die Bahn? Wo ist die bahnpolitische Antwort auf die Klimakrise? Die Deutsche Bahn AG befindet sich in einer tiefen Krise. Und in einem Stimmungstief.

In den vergangenen 25 Jahren, seit der Bahnreform im Jahr 1994, konnte die Schiene laut offizieller Statistik ihren Anteil am Verkehrsmarkt nicht erhöhen. Geht es nach der gefühlten Statistik, wie sie Millionen Bürgerinnen und Bürgern vor Augen schwebt, dann bestimmt der Rückzug der Schiene das Bild: Ganze Regionen sind heute ohne Schienenanbindung. Auch größere Städte verloren – gewissermaßen Zug um Zug – ihre Anbindung an den Fernverkehr auf Schienen. In allen Bundesländern gibt es einen Flickenteppich unterschiedlicher Bahnunternehmen: mit unterschiedlichen Lackierungen, mit unterschiedlichen Standards und mit regional unterschiedlichen Tarifsystemen.

Die Deutsche Bahn wird mit Servicewüste und Kundenfeindlichkeit gleichgesetzt. Sprichwörtlich ist der Tarifdschungel bei der Deutschen Bahn. »Verzögerungen im Betriebsablauf« bestimmen die Reiseketten. Würde die Deutsche Bahn AG heute für sich mit einem Plakat werben, wie dies die Deutsche Bundesbahn in den 1960er Jahren erfolgreich tat – ein Zug fährt durch eine winterliche Landschaft; dazu der Slogan: »Alle reden vom Wetter. Wir nicht« – es wäre die reine Lachnummer. Genauer: Die sozialen Medien würden durchtost von einem Bahn-Bashing-Shitstorm. Ist doch längst im wiedervereinigten Deutschland das Frage- und Antwortspiel aus der DDR beliebt: »Was sind die vier Feinde der Bahn? – Frühling, Sommer, Herbst und Winter!« Wesentliche Dienstleistungen und Marktsegmente, die noch Anfang der 1990er Jahre im Schienenverkehr selbstverständlich waren, sind komplett entfallen: Tausende Bahnhöfe wurden verkauft. Mehr als tausend Reisebüros mussten den Verkauf von Bahntickets aufgeben. Siebenhundert Reisezentren der Deutschen Bahn – ein Drittel aller DB-eigenen Verkaufsstellen – wurden geschlossen.[3] Hunderte Haltestellen im Schienennetz gibt es nicht mehr. Der Stückgutverkehr wurde eingestellt. Postverkehr mit Zügen: Vergangenheit. Die Autoreisezüge wurden aufgegeben. Der Nachtzugverkehr mit seiner mehr als hundertjährigen Tradition, der mit Nostalgie, Reisekultur und Filmgeschichte verbunden ist und dessen Züge oft Wochen im Voraus ausgebucht waren: von den Bahnoberen zur Eisenbahngeschichte erklärt. Orte wie Eschede, Hordorf, Bad Aibling und Dierdorf stehen für schwere Eisenbahnunfälle, die den grundsätzlich berechtigten Ruf, die Eisenbahn sei die sicherste Art motorisiert zu verkehren, lädierten. Diese Unfälle werden von den Bahn-Oberen mit »menschlichem Versagen« und einer »Verkettung unglücklicher Umstände« erklärt. Tatsächlich spielten Fehlentscheidungen der Verantwortlichen, unzureichende Wartung oder der Einsatz veralteter Sicherungstechnik immer wieder eine wesentliche Rolle.[4]

Aber die Bahn tut doch was! Das stimmt. Sie investiert Milliardensummen. Beispielsweise für teure Großprojekte, die sinnlos und zerstörerisch sind. In Stuttgart werden mehr als zehn Milliarden Euro dafür ausgegeben, einen funktionierenden Kopfbahnhof mit sechzehn Gleisen in einen im Wortsinn brandgefährlichen Tiefbahnhof mit acht Durchfahrgleisen umzuwandeln. In Hamburg soll der Fernbahnhof Altona, der für einen funktionierenden Bahnbetrieb in der Stadt wichtig und eine Entlastung für den Hauptbahnhof ist, aufgegeben werden zugunsten eines lächerlichen Minibahnhofs am Rande der Stadt. In Münchens Zentrum soll in 30 bis 40 Meter Tiefe eine fragwürdige neue S-Bahn-Linie unter der Stadt (»zweite Stammstrecke«) gebaut werden. Um für dieses Vorhaben vollendete Tatsachen zu schaffen, wird seit Juni 2019 im

---

3   Siehe: Thomas Wüpper, Fast 300 Reisebüros verkaufen keine Zugtickets mehr, Stuttgarter Zeitung vom 11. April 2017.

4   Die im vorangegangenen Abschnitt skizzierten Aspekte des Serviceabbaus werden vor allem in Kapitel 6, zum Netzabbau in Kapitel 3 und zur Sicherheit in Kapitel 11 näher ausgeführt.

Vorgriff schon das voll funktionsfähige Bahnhofsgebäude abgerissen. Zwischen der deutschen Insel Fehmarn und der dänischen
Insel Lolland soll eine neue Bahnverbindung geschaffen werden, in
deren Gefolge die Insel Fehmarn zerschnitten, die Umwelt erheblich belastet und Erholungs- und Feriengebiete beschädigt werden.
Bei all diesen Projekten werden die Potenziale der Schiene zerstört
und die Potenziale für Betongold und Immobilienspekulation gefördert.

All dem wird mit der neuen Krise der Bahn die Krone aufgesetzt.
Im September 2018 wandte sich Bahnchef Richard Lutz an die Führungskräfte des Konzerns mit einem »Brandbrief«. Eigentlich wandte er sich an die allgemeine Öffentlichkeit, denn es war klar, dass
der Brief – wie dann auch erfolgt – binnen Stunden durchsickern
würde. In diesem wies er zum ersten Mal auf die tiefe Krise hin, in
der sich die Deutsche Bahn befindet. Es handelte sich um einen Al-
leingang des Bahnchefs, gewissermaßen um einen Hilferuf vor dem
Hintergrund einer sich zuspitzenden Krise des Konzerns und der
sich abzeichnenden neuen hektischen Reaktionen der Politik – insbesondere in Form von Personalrochaden. Seither gibt es Monat für
Monat mindestens ein herausragendes Ereignis, mit dem die sich
dramatisch zuspitzende Bahnkrise konkretisiert wird:

Oktober 2018: Am 12. dieses Monats gerät der ICE 511 »Neunkir-
chen« bei Dierdorf kurz vor Montabaur in Brand. Auf freier Strecke
muss eine Evakuierung des gesamten Zugs durchgeführt werden.
Zwei Waggons brennen völlig aus. Viel Glück war im Spiel, dass es
keine Tote oder Verletzte gab. Während es früher oft hieß, ein ICE
könne gar nicht in Brand geraten, muss die Deutsche Bahn AG eingestehen, dass es seit 2008 39-mal in ICE-Zügen gebrannt hat, wobei
in 36 Fällen der betroffene Zug ganz oder teilweise evakuiert werden
musste.[5]

---

5   SWR-Bericht vom 6. November 2018. Ausführlich in: Lunapark21, Extra 18,
     Ende 2018, S. 78ff.

November 2018: Die Deutsche Bahn verkündet eine »Beschäftigungsoffensive«. Sie gesteht damit zugleich ein, dass es in allen Bereichen im produktiven Geschäft eine Unterdeckung beim Personal gibt. Es fehlten, so Claus Weselsky, der Chef der Lokführergewerkschaft GDL, »allein 1200 Lokführer«. Die Güterbahn DB Cargo muss Aufträge »mangels Verfügbarkeit« ablehnen. Die Personalknappheit konzentriert sich auf den operativen Bereich. Gleichzeitig wurde das Personal in den Bereichen Verwaltung und Management massiv erhöht (siehe Kapitel 12).

Dezember 2018: Der Bundesrechnungshof (BRH) veröffentlicht einen Sonderbericht zum Zustand der Infrastruktur der Deutschen Bahn AG. Obwohl der Bund von Jahr zu Jahr mehr für die Schiene ausgebe und obwohl er seit 2009 rund 30 Milliarden Euro zur Verbesserung der Bahninfrastruktur zur Verfügung gestellt habe, sei »das krasse Gegenteil eingetreten«, so Kay Scheller, Präsident des Bundesrechnungshofs. Das System der Finanzierung durch den Staat sei »gescheitert«. Es werde »auf Verschleiß gefahren«.[6] Während in den vergangenen zwei Jahrzehnten Berichte des Bundesrechnungshofs zur Deutschen Bahn in der Öffentlichkeit oft ignoriert und von den jeweiligen Bahnchefs herabgewürdigt oder erst gar nicht zur Kenntnis genommen wurden, stößt der BRH-Bericht in diesem Fall auf ein großes mediales und politisches Interesse.

Januar 2019: Bahnchef Richard Lutz und DB-AG-Finanzvorstand Alexander Doll sowie Fernverkehrschef Berthold Huber müssen am Dienstag, den 15. Januar, um 7 Uhr früh, beim Bundesverkehrsminister Andreas Scheuer wie Gefreite, die beim Bettenmachen nicht spurten, zum Rapport antreten. In den Medien wird kolportiert, Scheuer gebe dem Bahnvorstand »nur noch bis Sommer 2019« Zeit, eine deutlich verbesserte Situation im Schienenverkehr zu präsentieren bzw. realistische Pläne in diese Richtung zu entwickeln. Zur glei-

---

6   Nach: Berliner Zeitung vom 8. Dezember 2018

chen Zeit erklärt der Chef der Eisenbahngewerkschaft EVG, Alexander Kirchner: »In der heutigen Form ist das Unternehmen [Deutsche Bahn AG] nicht mehr überlebensfähig.«[7]

Februar 2019: Michael Odenwald, seit März 2018 Aufsichtsratsvorsitzender der Deutschen Bahn AG, spricht in einem Interview an, dass es in der Politik neue Debatten über eine Zerschlagung des Konzerns Deutsche Bahn AG gibt. Odenwald: »Ich kann den Entscheidungsträgern von einer Zerschlagung nur abraten. Das würde heißen, dass die Bahn als Finanzierungsquelle für die Infrastruktur neben dem Bund wegfallen würde. [...] Diese Mittel der Bahn müsste der Steuerzahler dann zusätzlich aufbringen. Viel Spaß allen, die sich auf dieses Finanzierungsabenteuer einlassen wollen.«[8]

März 2019: Der Investitionsrückstau wird inzwischen auf hohe zweistellige Milliarden-Euro-Beträge beziffert. Laut Prof. Christian Böttger beträgt dieser 80 Milliarden Euro. Es liegt auf der Hand, dass der Bund nicht bereit sein wird, Beträge in dieser Höhe – es geht um das Zwölffache des jeweiligen Gesamtbudgets für die jährlichen Investitionen – im Rahmen der bisherigen Struktur der DB AG in das Unternehmen zu schießen.[9]

April 2019: Der ins Auge gefasste Verkauf der Bahntochter Arriva stockt. Laut dem mit dem Verkauf beauftragten Finanzchef Alexander Doll würden die Interessenten maximal das bezahlen, was die DB vor acht Jahren für den Erwerb bezahlte. Seither hat sich der Arriva-Umsatz verdoppelt; auch gab es erhebliche Investitionen. Damit wird klar: Dieses Auslandsengagement war eine Fehlinvestition. Die Schlussfolgerung, dass dies auch für das übrige Auslandsgeschäft

---

7   Zitiert bei: Markus Balser, Die letzte Chance, Süddeutsche Zeitung vom 12. Januar 2019.

8   Monatszeitschrift Bilanz, Februar 2019, S. 17.

9   Böttger-Zahl nach: Thomas Wüpper, Was der »Wow-Effekt« kostet, Stuttgarter Zeitung vom 19. März 2019.

gilt, also vor allem für Schenker Logistics, drängt sich auf. Mit den Schwierigkeiten beim Arriva-Verkauf verschärft sich die Finanzkrise der DB.

Mai 2019: Nachdem schon vor der Bilanzpressekonferenz vom März 2019 bekannt geworden war, dass die Verschuldung der Deutschen Bahn AG 2019 die 20-Milliarden-Euro-Latte übersteigen würde, wird nur zwei Monate später publik, dass es in Wirklichkeit und nach den seit Januar 2019 in diesem Bereich gültigen IFRS-Standards »mehr als 25 Milliarden Euro« Bahnschulden sind.[10] Geleaste Gebäude und Fahrzeuge wurden bislang als Betriebsvermögen bilanziert und die mit den Leasingverträgen eingegangenen Verpflichtungen nicht als Verbindlichkeiten verbucht.[11] Damit ist der Bahnkonzern faktisch überschuldet. Zur gleichen Zeit gesteht Bahnchef Lutz ein, dass man »die Mehrkosten von Stuttgart 21 mit höheren [Bahn-] Schulden hinterlegt« habe.[12]

Juni 2019: Der Vorstand der Deutschen Bahn AG muss – nach entsprechenden Recherchen, u. a. von der *Süddeutschen Zeitung* – eingestehen, dass »etwa 20 fragwürdige Honorarverträge mit früheren Konzern- und Bereichsvorständen aus der Zeit von 2010 bis 2018« abgeschlossen wurden, Verträge, für die es »möglicherweise keine ausreichende Gegenleistung« gibt. In einem aktuellen Bericht heißt es in diesem Zusammenhang: »Sollte Lutz vor der internen Untersuchung ab Februar [2019] Kenntnis von den Beraterverträgen gehabt haben, wäre er wohl nicht mehr zu halten.«[13]

---

10   IFRS steht für International Financial Reporting Standards. IFRS gilt für die DB-Bilanzierung seit 2005. Die spezifische Veränderung bei der Bilanzierung im Fall größerer und großer Leasing-Verträge ist seit Januar 2016 bekannt. Definitiv anzuwenden ist diese Bilanzierung seit dem 1.1.2019.

11   Nach: Frankfurter Allgemeine Zeitung vom 31. Mai 2019.

12   Interview in der Stuttgarter Zeitung vom 21. Mai 2019.

13   U. a. nach: Markus Balser / Klaus Ott, Bahnchef in Not, Süddeutsche Zeitung vom 8. Juni 2019.

Juli 2019: Die *Wirtschaftswoche* veröffentlicht interne Pläne der Deutschen Bahn zur »Steigerung der Produktivität der Lokführer«. Laut DB-interner Statistik über die tatsächlichen Einsatzzeiten der Lokführer fährt ein voll beschäftigter Lokführer im Schnitt 11.800 Kilometer pro Jahr. Rechnet man Wochenenden, Urlaub und Feiertage heraus, bewegt der Lokführer im Schienengüterverkehr einen Güterzug grob geschätzt nur rund 54 Kilometer pro Tag. Diese Strecke soll bis 2030 deutlich steigen. Doch verantwortlich für diesen Zustand sind nicht die Lokführer selbst, sondern Fehler im System. Viele Wagen und Lokomotiven sind kaputt oder sie stehen nicht dort, wo sie gebraucht werden. Die Vorschläge des DB-Cargo-Managements, wonach es zu »flexibleren Einsatzbedingungen der Triebfahrzeugführer« kommen müsse, laufen auf die Forderung nach Intensivierung der Arbeit hinaus. Andere Forderungen wie ein »IT-gesteuerter Einsatz der Lokführer« und »ein besseres Baustellen- und Störfallmanagement« sind die üblichen Satzbausteine der Führungskräfte, mit denen die eigene Unfähigkeit und das Chaos im Top-Management übertüncht werden sollen. 2018 verbuchte die Konzerntochter ein Umsatzminus von 1,5 Prozent auf 4,5 Milliarden Euro. Der operative Verlust (Ebit) verdoppelte sich auf 190 Millionen Euro. Der Zugfahranteil der Lokführer sank 2018 sogar nochmals.[14]

August 2019: Der angebliche Coup der neuen Verteidigungsministerin Annegret Kramp-Karrenbauer wird publik: Ab 1.1.2020 sollen alle Bundeswehrangehörigen sowohl dienstlich als auch privat kostenlos in Uniform in den Zügen der Deutschen Bahn AG fahren können. Dafür zahlt die Bundeswehr der DB AG gerade einmal 4 Millionen Euro pro Jahr als Ausgleich[15]; das entspricht pro Person einem Preis von 22 Euro – für eine Leistung äquivalent zu einer BahnCard 100, die sonst 4.395 Euro (2. Klasse) kostet. Schon jetzt sind die Züge be-

---

14   Christian Schlesiger, Lokführer fahren zu selten Zug, Wirtschaftswoche vom 12. Juli 2019, unter: www.wiwo.de.

15   Soldaten in Uniform können ab dem 1. Januar 2020 kostenlos Bahn fahren, Handelsblatt vom 18. August 2019.

sonders freitags, sonntags und um Feiertage herum oft stark über-
füllt, Fahrgäste finden keine Plätze oder können im Extremfall sogar
gar nicht mehr mitgenommen werden. Dieses Problem wird sich mit
den Bundeswehr-Freifahrten weiter verschärfen. Neue Züge stehen
kurzfristig nicht zur Verfügung und müssten erst finanziert werden,
was mit der Zahlung der Bundeswehr nicht annähernd möglich ist.
Dieser faktische Freifahrtschein für mehr als 180.000 Menschen steht
im Übrigen in offenem Widerspruch zur Tarif-Philosophie, wie sie
die Deutsche Bahn AG seit gut eineinhalb Jahrzehnten verfolgt und
mit der sie unter anderem den Ausbau der Mobilitätskarten Bahn-
Card 50 und BahnCard 100 einschränkt.[16] Auch hier zeigt sich wieder: Die DB AG ist vor allem eine politische Bahn. Während solche
Freifahrten für Freiwilligendienst-Leistende seit Jahren abgelehnt
werden, sind sie für die Bundeswehr plötzlich möglich – trotz der
zu erwartenden weiteren Überfüllung der Züge, die zu Lasten aller
Fahrgäste gehen wird.

Vieles spricht dafür, dass es auch in Zukunft Monat für Monat neue
Meldungen gibt, die die tiefe Krise des Bahnkonzerns illustrieren.
Die Politik dürfte in dieser Situation irgendwann damit reagieren,
dass man ein Bauernopfer sucht und einen neuen Mann an die Spitze
des Bahnkonzerns setzt. Damit wird sich jedoch nichts grundsätzlich
ändern. Bahnbeschäftigte und Fahrgäste gewinnen ohnehin zu Recht
den Eindruck, dass es den Top-Leuten im Bahnkonzern nie um eine
gedeihliche Entwicklung der Eisenbahn geht. Woher kam Hartmut
Mehdorn vor seinem Bahnjob und wohin ging er nach seinem un-
rühmlichen Abgang Anfang 2009? Er kam aus der Flugzeugbranche
und von Daimler. Er wurde Chef von Air Berlin. Danach war er für
den Bau des Berliner Flughafens BER verantwortlich. Woher kam
Rüdiger Grube vor seinem Bahn-Top-Job und wohin ging er nach
seinem Abgang 2017? Er kam aus der Chefetage von Daimler. Er ist
heute aktiv für das Lkw-Speditionsunternehmen Schockemöhle und

---

16   Siehe Kapitel 6.

für die Tunnelbaufirma Herrenknecht, die ein wesentlicher Profiteur von Stuttgart 21 ist.

Doch wie ist die tiefe Krise der Deutschen Bahn AG zu erklären? Dafür gibt es im Einzelnen viele Gründe; auf die wichtigsten wird noch ausführlich einzugehen sein. *Eine* Ursache ist jedoch entscheidend: Wir leben in einem Wirtschaftssystem, in dem die Interessen der Autoindustrie und der Ölbranche bestimmend sind. Das ist hoch politisch und höchst praktisch gemeint. Die Autolobby bestimmt seit Jahrzehnten in erheblichen Maß die Politik im Allgemeinen und die Verkehrspolitik im Besonderen. Siehe Dieselgate. Siehe die Kampagne für Elektromobilität. Siehe den aufziehenden Handelskrieg.

Deshalb ist der Verkehrsmarkt – der Markt, in dem sich Straßenverkehr, Luftverkehr und Schienenverkehr konkurrierend begegnen – so gestaltet, dass das Auto und das Flugzeug deutlich bevorzugt werden. Umgekehrt werden die Schiene, nicht motorisierte Verkehrsarten und der öffentliche Verkehr ganz allgemein an den Rand gedrängt. Wenn in den USA der Schienenpersonenverkehr nur noch einen Marktanteil von 0,3 Prozent hat, dann heißt das für die Autolobby in Westeuropa, dass der derzeitige Anteil der Schiene von rund 8 bis 10 Prozent auf weniger als ein Zehntel zu reduzieren ist.

Aber hat die Politik die Problematik nicht zur Kenntnis genommen? Immerhin meldete sich im Rahmen der neuen Bahnkrise der Bundesverkehrsminister Andreas Scheuer wie folgt zu Wort: »Wem es mit dem Klimaschutz und dem Umstieg von Auto und Flugzeug auf die Bahn ernst ist, der muss bei der Steuer ansetzen.« Er brachte in die Debatte um die Bahn die Idee ein, die Mehrwertsteuer auf Bahntickets von 19 auf sieben Prozent zu senken.[17]

Einmal abgesehen davon, dass das eine Scheuer'sche Sonntagsrede war und dass seither von ihm und der Bundesregierung keine entsprechende Initiative ergriffen wurden, sprach der Bundesverkehrsminister nur einen *isolierten* Aspekt der Benachteiligung des Schie-

---

17   Hier zitiert nach: Frankfurter Allgemeine Zeitung vom 16. April 2019; das ursprüngliche Zitat stammt aus einem Interview Scheuers, das er der Bild-Zeitung gab.

nenverkehrs an. Es geht in Wirklichkeit um viel mehr, wenn auch nur ansatzweise Chancengleichheit für die Schiene hergestellt werden soll.

Bei der Bahnreform 1994 sprach der damalige Bahnchef Heinz Dürr diesen Aspekt wie folgt an: »Verkehrspolitik gewinnt angesichts der ökologischen Bedrohung unserer Gesellschaft über die Struktur- und Regionalpolitik hinaus eine zusätzliche industriepolitische Bedeutung. Das Vorhaben, die Verhaltensweisen unserer ökologischen Verschwendergesellschaft zu korrigieren, kann nur unter Inanspruchnahme auch des Instrumentenkastens der *Industriepolitik* Erfolg haben. Und eines der wichtigsten Instrumente darin ist die Verkehrspolitik. Insoweit kann eine […] Bahnreform auch ein entscheidender Eckpfeiler für eine ökologische Neuorientierung der Gesamtgesellschaft sein.«[18] Damals wurden die entscheidenden Elemente der »Wettbewerbsverzerrungen« identifiziert und explizit davor gewarnt, dass »unsere internen Reformanstrengungen nur begrenzten Erfolg haben, wenn die derzeitigen, die Deutschen Bahnen benachteiligenden massiven Wettbewerbsverzerrungen nicht beseitigt werden.«[19] In diesem Zusammenhang wurde im Geschäftsbericht der »Deutschen Bahnen« aufgeführt,

- dass »die Deutsche Bahn AG nach der Bahnreform weitestgehend für die Instandhaltung und den Unterhalt ihres Fahrwegs« aufkommen müsse. Der Lkw dagegen würde »nur 68 Prozent seiner Wegekosten selbst zahlen«.
- dass dies »besonders krass hinsichtlich der ausländischen Lkw« sei, die »lediglich 14 Prozent ihrer Wegekosten« tragen würden; […]
- dass die Bahn »auch in der steuerlichen Behandlung« stark benachteiligt sei. Binnenschiff- und Luftfahrt »sind von der Mineralölsteuer befreit, während die Deutschen Bahnen im vergangenen Jahr [1991] dafür rund 450 Millionen DM aufwenden mussten«.

---

18 Heinz Dürr in: Die Deutschen Bahnen 1992, herausgegeben von den Vorständen der Deutschen Bundesbahn und der Deutschen Reichsbahn, Frankfurt am Main, o. J. (vermutlich 1993), Seiten 6 und 12.

19 Heinz Dürr in: Die Deutschen Bahnen 1992, a. a. O., S. 11.

- dass »darüber hinaus der internationale Luftverkehr von der Umsatzsteuer befreit« sei, »während die Deutschen Bahnen im grenzüberschreitenden Verkehr rund 200 Millionen DM Umsatzsteuer zahlen mussten«.

Die Bilanz, die vor mehr als einem Vierteljahrhundert Heinz Dürr zog, lautete: »Die Deutsche Bahn AG wird auf Dauer nur wirtschaftlich erfolgreich sein können, wenn sie unter fairen Wettbewerbsbedingungen arbeiten kann.«[20] Diese, für die damalige Zeit einigermaßen klarsichtige Einordnung der Schiene im Verkehrsmarkt müsste spätestens heute um die externen Kosten des Verkehrs ergänzt werden, die in erster Linie beim Straßenverkehr (aber auch bei der Luftfahrt) zu berücksichtigen sind. Damit stellt sich der Kostendeckungsgrad dieser Verkehrsarten (so auch des Lkw-Verkehrs) nochmals deutlich schlechter dar als vor 25 Jahren.

In den vergangenen knapp drei Jahrzehnten blieb die einseitige Ausrichtung der Verkehrsmarktstruktur im Grundsatz erhalten. Es kam nicht nur nicht zu der mit der Bahnreform unterstellten veränderten Verkehrsmarktstruktur. Das Gegenteil fand statt. Auf *fünf Ebenen* geriet die Schiene ins Hintertreffen – und zwar auf Ebenen, auf denen jeweils die Politik (und nicht ein abstrakter »Markt«) die entscheidende Rolle spielten:

Straßengüterverkehr. Die Liberalisierung im Bereich des Straßengüterverkehrs und die Osterweiterung der EU ließen den Straßengüterverkehr förmlich explodieren. Er hat sich im Zeitraum 1990 bis 2019 schlicht verdoppelt (von rund 245 Milliarden Tonnenkilometern auf mehr als 500 Milliarden Tonnenkilometer).[21] Im gleichen Zeitraum

---

20   Ebenda, S. 12.

21   Angaben nach Verkehr in Zahlen (herausgegeben vom Bundesministerium für Verkehr, Bau und Stadtentwicklung [BMVBS] und dem Bundesministerium für Verkehr und digitale Infrastruktur [BMVI], Ausgaben 1996 und 2018/19. Ein Tonnenkilometer ist die Standardeinheit des Verkehrsaufwands im Güterverkehr und stellt den Transport einer Tonne über einen

konnten die Eisenbahnen mit rund 120 Milliarden Tonnenkilometern gerade mal das Niveau von 1990 wieder erreichen. Vor diesem Hintergrund ist eine Forderung »Verlagerung des Lkw-Verkehrs auf die Schiene« schlicht absurd. Es gibt keine Kapazitäten für eine solche Verlagerung; auch eine Verdopplung der Schieneninfrastruktur kann diesen Güterverkehr nicht (mehr) aufnehmen. Zwar wurde in Deutschland am 1. Januar 2005 nach jahrelangem Feilschen eine Lkw-Maut eingeführt. Doch diese erbrachte bis 2018 nur jährliche Einnahmen in Höhe von rund 5 Milliarden Euro; 2019 sollen es rund 7 Milliarden Euro sein. In Wirklichkeit deckt die Maut nur einen Bruchteil der realen Kosten des Lkw-Verkehrs. So geht beispielsweise das Umwelt-Bundesamt davon aus, dass nur im Fall einer *Verdreifachung der Lkw-Maut* alle vom Lkw verursachten Kosten einigermaßen beglichen würden.

Pkw-Verkehr. Der Bestand an Pkw stieg im selben Zeitraum von 32 Millionen auf gut 47 Millionen oder um knapp 50 Prozent.[22] Gleichzeitig erhöhte sich beim Pkw-Bestand der Anteil der Diesel-Pkw drastisch; er machte 1991 erst rund fünf Prozent aus; 2018 lag dieser Anteil bei mehr als 40 Prozent. Damit stieg der Anteil derjenigen Pkw, die von der geringeren Besteuerung des Dieselkraftstoffs profitieren, deutlich an. Vergleichbares gilt für die erhebliche Subventio-

---

Kilometer Strecke dar. Der Transport von 40 Tonnen über eine Strecke von 100 Kilometern bedeutet also einen Aufwand von 4000 Tonnenkilometern.

22 Laut offizieller Statistik beträgt das Wachstum des Pkw-Bestands im angegebenen Zeitraum nur rund 14 Prozent. Danach lag der Pkw-Bestand 1991 bei 36,7 Millionen Pkw. Tatsächlich wurde 2008 die entsprechende Statistik erheblich verändert, indem die bislang registrierten und mit aufgeführten »vorübergehend abgemeldeten Fahrzeuge« aus der Kfz- und Pkw-Bestandsstatistik stillschweigend herausgenommen wurden. Dadurch sank von 2007 mit 55,5 Millionen Kraftfahrzeugen, darunter 46,6 Millionen Pkw, dieser Bestand bis 2008 auf 49,3 Millionen Kfz bzw. 41,2 Millionen Pkw. Im Pkw-Bestand »verschwanden« also mehr als 5 Millionen Pkw. Wir haben in unserer Rechnung – um eine Vergleichbarkeit herzustellen – auch beim Pkw-Bestand des Jahres 1991 die vorübergehend abgemeldeten Pkw herausgerechnet. Grundsätzlich ist es problematisch, die vorübergehend abgemeldeten Fahrzeuge nicht mehr in der Statistik aufzuführen, da diese meist weiter im Straßenraum stehen – und just so, wie die meisten Kraftfahrzeuge, überwiegend Stehzeuge sind.

nierung von Geschäftswagen (»Dienstwagenprivileg«). 2018 waren mehr als zwei Drittel aller neu zugelassenen Pkw in Deutschland Geschäftswagen – auch wenn die Nutzung oft zu großen Teilen privat ist. Der Anteil von Dienstwagen am gesamten Bestand von Pkw hat sich in den letzten zwei Jahrzehnten mehr als verfünffacht – auf aktuell rund 25 Prozent. Hinzu kommt, dass die Dienstwagen zu mehr als zwei Dritteln Diesel-Pkw und viele von ihnen besonders teure Pkw mit einem hohen CO_2-Ausstoß sind.[23] Auf diese Weise fördert der Staat in besonderer Weise den Autoverkehr und dabei im Übrigen noch Pkw mit überaus hohen CO_2-Emissionen.

Flugverkehr und Billigflüge. Durch die Liberalisierung des Flugverkehrs, die verstärkte Subventionierung von Airports und Luftfahrt hat sich in Deutschland die Zahl der Fluggäste im Zeitraum 1991 bis 2018 von rund 50 Millionen auf 230 Millionen mehr als vervierfacht. Im gleichen Zeitraum haben sich die Flugpreise im Durschnitt halbiert, wohingegen das Bahnfahren sich deutlich verteuerte.[24]

Fernbusse. Eine besondere Konkurrenz erwuchs der Bahn mit den Fernbussen. Die Liberalisierung des Fernbusverkehrs fand am 1.1.2013 mit einer Novellierung des Personenbeförderungsgesetzes statt. Die in den Jahren 2009 bis 2013 regierende CDU/CSU-FDP-Koalition hatte das Vorhaben durchgesetzt; die Fernbusliberalisie-

---

23   »Je reicher, desto mehr Kohle vom Staat. […] Hier setzt der Entwurf der Finanzsenatorin [des Stadtstaates Bremen für den Bundesrat] an: Denn Luxus-Limousinen seien weit häufiger noch als der Rest als Firmenfahrzeuge registriert. Bei 86,5 Prozent liegt der Anteil bislang im Jahr 2018, im Jahr 2017 waren es 84 Prozent der Oberklasse-Autos. Und ›einige Fahrzeugtypen der Oberklasse werden fast ausschließlich als Firmenwagen angeschafft‹, heißt es im Entwurf.« Nach: Benno Schirrmeister, Bremen attackiert Firmenwagenprivileg, die tageszeitung vom 30. Oktober 2018.

24   Der langfristige Trend ist eindeutig. So kostete 1953 ein Flug von Düsseldorf nach New York 3586 D-Mark, so viel wie ein VW-Käfer damals. 1989 waren es 370 Euro. Heute gibt es die Strecke schon zu Preisen ab 200 Euro. Siehe: Entwicklung der Flugpreise in den Jahren 1989 bis 2009 nach Flugstrecke, unter: https://de.statista.com.

rung war vor allem ein Anliegen der FDP gewesen. Bis dahin waren in Deutschland Fernbusverkehre aus guten Gründen nur stark eingeschränkt möglich.[25] Nach der Liberalisierung stieg Innerhalb von nur sechs Jahren die Zahl der Fernbusfahrgäste von nahe null auf 23 Millionen im Jahr 2018. Damit ist der Fernbus heute der entscheidende Konkurrent zum Schienenfernverkehr. Geschichte, wie wir sie in den USA nach dem Zweiten Weltkrieg erlebt hatten, als die Greyhound-Busse wesentlich zur Zerstörung der Flächenbahn beigetragen haben, droht sich zu wiederholen. Dieses Konkurrenzverhältnis äußert sich aktuell vor allem in dem erbitterten, für die DB ruinösen Preiskrieg, den sich die DB im Fernbahnsegment mit dem Fernbus leistet, der inzwischen zu mehr als 90 Prozent von dem Anbieter Flixbus dominiert wird. In diesem Preiskrieg dürfte Flixbus am längeren Hebel sitzen. Fernbusse zahlen keine Maut. Das Unternehmen zählt zur Plattform-Ökonomie; es sind viele Kleinunternehmen, die für Flixbus fahren. Die Löhne der Busfahrer liegen deutlich unter denen von Lokführern und oft auch unter denen des Zugbegleitpersonals. Hinter Flixbus stehen der finanzstarke US-Investor General Atlantic, der Daimler-Konzern und andere Investoren. Der enorme Umfang, mit dem Flixbus inzwischen in ganz Europa (und im Übrigen auch in den USA) expandiert, deutet darauf hin, dass hier ein strategischer Angriff der Straßenverkehrslobby – maßgeblich gestützt vom größten Bushersteller in Europa, vom Daimler-Konzern, stattfindet.[26]

---

25 Nach § 13 des bis dahin gültigen Personenbeförderungsgesetzes (PBef-Ges) durften neue Fernbuslinien nur eingerichtet werden, wenn sie keine Konkurrenz zur Eisenbahn oder zu bestehenden Buslinien darstellten. Da Deutschland – im Gegensatz zu vielen anderen europäischen Ländern – über ein gut ausgebautes Eisenbahnnetz verfügte, an das alle Großstädte und Ballungszentren angeschlossen waren und teilweise noch sind, hatte der Inlandverkehr mit Fernbussen in Deutschland eine wesentlich geringere Bedeutung als in vielen anderen Ländern.

26 Anfang 2018 verzeichnete das Handelsregister München bei Flixbus folgende Anteilseigner: General Atlantic: 35,9 %, SEK Ventures (Firmengründer Schwämmlein, Engert, Krauss): 23,8 %, Holtzbrinck Ventures: 16,3 %, Planet Luxco (Silver Lake): 10,8 %, Daimler Mobility Services: 5,6 %, weitere Investoren: 7,6 %.

Infrastruktur-Entwicklung. Seit Anfang der 1990er Jahre wurde in Deutschland die Straßeninfrastruktur um mindestens 30 Prozent ausgebaut. Gleichzeitig wurde die Infrastruktur der Schiene um mindestens 25 Prozent abgebaut.[27] Es gibt eine in Scherenform verlaufende Auseinanderentwicklung der Infrastruktur von Straße einerseits und von Schiene andererseits. Seit 1990 entstanden auf deutschem Boden neun neue Flughäfen; ein halbes Dutzend neue Startbahnen auf den großen, bestehenden Airports wurde in Betrieb genommen.[28] Im gleichen Zeitraum wurden einige hundert Bahnhöfe und Haltepunkte abgebaut.

Maßnahmen im Rahmen einer Verkehrswende

Notwendig ist ein grundsätzlicher Beschluss, wonach der Verkehrsmarkt neu auszurichten und damit so zu strukturieren ist, dass jede Art Subventionierung der Verkehrsarten Straßenverkehr und Flugverkehr, die das Klima, die Umwelt und die menschliche Gesundheit besonders stark belasten, einzustellen ist. Bei der Nutzung dieser Verkehrsarten müssen perspektivisch alle Kosten, die mit diesen verbunden sind, auch die externen Kosten, Berücksichtigung finden. Dies läuft – im Rahmen eines gesamten Verkehrswendeplans – auf deren deutliche Verteuerung hinaus. Umgekehrt sollten die Verkehrsarten Fußverkehr, Fahrradverkehr und öffentlicher Verkehr beträchtlich gefördert werden. Eine erste Maßnahme müsste darin bestehen, dass es keinen weiteren Straßenneubau und keinen Ausbau des Straßennetzes geben darf und dass alle Ausbaumaßnahmen im Bereich des Flugverkehrs einzustellen sind. Umgekehrt müssen

---

27 Hier als Mittelwert des Abbaus des Schienennetzes um rund 17 Prozent bei zusätzlicher drastischer Reduktion der Schienenkapazitäten u. a. durch die Halbierung der Weichen und Ausweichgleise, Abbau von Bahnhöfen usw.

28 Neue Airports entstanden wie folgt – in Klammer jeweils das Jahr der Eröffnung: Cuxhaven-Nordholz (2002), »Frankfurt«/Hahn (1993), Ingolstadt-Manching (2001), Karlsruhe/Baden-Baden (1995), Kassel-Calden (2013), Rostock-Laage (1992), Lahr (1996), Niederrhein/Weeze (2003), Schwerin-Parchim (1992). Im gleichen Zeitraum wurden mehrere Militärflughäfen in zivile Airports umgewandelt, was hier nicht erfasst ist (z. B. Memmingen).

das Schienennetz, die Fahrradwege, die Netze für Fußgänger, diejenigen für den öffentlichen Personennahverkehr und insbesondere das Schienennetz massiv ausgebaut werden.

Die notwendigen Maßnahmen im Einzelnen (wie Abschaffung des Dienstwagenprivilegs, Besteuerung von Kerosin und von Schweröl, Entfall der Subventionierung von Diesel usw.) sollen hier bis auf eine Forderung, die verkehrspolitisch zentral und massenpsychologisch wichtig ist, nicht im Detail aufgeführt werden.[29] Diese eine Forderung lautet: Dringend erforderlich ist die schnellstmögliche Umsetzung eines *allgemeinen Tempolimits* von 120 km/h auf Autobahnen und eine Reduktion der Tempolimits auf Bundes- und Landstraßen auf 80 Stundenkilometern und in Orten, Städten und Wohngebieten auf 30 Stundenkilometer. Eine Reduktion der Geschwindigkeit im Straßenverkehr verschafft auch die erforderliche Ruhe für eine umfassende gesellschaftliche Debatte über die erforderliche Verkehrswende. Allein der Umstand, dass die Realisierung dieser Forderung Jahr für Jahr mehr als 500 Menschen das Leben retten würde, spricht für deren Umsetzung – und verdeutlicht, wie zynisch die Autolobby, der amtierende Verkehrsminister und die Mitglieder der Bundesregierung sind, wenn sie weiterhin diese ebenso banale wie zentrale Forderung ablehnen.[30]

---

29   Siehe: Ausstieg aus der Autogesellschaft – Verkehrswende jetzt. Ein Sieben-Punkte-Programm von Bahn für Alle, in: Lunapark21, Extra 18/19, Januar 2019, S. 86f.

30   Bei den 2017 im Straßenverkehr Getöteten (3180 Personen) fanden rund 12,9 Prozent (oder 409 Personen) den Tod auf Autobahnen, 30,7 Prozent (976 Personen) wurden innerhalb geschlossener Ortschaften getötet und 56,4 Prozent (1795 Personen) fanden den Tod bei Unfällen auf Landstraßen. 2018 gab es mit 3265 Straßenverkehrstoten einen Anstieg der Verkehrsopfer. Das Potenzial einer Reduktion der Straßenverkehrstoten (und -verletzten) verteilt sich somit auf diese drei Bereiche, weswegen neben dem absoluten Tempolimit auf Autobahnen es auch eine Reduktion der bestehenden Tempolimits in den anderen beiden Bereichen geben muss.

Heiner Monheim
Zukunft der Bahn(en) in Deutschland

Die Bahnen müssen in Deutschland im Personen- und Güterverkehr ein sinnvolles Gesamtsystem bilden, mit optimaler Abstimmung aller Teilsysteme ohne Systembrüche und eng verknüpft mit dem sonstigen öffentlichen Verkehr. Die DB prägt als »Systemführer« maßgeblich die Leistungsfähigkeit des öffentlichen Verkehrs. Umso gravierender wirken die vielen Probleme in Infrastruktur und Betrieb. Deswegen verweigern sich viele Menschen und Unternehmen der Bahn.

Um die zu überzeugen, müssen die vielen Systemmängel konsequent abgebaut werden. Dafür braucht es neue verkehrs- und bahnpolitische Weichenstellungen für eine Verkehrswende im Rahmen einer Bahnreform II. Denn die Bahnreform I hat die hohen Erwartungen an steigende Marktanteile in allen Verkehrssektoren nicht erfüllt. Teilweise wegen Fehlentscheidungen des Bahnmanagements, teilweise wegen grundlegender Fehlleistungen der Verkehrspolitik. Die Politik hat den Abbau von Weichen und Überholgleisen, die Stilllegung vieler Schienenstrecken, das Schließen von Stellwerken, Bahnhöfen und Haltepunkten und den Ausstieg aus dem InterRegio (vgl. Kapitel 4 dieses Buches) geduldet. Und die unfairen Wettbewerbsbedingungen zwischen Straße, Schiene und Luftverkehr nicht korrigiert. Zudem hat sie die einseitige Verteilung der Investitionen auf wenige Großprojekte akzeptiert. Das muss anders werden.

Für eine Verkehrswende mit deutlich mehr Personen und Gütern auf der Bahn muss man die heutige Korridorbahn wieder zur Flächenbahn machen. Dafür braucht man einen Gesamtverkehrsplan für ein konkurrenzfähiges Gesamtnetz und ein Taktkonzept.

Das Vorbild Schweiz bietet ein perfektes Zusammenspiel von Schweizerischen Bundesbahnen, kantonalen und kommunalen Bahnen sowie dem sonstigen Öffentlichen Personennahverkehr in einem landesweiten integralen Taktfahrplan. Das Halbtax-Abo besitzen 2,5 Mio. Schweizer, nach diesem Maßstab müssten dann 25 Mio. Bundesbürger die BahnCard 50 nutzen, real sind es aber nur 1,7 Mio. Das Schweizer Generalabo nutzen zusätzlich 500.000 Schweizer, also 6 %. Die deutsche BahnCard 100 findet dagegen nur 50.000 Nutzer, also 0,06 %. Mehrere Volksabstimmungen sicherten den Schweizer Bahnen eine auskömmliche Finanzierung und verhinderten die Monopolisierung der Investitionen durch neue Hochgeschwindigkeitsstrecken. Das Schweizer Bahnnetz ist durchgängig elektrifiziert. Die Schweiz begrenzt den Schwerverkehr auf der Straße mit einer Schwerverkehrsabgabe und einem Tonnagelimit. Diese Entwicklung wurde in den 1980er Jahren eingeleitet mit einer Gesamtverkehrskonzeption, die die Grundlagen für eine klare Begrenzung des Autoverkehrs und eine landesweit hohe Systemqualität der Bahnen gelegt hat.

Von einer solchen vitalen Bahnkultur und Priorisierung des öffentlichen Verkehrs ist Deutschland noch weit entfernt. Trotzdem muss Deutschland angesichts der Klimakrise massiv und systematisch mit einer starken Bahn eine Verkehrswende einleiten. Dafür müssen die krassen Fehler deutscher Bahnpolitik behoben werden. Die unter den Kanzlern Schmidt und Kohl begonnene und unter Schröder und Merkel fortgesetzte Konzentration der Bahninvestitionen auf wenige Großprojekte muss beendet werden. Parallel dazu muss auch die Rationalisierungs- und Stilllegungspolitik in der Fläche, die wegen der Börsengangvorgabe unter Kanzler Schröder und Bahnchef Mehdorn mit drastischen Einsparungen bei Netz, Fuhrpark, Logistik und Personal auf die Spitze getrieben wurde, beendet werden.

Stattdessen braucht die Bahn einen neuen, ambitionierten konzeptionellen Verkehrswenderahmen, um wieder eine zentrale Rolle im Verkehr zu spielen. Mit Netz- und Taktstrukturen einer Flächenbahn. Mit daraus abgeleiteten Investitionsbedarfen. Mit einem Bahnmanagement aus Bahnfachleuten. Die eine offensive gesamtwirtschaftliche Berechnung von Kosten und Nutzen der Bahn vornehmen und gegen die viel höheren direkten und indirekten Subventionen des Straßen- und Luftverkehrs aufrechnen. Die gegenüber der Politik die Notwendigkeit einer intelligenten Maut im Straßenverkehr offensiv darstellen und von der Politik einen Abbau der unfairen Regelungen in der Finanzierung der Verkehrsträger und Besteuerung der Verkehrsarten einfordern.

Prof. Dr. Heiner Monheim ist Geograph, Stadt- und Verkehrsplaner, Mitinhaber von raumkom Institut für Raumentwicklung und Kommunikation, Trier / Bonn / Malente.

Kapitel 2

Ein Vierteljahrhundert Stagnation der Schiene im Verkehrsmarkt

Die Deutsche Bahn startet die größte Kundenoffensive in ihrer Geschichte und verbindet Metropolen und Regionen künftig öfter, schneller, direkter und komfortabler miteinander. Es handelt sich um eine nie dagewesene Ausweitung des Fernverkehrsangebots.

Ulrich Homburg, Deutsche Bahn AG, Vorstand,
Presseinformation Deutsche Bahn AG vom 18. März 2015

Sehr geehrter Herr Homburg! Man kann natürlich einen irrlichternden Blick bekommen, wenn man feststellt, dass unter Ihrer Ägide Jahr für Jahr Städte vom Fernverkehrsnetz abgehängt wurden, und dass diesen Städten jetzt plötzlich wieder die Ehre zu Teil wird, von ICE oder IC angefahren zu werden. Es gibt ja sogar Städte wie Trier oder Chemnitz, die Sie noch vor einem Vierteljahr, im Dezember 2014, vom Fernverkehr abknipsten – und wo Sie nun erklären, diese würden wieder in das Fernverkehrsnetz integriert werden.

Offener Brief des Bündnisses Bahn für Alle an
Ulrich Homburg, Vorstand Deutsche Bahn AG, vom 19. März 2015.

Der damalige Bahnchef Heinz Dürr kündigte 1994 an: »Die Erwartungen […] der Gesellschaft sind von fordernder Eindeutigkeit. Demnach lautet unser selbstgestecktes Ziel: Mehr Verkehr auf die Schiene.«[1] Der ehemalige Chef der Bundesbahn – zugleich der erste Chef der Deutschen Bahn AG – sah diese Zielsetzung nicht rein betriebs-

---

1   Geschäftsbericht Deutsche Bahn AG 1994, S. 2.

wirtschaftlich. Vielmehr sei »das erste Ziel der Bahnreform, mehr Verkehr auf die Schiene zu bringen« vor allem ein »Beitrag zu einer ökologisch ausgerichteten Verkehrspolitik.«[2] Derselbe Herr behauptete auch 26 Jahre später: »Im Koalitionsvertrag [des Jahres 2018; die Autoren] steht Ärgerliches, nämlich: Nicht die Maximierung des Gewinns, sondern die des Verkehrs soll im Vordergrund stehen – als ob es der Bahn je um die Maximierung des Gewinns gegangen wäre. Das war nie der Fall. Es ging immer um mehr Verkehr auf die Schiene.«[3]

Beide Aussagen – die von 1994 und die von 2019 – werden von der Realität Lügen gestraft. Warum und wie die Öffentlichkeit derart getäuscht werden konnte und kann, müsste an anderer Stelle untersucht werden. Bleiben wir bei den Fakten. Natürlich gab es Anfang der 1990er Jahre gute Gründe, diese Forderung als das entscheidende Ziel der Bahnreform zu definieren. Schließlich fand diese Reform einerseits zu einem Zeitpunkt statt, als der Niedergang der Schiene beinahe besiegelt schien. Andererseits hatte die Umweltbewegung die Forderung nach einer Neubelebung der Schiene ins Zentrum gerückt. Und die deutsche Einheit schien zusätzlich die Chance für einen Neuanfang zu bieten. Immerhin lagen auch zu diesem Zeitpunkt die Anteile der Schiene auf dem Gebiet der ehemaligen DDR noch wesentlich höher als in Westdeutschland.

In der ersten Hälfte des 20. Jahrhunderts war die Bahn das Verkehrsmittel schlechthin – sowohl für Personen als auch für Güter. Doch mit dem Aufstieg des Automobils und des Lkw geriet sie immer stärker ins Hintertreffen: Der Anteil des Schienengüterverkehrs am gesamten Gütertransport reduzierte sich zwischen 1950 und 1990 von 56 auf 21 Prozent, während der Straßengüterverkehr von 20 auf über 57 Prozent anwuchs. Der Anteil des Schienenpersonenverkehrs sank zwischen 1950 und 1990 sogar von 38 auf 6 Prozent.[4]

---

2   Die Deutschen Bahnen 1992, Vorwort Heinz Dürr, S. 6.

3   »Der Minister müsste mehr Mut haben«, Interview mit Heinz Dürr, Focus 8/2019.

4   Vgl. Bundesministerium für Verkehr, Bau- und Wohnungswesen: Verkehr in Zahlen 1991, Hamburg 1991.

Dieser Trend sollte nun also mit der Bahnreform gestoppt und umgekehrt werden. Die gleichen Erwartungen wurden mit dem Eisenbahnneuordnungsgesetz von 1993 formuliert, das die Grundlage für die Bahnreform von 1994 war: »Die Strukturreform der Bundeseisenbahnen soll die Leistungsfähigkeit der Eisenbahnen erhöhen und sie in die Lage versetzen, an dem zu erwartenden künftigen Verkehrswachstum stärker als bisher teilzuhaben.«[5]

Nun behauptet die Bundesregierung heute gerne, dieses Ziel tatsächlich erreicht zu haben. Und tatsächlich läuft heute in absoluten Zahlen deutlich mehr Verkehr auf der Schiene als vor der Bahnreform – was erfreulich ist. Entscheidend ist jedoch, dass der Markt-**anteil** der Schiene, der ja eigentlich wachsen sollte, gerade einmal stagniert. Im Klartext: Der Verkehr insgesamt wächst im gleichen Maße wie der Bahnverkehr, was mit Blick auf Klima und Umwelt eine fatale Entwicklung ist. Deshalb stagniert der sogenannte Modal Split, der Anteil der Schiene an der Verkehrsleistung, die Grafiken auf den Seite 35 und 213 illustrieren diese Entwicklung.

Personenverkehr

Die absolute Anzahl der im Schienenverkehr beförderten Personen hat erheblich zugenommen – zwischen 1993 und 2017 um über 80 Prozent.[6] Dieser Zuwachs geht aber ausschließlich auf das Konto des Nahverkehrs: Während dort die Anzahl um 88 Prozent zunahm[7], stagniert sie im Fernverkehr im langfristigen Vergleich. Die in den letzten Jahren ständig wiederholte Behauptung der DB AG, man erziele »Fahrgastrekorde«, hält der Konfrontation mit der bahneigenen Statistik nicht stand.[8]

---

5   Entwurf eines Gesetzes zur Neuordnung des Eisenbahnwesens (Eisenbahnneuordnungsgesetz – ENeuOG), Bundestags-Drucksache 12/4609 (neu).

6   1579 Millionen im Jahr 1993, 2851 Millionen im Jahr 2017.

7   1441 Millionen im Jahr 1993, 2709 Millionen im Jahr 2017.

8   Im letzten Jahr vor der Bahnreform, 1993, wurden 133 Millionen Fahrgäste im Schienenfernverkehr gezählt. 1998 waren es 149 Millionen. 2003 waren es 117 Millionen. Und 2018 sind es erneut 148 Millionen. Alle Daten: »Verkehr

Deutliche Zuwächse gab es auch bei der gesamten Verkehrsleistung (Personenzahl multipliziert mit der Reiseweite), die zwischen 1993 und 2017 um fast zwei Drittel zunahm.[9] Aber auch hier geht der größte Zuwachs auf das Konto des Nahverkehrs, der sich mehr als verdoppelte.[10] Der Fernverkehr wuchs hingegen über die gesamte Zeitspanne hinweg nur um knapp ein Fünftel.[11]

Somit gibt es nur im Nahverkehr eine wirklich deutlich positive Entwicklung, um deren Gründe es in Kapitel 5 noch ausführlich gehen wird. Im Fernverkehr hingegen, in den mit Abstand die meisten Investitionen fließen, gab es seit der Bahnreform bis Ende der 1990er Jahre ein deutliches Wachstum, dann den beschriebenen Einbruch, und in den letzten Jahren erneut ein erfreuliches Wachstum. Diese aktuelle Trendwende dürfte einerseits mit dem zunehmenden Klimabewusstsein zu tun haben, aber vor allem auch mit der zunehmenden Orientierung der Bahn auf Schnäppchenangebote, die zwar Menschen in die Bahn lockt, aber nicht unbedingt eine dauerhafte Bahnkundschaft hervorbringt (siehe Kapitel 6).

Zusätzliche Unsicherheiten entstehen durch statistische Effekte, die zu Steigerungen der Fahrgastzahlen führten, die es nur auf dem Papier gibt: Erstens wurden mit der Eingliederung der S-Bahn Berlin in die DB AG deren Fahrgäste in die Statistik des Schienenper-

---

in Zahlen«, Ausgaben 2008/09 und 2018/19, herausgegeben vom BMVI; Bilanz 2018: Neuer Fahrgastrekord – Umsatz gestiegen – Investitionsoffensive für bessere Bahn. Pressemitteilung der DB AG vom 28. März 2019, unter: www.deutschebahn.com.

9   Von 58,7 Milliarden Personenkilometern (Pkm) im Jahr 1993 auf 95,8 Milliarden Pkm im Jahr 2017 (+ 63,2 %). Pkm = Zahl der beförderten Personen multipliziert mit der zurückgelegten Entfernung derselben. Also 100 Fahrgäste, die eine Zugfahrt über 50 Kilometer Entfernung zurücklegen, entsprechen von 5000 Pkm. Während man dies als »Verkehrsleistung« bezeichnet, wird die bloße Zahl der beförderten Personen – hier also 100 – »Verkehrsaufkommen« genannt.

10   Von 25,0 im Jahr 1993 auf 55,3 Milliarden Personenkilometer im Jahr 2017 (+ 121,2 %)

11   Von 33,7 im Jahr 1993 auf 40,4 Milliarden Personenkilometer im Jahr 2017 (+ 19,9 %).

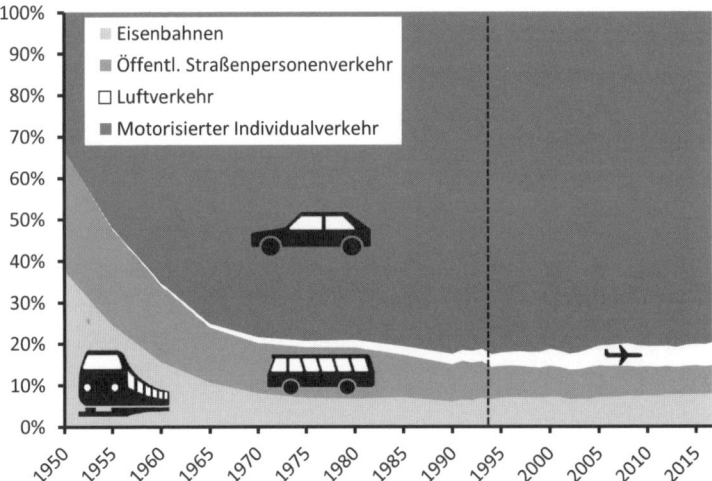

Abb. 1: Die Entwicklung des Verkehrsmarkts (Modal Split, bezogen auf die Verkehrsleistung) im inländischen Personenverkehr. Seit der Bahnreform (gestrichelte vertikale Linie) stagniert die Verteilung der Verkehrsträger weitgehend; lediglich der inländische Luftverkehr hat stark hinzugewonnen. Quelle der Daten: »Verkehr in Zahlen«, jährlich herausgegeben vom Bundesministerium für Verkehr und digitale Infrastruktur BMVI (bzw. den Vorgängerministerien). In dieser und in der folgenden Grafik geht es um den Schienenverkehr als Ganzes, also um die Verkehrsleistungen von DB AG und den anderen Eisenbahnunternehmen. Eine analoge Grafik zum Güterverkehr findet sich auf Seite 213.

sonnennahverkehrs aufgenommen.[12] Zweitens berechnet die DB AG seit 1999 ihre Fahrgastzahlen nach einem neuen Schlüssel: Entgegen der eigentlichen Regel werden seitdem die nichtzahlenden Fahrgäste, also die eigenen Beschäftigten, Bundeswehrangehörigen und Zivildienstleistenden, Behinderten sowie Parlamentsabgeordneten in die Statistik mit einbezogen. Dies führt zu erheblichen scheinbaren Steigerungen, ohne dass nur eine Person mehr in den Zügen sitzt.[13]

---

12 Vgl. »Für den Bundesrechnungshof ist die Bahnreform ein Flop«, Frankfurter Rundschau vom 14. März 1997.

13 Vgl. Klaus Gietinger, Der Markterfolg der Deutschen Bahn AG nach der Bahnreform – Dichtung und Wahrheit, Karlsruhe 2004, S. 92. Die Anpassung der Werte wird auch von der Bundesregierung offiziell bestätigt (Bun-

Damit ist das tatsächliche Wachstum des Schienenpersonenverkehrs also deutlich geringer, als die oben dargestellten Zahlen vermuten lassen.

Entscheidend ist aber, dass in der Gesamtbilanz wie oben beschrieben die Marktanteile für den Bahnverkehr nicht zunahmen, da der Personenverkehr insgesamt (bei allen Verkehrsträgern zusammen) parallel mit dem Bahnverkehr erheblich anwuchs. Dass eines der zentralen Ziele der Bahnreform damit nicht erreicht wurde, kritisiert auch eine wichtige unabhängige Instanz: der Bundesrechnungshof. Dieser schlussfolgerte bereits 2006 in seiner Auswertung der Bahnreform: »Die beabsichtigte Verlagerung des Verkehrs von der Straße auf die Schiene ist nicht eingetreten.«[14]

Güterverkehr

Nicht viel anders sieht es beim Güterverkehr aus, wie die Grafik auf Seite 213 zeigt. Auch hier ist seit der Bahnreform die absolute Transportleistung zwar deutlich gewachsen. Damit liegt sie heute aber nur auf dem Niveau von 1991, als in Ostdeutschland noch wesentlich mehr Güter auf der Schiene transportiert wurden. Der Marktanteil des Schienengüterverkehrs stagniert bei 18 Prozent. Dabei verlor die Schiene vor allem auf kürzeren Distanzen durch die Einstellung des Stückgutverkehrs, die Aufgabe der Postfracht und den Abbau der Gleisanschlüsse um über 80 Prozent (vgl. das folgende Kapitel 3). Die Bahn konzentriert sich inzwischen fast ausschließlich auf weite Transporte mit angeblich »bahnaffinen« Massengütern, während sie

---

destags-Drucksache 15/1954: Antwort der Bundesregierung auf die Kleine Anfrage der Abgeordneten Horst Friedrich [Bayreuth], Daniel Bahr [Münster], Rainer Brüderle, weiterer Abgeordneter und der Fraktion der FDP) und lässt sich durch den Vergleich der Zahlen in den von der DB AG herausgegebenen »Daten und Fakten« aus den unterschiedlichen Jahren nachweisen, da diese in den neueren Ausgaben auch rückwirkend geändert wurden.

14 Bundesrechnungshof (2006): Bericht nach § 99 BHO zur Finanzierung der Bundesschienenwege. Die Prozentzahlen sind deswegen höher als die hier für den Modal Split angegebenen, weil sie für den Gesamtverkehr (also PV und GV) gelten.

große Teile des übrigen Marktes einfach dem Lkw überlässt. Dabei ist die DB AG mit Schenker Logistics selbst der größte Lkw-Logistiker in Europa; sie profitiert also gewissermaßen vom Niedergang der Schiene in den genannten Marktsegmenten. Im Schienengüterverkehr selbst steckt die DB-Schienengüterverkehrstochter DB Cargo in einer Dauerkrise und verliert sogar Transportleistung; das erfreuliche Wachstum geht ausschließlich auf das Konto der anderen Schienengüterverkehrsunternehmen (siehe dazu Kapitel 13 zum Güterverkehr).

Dass es weder im Personen- noch im Güterverkehr ein Wachstum des Marktanteils der Schiene gab und der Großteil aller Verkehre heute auf der Straße abgewickelt wird und der Luftverkehr weiterwächst, hat einerseits politische Gründe. Diese falschen Steuerungseffekte durch einen verzerrten Verkehrsmarkt sind im vorhergehenden Kapitel bereits ausführlich dargestellt worden. Die zweite Ursache sind jedoch falsche Strategien des Managements der DB AG.

Maßnahmen im Rahmen der Verkehrswende

Um den Marktanteil der Bahn tatsächlich zu steigern, ist eine Vielzahl unterschiedlicher Maßnahmen notwendig, die in den einzelnen Kapiteln dieses Buches beschrieben sind: unter anderem eine Reform des Verkehrsmarkts (Kap. 1), eine bessere Kundenorientierung mit einer Tarifsystemreform und einer neuen Reisekultur (Kap. 6), ein Ausbau des Netzes für eine echte Flächenbahn (Kap. 4).

Aber auch in einem optimalen politischen Umfeld mit den notwendigen Investitionen und mit einer optimalen Strategie wäre das Potenzial der Bahn zur Aufnahme von zusätzlichem Verkehr begrenzt. In Anbetracht des Verkehrswachstums, das sich im Personenverkehr und noch stärker im Güterverkehr fortsetzt, ist ein wesentlich größerer Marktanteil der Bahn kaum möglich – selbst bei konsequentem Ausbau des Schienennetzes. Und auch Bahnverkehr verbraucht bekanntlich Ressourcen, wenn auch in deutlich geringerem Umfang als der Straßen- und insbesondere der Luftverkehr. Daher muss die Forderung nach einer Verkehrsverlagerung auf die Schiene immer mit einer Abkehr von dem Paradigma des fortge-

setzten Verkehrswachstums verbunden sein. Schließlich machen uns
mehr Verkehr und mehr Transporte nicht glücklicher und erhöhen
nicht unseren Wohlstand. Meist ist durch die damit verbundenen Belastungen eher das Gegenteil der Fall.

Notwendig ist die Anlastung der tatsächlichen Kosten bei den
Verursachern von Verkehr, was zu einer Verteuerung vor allem des
Straßen- und des Luftverkehrs führt. Notwendig ist aber auch eine
veränderte Struktur- und Wirtschaftspolitik, die kurze Wege statt
immer mehr Verkehr als zentrales Ziel verfolgt.

Hans Leister
Wir brauchen das Zukunftsbündnis Schiene!

Die Bahnreform in Deutschland kann man ganz verschieden
erzählen: Als Erfolgsgeschichte des Nahverkehrs (dank Aufgabenträgern, Ländern und Wettbewerb), als Niedergang des
Güter-Einzelwagens, als Aufstiegsgeschichte innovativer neuer
Bahnunternehmen, als Niedergang der Infrastruktur, trotz einzelner teurer Neubaustrecken. Man kann die 10 Jahre von 1999
bis 2009 als Polit-Thriller erzählen nach dem Motto »Verrück-
ter Manager bringt eine Staatsbahn unter seine Kontrolle und
stellt alle Weichen auf Katastrophe« oder als fast-erfolgreiche
Börsenstory, nur gescheitert an der Finanzkrise.

Überall ist etwas Wahrheit enthalten. Niemand beharrt
mehr darauf, dass seit 1994 bei der Bahn alles besser wurde.
Allen ist bewusst: Die Bahnreform war Zeitgeist, nicht ganz
verkehrt, aber bestimmt nicht rundum erfolgreich.

Aber – sollten wir angesichts der bedrohlich steigenden CO_2-
Konzentration in der Atmosphäre mit allen drohenden Folgen
nicht besser nach vorne schauen? Sollten wir nicht den heute
hohen Grad an Gemeinsamkeit bei der Bahnpolitik nutzen, um
gemeinsam und in neuen Bündnissen voranzukommen?

Vor 25 Jahren gab es das Bemühen um Umweltschutz, war die Schiene anerkannt als das Verkehrsmittel mit der höchsten Energieeffizienz. Heute ist es aber eine Existenzfrage: Die »Verkehrswende« mit der verstärkten Nutzung des Schienenverkehrs ist nichts weniger als Teil des Überlebensprogramms der Menschheit.

»Verkehrswende«, früher ein Begriff aus der grünen und linksalternativen Szene, wird heute ganz selbstverständlich von einem CSU-Verkehrsminister zitiert, der alle Verbände und große Unternehmen der Schienenbranche an einen Tisch holt, Arbeitsgruppen einrichtet, um innerhalb von 10 Jahren den Personenverkehr auf der Schiene zu verdoppeln. (Die Schweiz brauchte dafür deutlich länger!)

Muss es uns als Befürwortern des Schienenverkehrs stören, dass der Minister gegen »Verbote, Verteuerung und Verteufelung« anderer Verkehrsmittel ist, solange gleichzeitig anspruchsvolle Ziele für den Schienenverkehr verfolgt werden, um die Kunden mit Attraktivität des Schienenverkehrs zu überzeugen? Kann man sich in einem demokratischen Staat ernsthaft vorstellen, dass die Leute in die Züge gezwungen werden?

An dieser Stelle kommt der Einwand: Aber die tollen Pläne von Deutschland-Takt und Flächen-Fernverkehr, von üppig vorhandenen Takt-Systemtrassen im Güterverkehr und neuen schnellen ICE-Linien, die auf Hauptachsen den Luftverkehr überflüssig machen, von einem Netz ohne Signale und Kupfer-Kabelstränge, dafür mit modernster digitaler Technik – all das ist doch überhaupt nicht finanziert.

Stimmt: Das dicke Ende, die gewaltigen Investitionen beim Umbau unserer Wirtschaft auf Klimaneutralität, machen wir uns noch nicht klar, nicht im Verkehrssektor, auch nicht in anderen Politikfeldern. Die soziale Frage stellt sich vielleicht ganz anders: Sollen wir wirklich das Geld für Renten- und Sozialprogramme ausgeben, oder lieber doch in eine lebenswerte Zukunft unserer Enkel investieren? Natürlich: Beides wäre am besten, aber gewinnen wir dann den Wettlauf mit dem Klima?

Diese Diskussion beginnt gerade erst. Die Vertreter des Ministeriums und der Behörden, der Gewerkschaften, des Managements und der technischen Universitäten, der Fahrgast- und Umweltverbände, die im »Zukunftsbündnis Schiene« zusammengeholt sind, müssen jetzt das Bild eines Bahnverkehrs der Zukunft entwerfen und deutlich machen: Ja, wir schaffen das, doppelt so viele Fahrgäste und mehr Güterverkehr auf die Schiene zu holen, und zwar mit der Zuverlässigkeit der guten alten Bundesbahn. Erst danach ist die Diskussion über die Finanzierung eines gewaltigen Investitions- und Aufbauprogramms Schiene zu führen.

Bei all dem hilft dann doch ein Blick zurück: Was ist alles schief gelaufen seit 1994, welche Irrwege wurden gegangen? Man muss aber auch ehrlich sein: Welche Strecken hatten gar keine Chance, mussten einfach wegen der Schließung von Militär- und Industriestandorten stillgelegt werden? Mit »Stuttgart 21« und anderen Projekten erben wir zudem Hinterlassenschaften, die man sinnvoll in ein neues Verkehrssystem integrieren muss. Es gibt viel Diskussionsbedarf – diesmal unter Beteiligung breiter Kreise, nicht im Hinterzimmer zwischen DB-Vorstand und Bundesregierung.

Hans Leister war u. a. tätig in führenden Positionen bei unterschiedlichen Eisenbahnverkehrsunternehmen, darunter der Deutschen Bahn, Veolia und Keolis. Er ist Gesellschafter der Innoverse GmbH und Experte für Deutschland-Takt, Trassenpreise und ETCS. Leister ist Verfasser des Romans »Der Tunnel« (2018).

Kapitel 3
1919-2019: 100 Jahre systematischer Abbau des Schienennetzes

> Mir ist es wichtiger, den Rentnern die Rente zu sichern, als einem
> Wahlkreisfürsten sein defizitäres Spielzeug Lokalbahn.
>
> *Bundeskanzler Helmut Kohl, 1983*

> Der Bahnbetrieb verharrt im Ankündigungsmodus. Beispiel
> Trassenpflege. Ex-CEO Rüdiger Grube (66) versprach bereits
> 2015, beherzt zu roden, damit nicht bei jedem Unwetter Bäu-
> me aufs Gleis fallen. Im vergangenen Dezember bedankte sich
> Vorstand Pofalla bei den Mitarbeitern für die Verbesserung der
> Vegetationskontrolle. Um dann einen Monat später – nach dem
> Sturmtief Friederike mit vielen umgestürzten Bäumen – den
> »Aktionsplan Vegetation« auszurufen.
>
> *Michael Machatschke, Die Merkel-Bahn,*
> *Manager Magazin Nr. 3 vom 16. Februar 2018.*

Heinz Dürr und die Vorstände von Bundesbahn und Reichsbahn argumentierten 1992 im Vorfeld der Bahnreform, durch diese werde
es »zu einem Ausbau des Schienennetzes für beide Bahnen« kommen. Ausdrücklich war auch von einem »Streckenausbau beider
Deutschen Bahnen« die Rede.[1] Weiter hieß es sogar: »Bundesbahn
und Reichsbahn haben erstmals einen gesamtdeutschen Schienen-
ausbauplan entworfen. […] Allein im vordringlichen Bedarf weist
er zum Ausbau des Schienennetzes für beide Bahnen 54 Vorhaben

---

1   Die Deutschen Bahnen 1992, a. a. O., S. 40f.

mit einem Gesamtinvestitionsvolumen von rund 108 Milliarden DM aus.« Das wären rund 55 Milliarden Euro bzw. nach heutigen Werten mehr als 80 Milliarden Euro.

Zwar wurden in den Jahren 1993 und 1994 die Formulierungen in diesem Sinne immer vager. Doch nirgendwo wurde erklärt oder auch nur angedeutet, dass es zu einem deutlichen Abbau der Strecken und zu einer drastischen Reduktion der Schienenkapazitäten kommen könnte. Schließlich war ja allenthalben von der zu erwartenden »Renaissance der Schiene« die Rede.

Das Netz ist die Basis des gesamten Schienenverkehrs. Zur Zeit seiner größten Ausdehnung im Jahr 1912 hatte das Bahnnetz auf dem heutigen Gebiet der Bundesrepublik Deutschland eine Ausdehnung von 58.297 Kilometern, zusätzlich mehrere zehntausende Kilometer Nebenstrecken mit regionalen und Kleinbahnen. Auch 1950 gab es auf dem Gebiet des heutigen Deutschland noch ein Schienennetz mit insgesamt 54.000 Kilometern.[2]

Seit Ende der 1960er Jahre wurden in Westdeutschland viele Strecken stillgelegt – wovon vor allem viele Nebenstrecken betroffen waren. Dadurch verloren tausende Orte und kleinere Städte ihre Bahnanbindung. Die ohnehin galoppierende Verkehrsverlagerung auf die Straße beschleunigte sich weiter. In Ostdeutschland blieb hingegen der größte Teil der Strecken erhalten, was durch die politischen Vorgaben begründet war: Die Bahn stellte dort auch weiterhin das Rückgrat des Verkehrssystems dar.[3] So gab es in der DDR die Vorschrift,

---

2 38.000 km im Westen und 16.000 km in der SBZ/DDR. Quelle: Nationalatlas Bundesrepublik Deutschland, Verkehr und Kommunikation, hrsg. vom Institut für Länderkunde, Leipzig 2000, S. 32.

3 Es gab in der DDR ein auffallendes Auseinanderklaffen zwischen dem Personen- und dem Güterverkehr: Im Personenverkehr gab es, wie im Westen, ein deutliches Wachstum des Pkw-Verkehrs und ein Zurückbleiben der Schiene hinter der Straße. Im Güterverkehr gab es einen solchen Prozess nur bis Mitte der 1970er Jahre; danach kam es zu einer deutlichen Rückverlagerung von Güterverkehr auf die Schiene. Die Ursache waren die weltweite Ölverknappung und »Ölkrise« 1973, in deren Gefolge die damalige Sowjetunion die Preise für Öl- und Gasexporte in die DDR und die anderen von der UdSSR abhängigen Länder wie Ungarn, Polen, die ČSSR drastisch erhöhte. Der Lkw-

dass alle Transporte ab 50 Kilometer und alle dienstlichen Fernreisen mit der Bahn durchgeführt werden mussten.

Nach der Wiedervereinigung wurden dann plötzlich viele ostdeutsche Bahnstrecken als verzichtbar angesehen. Das war eine wesentliche Voraussetzung für den Abbau der Schiene.

Tatsächlich ist das Schienennetz nach der Bahnreform weiter erheblich geschrumpft: Von 1994 bis 2018 wurde es um 17 Prozent gekappt (von 40.300 auf 33.440 km). Insbesondere in Ostdeutschland wurden zahlreiche Strecken stillgelegt – obwohl man ja eigentlich in Westdeutschland schon ausreichend Erfahrungen damit gemacht hatte, wie durch Streckenstilllegungen der Bahnverkehr immer unattraktiver gemacht wird. Im gleichen Zeitraum wurden 16 Prozent der Bahnhöfe und Haltepunkte abgebaut. Seitdem gibt es aber auch in Ostdeutschland viele vor allem ländliche Regionen, die keine Schienenanbindung mehr haben und wo allenfalls noch mehrmals am Tag Busse fahren – mit meist deutlich längeren Fahrzeiten und geringerem Komfort. Dadurch ist der öffentliche Verkehr für die dort ansässigen Menschen heute keine wirkliche Option mehr. Die Begriffe, hier sei »der Zug abgefahren« und die Region sei »abgehängt«, sind naheliegend; die dadurch mit hervorgerufenen fatalen politischen Folgen zeigten sich bei den Wahlen der letzten Jahre.

Aber nicht nur die Länge des Netzes wurde erheblich reduziert. Die Zahl der Weichen und Kreuzungen hat noch wesentlich dramatischer abgenommen: Sie wurde mehr als halbiert (von 144.268 im Jahr 1993 – bei Bundes- und Reichsbahn – auf 66.280 Ende des Jahres 2018[4]). Bis heute wird jegliche Art von Infrastruktur bei der

---

Verkehr in der DDR brachte es 1970 auf 18,2 Mrd. Tonnenkilometer (tkm); 1987 nur noch auf 15,5 Mrd. tkm. Im gleichen Zeitraum stieg die Leistung der DDR-Reichsbahn von 41 Mrd. tkm 1970 auf stolze 76 Mrd. tkm im Jahr 1987. Zum Zeitpunkt der Wende war die Leistung im DDR-Schienengüterverkehr vergleichbar hoch wie im wesentlich größeren Westdeutschland. Angaben nach: Statistische Jahrbücher der DDR und Winfried Wolf, Neues Denken oder neues Tanken? DDR-Verkehr 2000, Frankfurt am Main 1990, S. 30.

4   Deutsche Bahn, Daten und Fakten 2018, S. 27; Verkehr in Zahlen, herausgegeben vom BMVI.

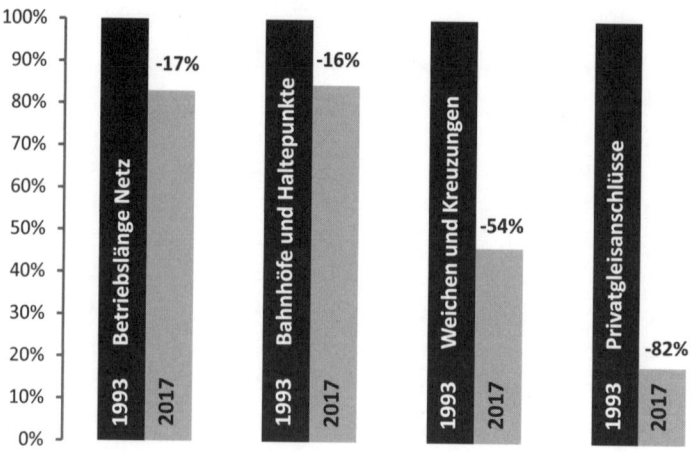

Abb. 2: Die Entwicklung der Bahninfrastruktur von 1993 bis heute. Um die Privatgleisanschlüsse wird es in Kapitel 13 zum Güterverkehr noch ausführlich gehen. Quelle der Daten: Deutsche Bahn AG, Daten und Fakten sowie Verkehr in Zahlen, herausgegeben vom BMVI (jeweils mehrere Jahrgänge).

DB AG vorwiegend als Kostenfaktor betrachtet. Die ständig wiederholte Formel, die Infrastruktur sei in schlechtem Zustand und aufgrund des Kurses unter Bahnchef Mehdorn abgebaut worden, gleicht einer Schutzbehauptung. Unter Mehdorn wurde natürlich die Struktur der Schiene stark beschädigt; es gab den beschrieben Abbau. Zeitweilig gab es sogar einen Bonus für die Bahnbeschäftigten, die angeblich unnötige Gleise und Weichen identifizierten. 1998 wurde in einem Rundschreiben »an alle Mitarbeiterinnen und Mitarbeiter« angekündigt: Für jeden Meter entbehrliches Gleis werde 1 DM gezahlt, pro Weiche 100 DM und bei rückgebauten Anlagen »25 % des ermittelten Jahresnutzens«.[5] Dieser Prozess setzte sich unter den Nachfolgern auf dem Bahnchef-Posten, unter Rüdiger Grube und Richard Lutz, fort. Auch in den jüngeren Jahren war die Zahl der Weichen von Jahr zu Jahr rückläufig. So wurden in den ersten beiden

---

5   Zitiert nach: Hans-Joachim Ritzau / Jörn Pachl et al., Die Bahnreform – eine kritische Sichtung, Pürgen 2003, S. 325.

Amtsjahren von Richard Lutz als Bahnchef, 2017 und 2018, insgesamt 655 Weichen und Kreuzungen abgebaut. Das heißt, in jedem Monat wurden 27 Weichen oder Kreuzungen aus dem Netz entfernt.[6] Es handelt sich um einen andauernden Aderlass; vor allem fallen dabei viele Ausweichgleise weg.

Vor allem Weichen sind entscheidend für die Flexibilität im Netz: Sie ermöglichen Zügen das gegenseitige Ausweichen und das Freimachen der Strecke, wenn ein schnellerer Zug passieren muss. Wenn es aber über viele Kilometer keine Weichen und keine Ausweichgleise gibt, weil diese eingespart wurden, dann hängt im Falle von Fahrplanabweichungen ein ICE oder IC entsprechend lang hinter einem Nahverkehrs- oder Güterzug und bekommt alleine dadurch eine erhebliche Verspätung. Das sind dann die bei den Fahrgästen allseits bekannten »Störungen im Betriebsablauf«. Hinzu kommt, dass ein Schienennetz mit vielen Weichen und ausreichend vielen Ausweichgleisen auch für die Fahrplangestaltung wesentlich bessere Optionen bietet als ein Netz, das extrem »auf Kante genäht« ist, was inzwischen der Fall ist.

Während der in der Grafik gezeigten negativen Entwicklung des Bahnnetzes wurde das Autobahnnetz beständig erweitert: Seit 1991 wurden insgesamt 2300 Kilometer an neuen Autobahnen gebaut. Vor allem wurde die Leistungsfähigkeit des Autobahnnetzes gewaltig gesteigert. So gab es Ende 2000 »nur« 1350 Autobahnkilometer mit einer Fahrbahnbreite von 11 bis 20 Metern. Zehn Jahre später waren es mit 2650 Kilometern bereits doppelt so viel.[7] Das geschah immer mit der Begründung des wachsenden Lkw- und Pkw-Verkehrs, wobei dieser durch den fortgesetzten Infrastrukturausbau in erheblichem Maße auch erst geschaffen wird: Es kommt zu dem so-

6   Laut der Statistikbroschüre der DB AG »Daten und Fakten« gab es im letzten Jahr unter Hartmut Mehdorn noch 69.311 »Weichen und Kreuzungen« (Stand: 31.12.2008). Im letzten Jahr unter Rüdiger Grube waren es noch 66.935 (Stand: 31.12.2016). Und am 31.12.2018 waren es noch 66.280 (Quelle: Daten und Fakten, Ausgaben 2009, 2017 und 2018).

7   Autobahnteilstücke mit 20 Meter und mehr Breite gab es im Jahr 2000 9303 Kilometer; 2010 waren es 10.071 Kilometer. Nach: Verkehr in Zahlen 2016/17, S. 103.

genannten »induzierten Verkehr«.[8] Die seit Jahrzehnten konstant beschworene Verlagerung von der Straße auf die Schiene sieht jedenfalls anders aus.

Hier mag es Einwände und den Verweis auf die Neubaustrecken geben. Tatsächlich wurden auch einige neue Bahnstrecken gebaut und andere ausgebaut – insbesondere die »Verkehrsprojekte Deutsche Einheit«. So konnten unter anderem auf den Verbindungen Hamburg–Berlin, Hannover–Berlin, Berlin–Erfurt–Nürnberg–München und Köln–Frankfurt (Main) erheblich kürzere Fahrzeiten realisiert werden. Diese Strecken dienen aber ausschließlich dem schnellen Personenverkehr zwischen den Metropolen und nicht der Erschließung der Fläche (siehe dazu auch das folgende Kapitel 5). Und auch unter Berücksichtigung der – im Übrigen enorm teuren – Neubaustrecken bleibt unterm Strich eben der genannte Abbau von fast 7.000 Kilometern Schienenstrecken.

Das Ausmaß des Abbaus von Infrastruktur und der Zerstörung von Substanz kann nur dann nachempfunden werden, wenn das allgemeine Fahren auf Verschleiß und die zurückbleibenden Investitionen in die Substanz Berücksichtigung finden. Das Netz leidet an erheblichen Instandhaltungsmängeln – und das, obwohl der Bund jedes Jahr im Rahmen der »Leistungs- und Finanzierungsvereinbarung (LuFV)« 4,5 Milliarden Euro für die Instandhaltung des Bahnnetzes zur Verfügung stellt. Laut dem von der DB AG jährlich an den Bund als Eigner des Schienennetzes übermittelten »Infrastrukturzustands- und -entwicklungsbericht« sind die vereinbarten »Qualitätskennzahlen« zwar fast immer im Rahmen der mit der LuFV getroffenen Vereinbarungen zwischen DB AG und Bund. Es ist aber zweifelhaft, wie aussagekräftig diese Zahlen tatsächlich sind. Dass sich die DB, wenn sie eine bestimmte Anzahl an Brücken instand setzen muss, nicht zuerst die längsten und schwierigsten aussuchen wird, liegt auf der Hand. Inzwischen ist es ein offenes Geheimnis,

---

8   Gert Marte, Die Bewertung des induzierten Verkehrs, in: Internationales
     Verkehrswesen 11/2005.

dass es trotz der LuFV und der Bundesmittel fast überall im Netz erhebliche Instandhaltungsmängel gibt.

Vielfach ist die Infrastruktur auch massiv überaltert. Brücken im Netz der DB AG sind im Durchschnitt 72,5 Jahre alt, Weichen 20,7 Jahre und Gleise 19,4 Jahre (alles Stand 2018). Zudem gibt es noch immer 668 mechanische und 298 elektromechanische Stellwerke im deutschen Bahnnetz – was auch erhebliche Konsequenzen für die Sicherheit hat (siehe dazu auch das Kapitel 13).[9]

Deutliche Kritik an dieser Art der Instandhaltung übt insbesondere der Bundesrechnungshof, der die LuFV regelmäßig überprüft. Er schlussfolgert, dass die Informationen über den Zustand der Eisenbahninfrastruktur trotz der Bundesmittel unzureichend seien und dass Fehlanreize dazu führen können, dass die Instandhaltung des Bahnnetzes vernachlässigt werde. Er bemängelt außerdem, dass der Netzzustand nicht von außen geprüft werde, sondern sich die DB AG quasi selbst prüft. Besonders fatal dabei ist, dass die DB AG einen Anreiz hat, die Routine-Instandhaltung zu vernachlässigen. Denn wenn die Mängel mit der Zeit immer gravierender werden und nach einiger Zeit Neubauten als Ersatzinvestitionen fällig sind, werden diese komplett vom Bund finanziert.[10] Dennoch will der Bund auch mit der neuen dritten LuFV, die 2020 in Kraft treten soll, diese Systematik nicht umstellen. Damit steht zu befürchten, dass sich der Netzzustand auch in Zukunft nicht verbessern wird – zumal der »Turnaround«, wonach die Infrastruktur im Durchschnitt wieder jünger statt immer noch älter wird, schon mehrfach versprochen wurde.

---

9   Infrastrukturzustands- und -entwicklungsbericht 2018, erstellt von der DB AG im April 2019. Außerdem: Antwort der Bundesregierung auf die Kleine Anfrage der Abgeordneten Sabine Leidig, Ingrid Remmers, Dr. Gesine Lötzsch, weiterer Abgeordneter und der Fraktion DIE LINKE, Bundestags-Drucksache 19/3254.

10 Bundesrechnungshof (2018): »Bericht nach § 99 BHO über die Ziele des Bundes bei den Verhandlungen mit der Deutschen Bahn AG über eine dritte Leistungs- und Finanzierungsvereinbarung für die bestehende Eisenbahninfrastruktur«.

Ohne Zweifel gab es auf dem Gebiet der Netzentwicklung seit der Bahnreform auch einige erfreuliche Entwicklungen: Zwischen 1994 und 2019 wurden insgesamt 827 Kilometer an Verbindungen für den Personenverkehr und 359 Kilometer für den Güterverkehr wieder in Betrieb genommen.[11] Gegenüber den umfangreichen Stilllegungen ist das zwar noch sehr wenig, aber die erfolgten Reaktivierungen zeigen, dass sich solche Strecken auch in ländlichen Gegenden wieder durchaus erfolgreich betreiben lassen; vielfach wurden in solchen Fällen die Erwartungen sogar deutlich übertroffen. Das eindrucksvollste Beispiel ist die Regiobahn auf der Strecke Kaarst–Mettmann (Nordrhein-Westfalen). Die Fahrgastzahlen auf der 1999 wieder eröffneten Strecke haben sich seitdem mehr als vervierzigfacht. Ebenfalls extrem erfolgreich ist die Usedomer Bäderbahn (Mecklenburg-Vorpommern), die nur durch den Einsatz engagierter Eisenbahner in den 1990er Jahren nicht stillgelegt wurde – und inzwischen ihre Fahrgastzahlen verzwölffacht hat.[12] An vielen anderen stillgelegten Strecken gibt es Initiativen, die sich zum Teil seit Jahrzehnten für eine Reaktivierung engagieren und nicht selten die Strecken, sofern sie noch nicht abgebaut sind, sogar ehrenamtlich pflegen, damit diese zumindest grundsätzlich weiter befahrbar bleiben.

Notwendige Maßnahmen im Rahmen der Verkehrswende

Um die Bahn wieder voranbringen zu können, ist sowohl der Ausbau als auch die Instandsetzung des Netzes entscheidend. Überall in Deutschland gibt es Strecken, die reaktiviert werden müssten, um sowohl den Personen- als auch den Güterverkehr wieder ausweiten zu können. Dabei könnten viele dieser Strecken nicht nur eine regionale Bedeutung, sondern auch eine wichtige Funktion für den Personen- und Güterfernverkehr haben, indem sie als Umfahrungs- und Ent-

---

11   Allianz pro Schiene, Die Schiene kommt zurück. Pressemitteilung vom 20. Mai 2019, unter: www.allianz-pro-schiene.de.

12   Alle Daten zu den Streckenreaktivierungen unter www.allianz-pro-schiene. de/themen/personenverkehr/regionalverkehr/

lastungsstrecken für den Fall dienen könnten, dass andere Strecken überlastet oder gesperrt sind. Wie schmerzhaft das Fehlen solcher Ausweichstrecken ist, hat die wochenlange Sperrung der Rheintalstrecke bei Rastatt im Sommer 2017 gezeigt, durch die nicht nur zahlreiche ICE, sondern auch 8200 Güterzüge nicht fahren konnten und alleine dadurch volkswirtschaftliche Schäden in Höhe von über 2 Milliarden Euro entstanden sind.[13]

Es gibt bereits umfangreiche Untersuchungen für die Reaktivierung von Bahnstrecken; die Allianz pro Schiene und der Verband deutscher Verkehrsunternehmen (VDV) haben im Mai 2019 eine Liste solcher Strecken veröffentlicht.[14] Darüber hinaus lassen sich aber auch noch viele weitere Strecken überall in Deutschland finden, deren Reaktivierung höchst sinnvoll wäre. Siehe dazu den Anhang in diesem Buch.

Das zweite große Thema, das dringend angegangen werden muss, ist die Netzinstandhaltung. Ohne ein groß angelegtes Programm zur Wiederherstellung und Erneuerung des Bahnnetzes wird sich der Zustand weiter verschlechtern, und es wird dadurch weiterhin zu vielen Verspätungen und anderen Problemen im Netz kommen. Dafür ist es entscheidend, dass die oben beschriebenen Fehlanreize, die dazu führen können, dass das Netz nicht optimal instand gehalten wird, im Rahmen einer neu strukturierten Leistungs- und Finanzierungsvereinbarung (LuFV) abgestellt werden. Letztlich ist der einzig wirklich nachhaltige Weg zu einem besseren Netzzustand, dass der Gewinndruck von dem Netzbetreiber DB Netz AG genommen wird. Schließlich ist es völlig absurd, dass einerseits jährlich viele Milliarden Euro an öffentlichen Geldern in die Netzinstandhaltung fließen, dass die DB Netz AG aber andererseits in den letzten Jahren

---

13   Hanseatic Transport Consultancy (2018), Volkswirtschaftliche Schäden aus dem Rastatt-Unterbruch – Folgenabschätzung für die schienenbasierte Supply-Chain entlang des Rhine-Alpine Corridor 2017, unter: www.netzwerkbahnen.de.

14   VDV (2019), Auf der Agenda: Reaktivierung von Eisenbahnstrecken, zitiert unter: www.allianz-pro-schiene.de.

zum größten Gewinnbringer innerhalb des DB-Konzerns geworden ist und weiter werden soll – was viele Anreize zum »Sparen« an der Instandhaltung schafft. Daher ist es dringend erforderlich, dass die Bahninfrastruktur in einer nicht gewinnorientierten Form betrieben wird. Oberstes Ziel einer solchen Infrastrukturgesellschaft muss es sein, ein tadelloses und wieder wachsendes Bahnnetz mit viel betrieblicher Flexibilität zu betreiben, um immer mehr Verkehr auf die Schiene verlagern zu können. Dafür werden auch weiterhin öffentliche Zuschüsse erforderlich sein. Schließlich wird die Straßeninfrastruktur in noch wesentlich größerem Umfang staatlich finanziert. Diese Zuschüsse dürfen aber nicht gleichzeitig zu größeren Teilen als Gewinne in der Bilanz einer DB AG verbucht werden. Sie müssen vielmehr in vollem Umfang ausschließlich dem Erhalt und Ausbau des Netzes selbst dienen.

Peter Paddington
Stuttgart, Hamburg-Altona und Schweinfurt – drei Mal gezielter Kapazitätsabbau

Die DB plant mit Stuttgart 21 und Altona 21 (mit der Verlegung des Bahnhofs Hamburg-Altona nach Diebsteich) einen massiven Abbau von strategischer Schienenkapazität zugunsten einer immobilienwirtschaftlichen Verwertung der oberirdischen Anlagen. Hier geht es um Kategorie-I-Bahnhöfe, bei denen der beschriebene Prozess der Zerstörung auf bundesweite Aufmerksamkeit und breiten Protest stößt. In kleinerem Maßstab dürfte es jedoch hunderte Beispiele dieser Art geben.

Ein Beispiel aus dem ländlichen Raum Bayerns ist die Steigerwaldbahn von Schweinfurt nach Kitzingen. Ein potenziell interessanter Reaktivierungskandidat, dem Fahrgastpotenziale zugeschrieben werden. Jedes betriebswirtschaftlich denkende

Eisenbahninfrastrukturunternehmen würde hier in diesem Falle denken: Reaktivierung anstoßen – oder zumindest abwarten –, um mit Trassenentgelten nachhaltig Gewinne zu erwirtschaften. Nicht so die DB bzw. deren Tochter DB Netz. Diese plant derzeit, die Infrastruktur, noch bevor ein laufendes Entwidmungsverfahren beschlossen wurde, für 780.000 Euro an eine Verwertungsgesellschaft zu verkaufen. Aufgedeckt hat dies Manuela Rottmann, ihres Zeichens MdB und frühere Mitarbeiterin bei der DB Netz AG. Eine besondere Brisanz erhält der Fall dadurch, dass der Ausgang des Entwidmungsverfahrens inzwischen völlig offen ist, nachdem sich u. a. der Landkreis Schweinfurt gegen eine Entwidmung ausgesprochen hat, und beschlossen wurde, das Potenzial einer Reaktivierung durch ein Gutachten prüfen zu lassen.

Von Altona im Norden über Stuttgart im Südwesten bis Schweinfurt im Süden drängt sich die Frage auf, welches Spiel die DB hier spielt? Die kurzfristigen Verwertungsinteressen lassen jedwedes Verantwortungsbewusstsein und nachhaltige ökonomische, planerische und strategische Vernunft vermissen. Hier steht der Bund in der Pflicht, sein Eisenbahninfrastrukturunternehmen so aufzustellen, dass eine auf Gemeinwohl, Daseinsvorsorge und Nachhaltigkeit ausgelegte Politik verfolgt wird, anstatt unwiederbringlichen Rückbau zu betreiben.

Der Autor ist Verkehrsplaner und verwendet das Pseudonym aus beruflichen Gründen.

Bürgerinitiative »Prellbock Altona«
Kein Stuttgart 21 in Hamburg Altona

Die DB AG betreibt die Schließung des Bahnhofs Hamburg-
Altona, weil sie die fällige Erneuerung von Brücken, Gleisen,
Weichen und Signalanlagen im bestehenden Bahnhof weitgehend aus eigenen Mitteln hätte zahlen müssen, während sie
für Verlagerung und Neubau des Bahnhofs in Diebsteich nahezu vollständig auf Bundes- (=Steuerzahler-) Mittel in Höhe
von mindestens 360 Millionen Euro zugreifen kann. Die Stadt
kauft nicht nur die Grundstücke von der Bahn, sondern übernimmt auch noch die Kosten für den Abriss der alten Bahnan-
lagen und die Dekontaminierung des Bodens. Zusätzlich hat
die Stadt noch die Kosten für die verkehrsmäßige Erschließung
des neuen Bahnhofsstandortes zu tragen. [...] Wir befürchten,
dass, nach den Erfahrungen von Stuttgart 21, sich die Gesamtkosten inklusive der zu erwartenden Kostensteigerungen und
durch Zeitverzögerungen auf bis zu 1 Mrd. EUR belaufen können.

Die Bahnhofsschließung trifft insbesondere

• die Bürger Altonas, denen der ideal zwischen zwei Ein-
  kaufsstraßen fußläufig eingebettete Bahnhof weggenom-
  men werden soll;

• Pendler und Fernzugreisende wegen zu erwartender Fahrtzeitverlängerungen;

• Mobilitätseingeschränkte, ältere Bürger, Radler und Müt-
  ter mit Kinderwagen, die den einzigen ohne Treppen und
  Fahrstühle von der Straße aus zugänglichen Fern- und Re-
  gionalbahnhof Hamburgs verlieren;

• die Dienstleister und Geschäftsleute im Bahnhofsumfeld,
  da rund 30.000 Fahrgäste/Tag wegfallen, was zu Umsatzein-
  bußen führt; [...]

- die Einwohner des gesamten Hamburger Westens, die heute mit der S1 zum Bahnhof Altona fahren, werden ihren direkten S-Bahn-Anschluss zum Fernbahnhof verlieren und sich im ohnehin überfüllten Hauptbahnhof drängeln;
- Kunden der Autoreisezüge, da die Verladeanlagen ohne Ersatz geschlossen werden sollen.

Die Bürgerinitiative fordert stattdessen die Modernisierung des jetzigen Bahnhofs Altona mit einem Rückbau von nicht mehr benötigten Teilen des Gleisvorfeldes, um den ausdrücklich erwünschten Wohnungsbau auf den freiwerdenden Flächen so schnell wie möglich zu realisieren, und die Einstellung aller Vorarbeiten zur Bahnhofsverlagerung, bis die Ergebnisse der Kosten-Nutzen-Rechnung vorliegen.

Bürgerinitiative Prellbock Altona – »Unser Bahnhof bleibt, wo er ist.« Siehe Infos unter: www.prellbock-altona.de

Kapitel 4

Der allzu große Erfolg des InterRegio

> Die Studentin aus Hannover mit Freund in Gießen findet toll,
> dass sie im InterRegio (IR) einen Tisch hat, an dem sie prima ler-
> nen kann; der Kegelbruder aus Northeim ist angetan vom Groß-
> raumwagen, weil »der ideal für Kegeltouren ist«; dem Twen aus
> Korbach schmeckt schon am frühen Morgen das frisch gezapfte
> Bier; die Rentnerin aus Northeim freut sich über »den schönen
> Blick durch die großen Fenster«; die Familie aus Kassel findet
> den Hochsitz für die kleine Tochter super.
>
> *Hessische Niedersächsische Allgemeine*
> *vom 15. Januar 1989 nach einer InterRegio-Testfahrt.*

Kein anderer Bereich der Bahn steht derart unter Beobachtung wie
der Fernverkehr. In gewissem Sinn zu Recht, mag man sagen. Der
Nahverkehr wird eher als etwas Notwendiges, Normales, als etwas
Alltägliches betrachtet. Dem entsprechen die Fahrzwecke: Es geht
hier vor allem um Berufsverkehr, Ausbildungsverkehr, teilweise auch
um Einkaufsverkehr. Der Fernverkehr dagegen ist das Besondere.
Hier geht es oft auch um Reise als Vergnügen und um Reisekultur.
Bei den Fahrzwecken dominieren Freizeitverkehre, Kulturfahrten,
Fahrten zu einem Partner oder zu Verwandten und Bekannten,
Urlaubsfahrten und Städtetourismus.

Der Fernverkehr wird, anders als der Schienenpersonennahverkehr und als der Schienengüterverkehr, noch zu 99 Prozent von
der Deutschen Bahn beherrscht. Hier ist der Staatskonzern tatsächlich noch Alleinunterhalter. Oder eben Monopolist. Das muss nicht
schlecht sein. Das ist Chance, aber auch Verpflichtung, diese wahrzu-

nehmen, den Fernverkehr im Interesse von Fahrgästen und Beschäftigten zu gestalten. Haben die Bahn-Oberen diese Chance wahrgenommen; ist die Bahnreform hier erfolgreich?

Nehmen wir die Struktur des Fernverkehrs selbst. Inzwischen ist hier der ICE das Flaggschiff und Aushängeschild, die Visitenkarte der Deutschen Bahn. Fernverkehr der DB wird in der Öffentlichkeit und von der DB selbst weitgehend gleichgesetzt mit ICE-Verkehr. Dabei erbringt die Zuggattung InterCity/EuroCity (IC/EC) immer noch ein gutes Viertel der Verkehrsleistung im DB Fernverkehr. Geht es nach der Zahl der beförderten Personen, dann bringt es der IC/EC auf ein gutes Drittel des Verkehrsaufkommens. Dennoch ist die Präsenz des ICE überwältigend.

Dabei war es nicht immer so. Der ICE war eigentlich primär für Hochgeschwindigkeitsstrecken und für Verbindungen mit sehr hohem Verkehrsaufkommen konzipiert. Das liegt eigentlich in der Natur der Sache; schließlich handelt es sich um einen sehr teuren Zug. Und es liegt in der Natur der Sache, dass es für andere Segmente im Fernverkehr – für regionale Verkehre, für weniger schnelle Verbindungen, für Nachtverkehr – andere Zugsysteme geben muss.

Das war auch so der Fall. Anfang der 1990er Jahre, zu Beginn der Bahnreform und noch bis zum Jahr 2002, nahm der ICE eine Minderheitsposition im Fernverkehr der Deutschen Bahn ein. Er setzte sich als Oligopolist im monopolistischen Fernverkehrs vor allem dadurch durch, dass die konkurrierenden Gattungen im Fernverkehr vom Bahnvorstand schlicht liquidiert bzw. durch mangelnde Produktpflege und durch unzureichenden Investitionen in das rollende Material an den Rand gedrängt wurden. Tabelle 1 verdeutlicht diese gravierenden Veränderungen im Bereich des Schienenpersonenfernverkehrs.

Danach lag selbst 1998, acht Jahre nach seiner Markteinführung, der Anteil des ICE im Verkehrsaufkommen – bei der Zahl der Fahrgäste im Jahr – bei »nur« 19 Prozent. Das Zugsystem IC/EC brachte es auf 32,5 Prozent. Der InterRegio hingegen erreichte einen Marktanteil von mehr als 40 Prozent. Die übrigen Fernverkehrszüge – hier

Zugsysteme im Fernverkehr	1996		1998		2001		2010		2018	
Verkehrsleistung (Mio. Personenkilometer und Anteile in %)										
ICE	8.178	26,2%	10.155	30,3%	15.515	43,9%	23.903	66,3%	31.066	72,7%
IC/EC	12.265	39,2%	12.032	36,0%	9.826	27,8%	10.490	29,2%	11.690	27,3%
IR			8.600	34,8%						
Nachtzug u.a	10.812	33,6%	3.800	11,0%	6.748	19,1%	1.633	4,5%	-	-
Verkehrsaufkommen (Mio. Fahrgäste und Anteile in %)										
ICE	23,6	16,3%	31	19,0%	46,7	31,2%	77,8	57,7%	93,5	63,5%
IC/EC	52,8	36,4%	53	32,5%	40,5	27,0%	52,2	38,7%	52,0	35,2%
IR	68,6	47,3%	68	41,7%	52,4	35,0%	-		-	
Nachtzug u. a.			11	6,8%	10,2	6,8%	4,8	3,6%	-	

Tab. 1: Fernverkehr Deutschen Bahn 1996–2018 nach Fernverkehrsparten bzw. Zuggattungen (Verkehrsleistungen und Verkehrsaufkommen). Basiszahlen nach: Daten und Fakten 1996, 1998, 2001 und 2017/18 und Karl-Dieter Bodack, InterRegio. Die abenteuerliche Geschichte eines beliebten Zugsystems, Freiburg/Br. 2005, S. 97. Die DB-AG-Reihe »Daten und Fakten« und die Geschäftsberichte der Deutschen Bahn AG sind teilweise nicht detailliert genug, um alle in der Tabelle aufgeführten Sparten in jedem Jahr füllen zu können. Daher gibt es bei den Zeilen »IR« und »Nachtzug u. a.« teilweise exakte Zahlen für diese verschiedenen Gattungen (also z. B. im Jahr 1998 8.600 Mio. Pkm für den IR und 3.800 Mio. Pkm für den Nachtzug) und teilweise zusammenfassende Zahlen für die beiden Gruppen IR und Nachtzug u. a. (also z. B. im Jahr 1996 10.812 Mio. Pkm für IR und Nachtzüge u. a.) Die Fahrgastzahl pro Jahr enthält im Übrigen (korrekterweise) Doppelzählungen (ein Fahrgast nutzt auch mal IC und IR usw.), sodass die einfache Addition der Fahrgäste je Zuggattung höher ist als die reale Zahl der Fahrgäste. Beispielsweise ergibt die Addition der Fahrgastzahlen je Zugsystem im Jahr 1998 163 Millionen Fahrgäste. Unter Ausschluss der Doppelzählungen waren es »nur« 149 Millionen – im Übrigen mehr als 2018.

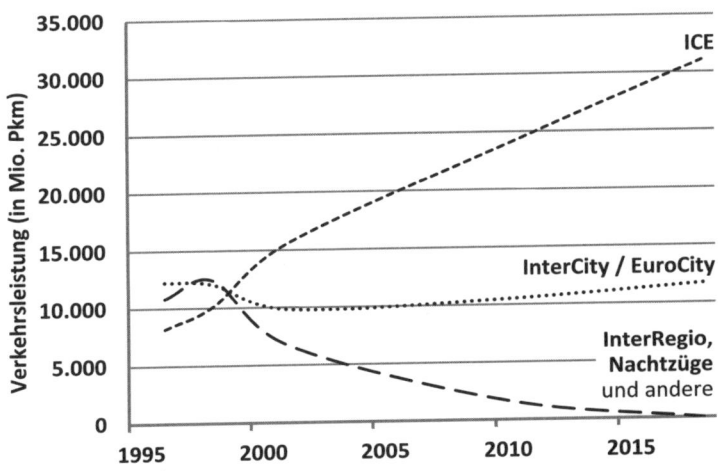

Abb. 3: Entwicklung der Verkehrsleistung nach Fernverkehrssparten (gemäß Tab. 1)

dann vor allem die Nachtzüge – vereinten knapp 7 Prozent der Fernverkehrsfahrgäste auf sich.

Es folgte ein fataler Prozess der Konzentration auf den ICE – durch bahninterne Abschaffung von Wettbewerb: 2002 wurde die Zuggattung InterRegio aufgegeben. 2016 wurde der Nachtzugverkehr eingestellt (siehe Kapitel 7). Seither gibt es die Dominanz des ICE.

Vor allem der Wegfall der gesamten Zuggattung InterRegio stellt einen tiefen Einschnitt in der Entwicklung der Deutschen Bahn im Allgemeinen und des Fernverkehrs im Besonderen dar. Dabei ist die Geschichte des InterRegio eine der höchst seltenen Erfolgsstorys im Eisenbahnverkehr. Die DB AG hatte den IR Ende der 1980er Jahre eingeführt. Der Zug ersetzte einerseits die veralteten D-Züge und wurde vorwiegend für Reisen auf mittellangen Strecken genutzt. Er war damit das entscheidende Bindeglied zwischen Nahverkehr und dem Fernverkehr mit InterCity- und ICE-Zügen. In einem polyzentrisch strukturierten Land wie Deutschland mit rund 1000 Klein- und Mittelstädten spielen diese Verkehre auf mittleren Entfernungen eine große Rolle. Andererseits handelte es sich beim InterRegio um ein innovatives neues Produkt im Schienenpersonenfernverkehr.

Mit dem IR sollte nicht nur der kontinuierliche Verlust von Fahrgästen im D-Zug-Verkehr gestoppt werden. Es ging darüber hinaus um eine Neu- und Weiterentwicklung. Das Reisen mit der Bahn sollte als schönes Erlebnis gestaltet, mit dem InterRegio sollte eine neue »Kultur des Reisens« vermittelt werden. Charakteristika des IR sollten sein: Fahrpläne im Zwei-Stunden-Takt, lang laufende Zugverbindungen, um Umsteigezwänge zu vermeiden, günstige Fahrpreise ohne Aufschläge, ein einladendes Bordrestaurant und eine neu gestaltete Inneneinrichtung mit Sitzlandschaften. Michael Neubauer fasste dies in seiner Dissertation wie folgt zusammen: »Bei der Entwicklung des IR rückten die ›weichen‹ Faktoren in den Vordergrund, auch und gerade vor dem Hintergrund der Wirtschaftlichkeit. Ganz bewusst sollte die Imagekomponente eine besondere Rolle spielen. […] Die Fahrzeuge sollten Wohlbefinden schaffen und dazu beitragen, die Reise als ein Erlebnis zu gestalten, um einen spezifischen Wettbewerbsvorteil der Bahn (›Raum-Komfort-Service‹) auszuspielen. Es entstanden Interieurs mit differenzierten Sitzplätzen in Abteilen und Großabteilen (unterschiedliche ›Sitzlandschaften‹) in einer sympathischen Farbgestaltung. Ein eigenes Bistro-Café sollte das gastronomische Highlight werden.«[1]

Insgesamt wurden für das IR-System 1349 ehemalige D-Zug-Wagen umgebaut und für Geschwindigkeiten bis zu 200 Stundenkilometer ertüchtigt. Zur Einführung warb die damalige Bundesbahn für den IR mit dem Motto »Ein menschlicher Zug«. Und die Rechnung ging auf: Der InterRegio entwickelte sich binnen weniger Jahre zum Rückgrat des Fernverkehrs. 1998 lag der Anteil des IR im Fernverkehr – wie oben beschrieben – doppelt so hoch wie derjenige des ICE und erheblich höher als derjenige der IC/EC-Züge. Das IR-Zugsystem war so erfolgreich, dass es im Ausland auf reges Interesse stieß und zu Nachahmung führte. Prof. Karl-Dieter Bodack, eine Art Spiritus Rector, »Erfinder« und Produktmana-

---

1   Michael Neubauer, Image und ökonomischer Erfolg der Deutschen Bahnen, Dissertation, Dresden 2013, S. 202f.

ger des Zugsystems, schreibt: »Mehr und mehr fanden die Erfolge des InterRegio Beachtung auch bei anderen Bahnen. So erreichte mich 1993 eine Anfrage der Schwedischen Staatsbahn (SJ) zu einer Präsentation. [...] Daraus entstand das Projekt eines schwedischen InterRegio. [...] Im Lauf der Jahre konnte ich das InterRegio-Konzept an vielen, auch fernab gelegenen Orten präsentieren, so u. a. in Aberdeen/Schottland, Oslo, Warschau und Zakopane/Polen, Mailand und Amsterdam. [...] Außer den Schweden führten auch andere Bahnen den InterRegio-Züge ein: die staatlichen Bahngesellschaften Dänemarks, Belgiens, der Schweiz, Italiens und Portugals.«[2]

Selbst Bahnchef Heinz Dürr – der sich später als Intimfeind dieses Zugsystems entpuppen sollte – äußerte sich positiv zum IR, zumindest bis Mitte der 1990er Jahre. 1994 schrieb er noch: »Der IR fährt weiter zweistellige Umsatzzuwächse ein. Nach einem Plus im vorigen Jahr [1993] erwarten wir für dieses Jahr einen weiteren Umsatzsprung.«[3] Noch im Geschäftsbericht der Deutschen Bahn 1995 heißt es: »Der Ausbau des InterRegio-Netzes ist im Geschäftsjahr [1995], sieben Jahre nach seinem Start, abgeschlossen worden. Auf 24 Linien bedienen täglich 424 Züge 324 Bahnhöfe – ein nahezu flächendeckendes, attraktives Schienenfernverkehrsangebot.«[4]

Die interne Entscheidung für das Aus des Zugsystems InterRegio dürfte die Deutsche Bahn bereits in der zweiten Hälfte der 1990er Jahre getroffen haben. Offiziell wurde es erst von dem damaligen Bahn-Chef Hartmut Mehdorn auf der Bilanzpressekonferenz im

---

2   Karl-Dieter Bodack, InterRegio ..., a. a. O., S. 97.

3   Statement Heinz Dürr, Bilanzpressekonferenz vom 26. Mai 1994.

4   Deutsche Bahn AG, Geschäftsbericht 1995, S. 27. Ergänzend hieß es dort noch: »Verstärkt verkehren InterRegio-Züge über die eigentlichen Endpunkte des Liniennetzes hinaus auch ins Ausland. So gibt es auf der IR-Linie 12 (Hannover – Flensburg) zwei Zugpaare, die bis Friedrichshavn und bis Aarhus in Dänemark geführt werden.« Dabei hatte man kurz darauf gerade diese Endpunkte ins Ausland gekappt – als eine Maßnahme, um den ins Auge gefassten Tod dieses Fernverkehrssystem dann besser begründen zu können.

April 2000 mitgeteilt, allerdings verpackt in ein angebliches »Optimierungsprogramm« für den Fernverkehr mit der Bezeichnung *MORA P* (*Marktorientiertes Angebot im Personenverkehr*). Im Rahmen von MORA P sollten zahlreiche InterCity-Reisezugwagen ab 2002 für den Einsatz bis 2015 »modernisiert« und die InterRegio-Verbindungen eingestellt werden. Die Deutsche Bahn nannte als Grund für die Abschaffung die schlechte Auslastung der IR-Züge, die zu untragbar hohen Kosten geführt habe. Das war ein Scheinargument; ab 1998 war das IR-Angebot gewissermaßen Zug um Zug so verschlechtert worden, dass Fahrgastverluste zwangsläufig waren. Der InterRegio war bis Ende der 1990er Jahre bei den Fahrgästen äußerst beliebt. Er erhielt Bestnoten in der Bewertung und wies in der Regel überdurchschnittliche Besetzungsgrade auf. Er deckte auch nach den eigenen Berechnungen der Deutschen Bahn AG seine Kosten und wies sogar einen kleinen Gewinn auf. Umgekehrt fuhr nach der gleichen DB-internen Rechnung der ICE deutliche Verluste ein.[5]

In Wirklichkeit war der IR den technikbegeisterten Bahn-Oberen bereits deshalb ein Dorn im Auge, weil hier ausgerechnet ein Zug erfolgreich war, der aus älterem Wagenmaterial gewissermaßen recycelt worden war und dessen Anschaffungskosten bei einem Bruchteil derjenigen eines ICE lagen. Es durfte schlicht nicht wahr sein, dass man mit wenig Geld und mit viel guten Ideen und noch mehr Engagement ein beim Publikum sehr gut angenommenes Produkt schaffen konnte. Das widersprach der Unternehmensphilosophie, wie sie seit Gründung der Deutschen Bahn AG zunehmend vorherrschte; man wollte den Luftverkehr kopieren und sprach vom »Fliegen auf Schienen« in schicken neuen Zügen.

---

5   Die Kosten je Sitzplatz lagen beim IR Mitte der 1990er Jahre bei 33.000 DM. Die Kosten je ICE-1-Sitzplatz betrugen zum gleichen Zeitpunkt 67.000 DM. 1992 erwirtschaftete der ICE nach DB-internen Berechnungen ein Minus von 77 Millionen DM. Die Zuggattung EC/IC brachte ein Plus von 492 Millionen DM. Der IR immerhin ein Plus von 9 Millionen DM. Siehe: Bodack, a. a. O., S. 111.

Ein anderer Grund für den IR-Tod dürfte auch gewesen sein, dass die DB-Oberen sich eine höhere Auslastung ihrer IC- und ICE-Züge wünschten. Sie wollten vor allem die weniger lukrativen Verbindungen nicht mehr selbst finanzieren, sondern diese dem Nahverkehr »zuschieben«, auf dass sie dort über die Regionalisierungsmittel bezuschusst werden.[6] Für diese These spricht, dass nach dem IR-Aus die besonders lukrativen IR-Linien schlichtweg in IC-Linien umgewandelt wurden. Dabei wurden sogar die ehemaligen IR-Wagen lediglich mit neuen Außenlackierungen versehen und nun als IC-Wagen weiter genutzt. Im Übrigen lehnte die DB AG 2001 das Angebot der Firma Connex ab, das IR-Netz komplett zu übernehmen und den IR als ›InterConnex‹ neu zu positionieren.[7]

Da ein Kernelement der Bahnreform die Trennung zwischen dem eigenwirtschaftlichen Fernverkehr und dem aus öffentlichen Mitteln finanzierten Nahverkehr war und die DB AG den Auftrag zum rein betriebswirtschaftlichen Handeln hat, ist der Wegfall des IR ein direkter Effekt der Bahnreform – der InterRegio wurde schlichtweg ein Opfer der künstlichen Trennung von Fern- und Nahverkehr.

Durch die Aufgabe des Zugsystems InterRegio entstand eine große Lücke im Mittelstreckenverkehr. Seit 1999 haben 110 Personenbahnhöfe ihre Fernverkehrsverbindungen ganz verloren. Die krassesten Beispiele sind Chemnitz mit fast 250.000 Einwohnern und Bremerhaven mit über 100.000 Einwohnern. Beide haben seit vielen Jahren keine Fernverkehrsanbindung mehr. Vielen kleineren Städten erging es nicht besser, und viele weitere Städte mussten zumindest eine deutliche Verschlechterung ihrer Anbindung hinnehmen. In

---

6   Der Nahverkehr deckt seine Kosten zu gut 60 Prozent über die Regionalisierungsmittel des Bundes, die den Ländern zugeteilt werden. Siehe Kapitel 5.

7   Vgl. Jürgen Gies, Die Strategien der deutschen Bahnreform und Diskussionen um die Entwicklungstendenzen des liberalisierten Eisenbahnsektors – eine Untersuchung aus diskursanalytischer Perspektive. Heidelberg (Ruprecht-Karls-Universität) 2006.

368 untersuchten Bahnhöfen abseits der großen Fernverkehrsachsen wurde die Anzahl der wöchentlichen Fernverkehrsabfahrten von insgesamt 38.027 im Jahr 1999 auf 20.596 im Jahr 2012 fast halbiert.[8] Ein Teil der Fahrgäste wurde durch den Wegfall dieser Fernverkehrsverbindungen vom Fern- auf den Nahverkehr verlagert, was wiederum einen Teil der Steigerungen im Nahverkehr erklärt. Viele andere Fahrgäste haben der Bahn jedoch auch schlichtweg den Rücken gekehrt, weil das Angebot der DB AG für sie unattraktiv wurde. Viele sind wohl auf das Auto umgestiegen.

Für Millionen Fahrgäste, die im Entfernungsbereich von 50 bis 250 Kilometern unterwegs sind, hat dies die Qualität des Bahnreisens erheblich verschlechtert: Wenn IRs durch durchgehende Nahverkehrszüge ersetzt wurden, können sie immerhin noch ohne Umsteigen fahren, aber der Reisekomfort für Reisen mittlerer Länge ist in den – häufig zu engen und überfüllten – Regionalzügen deutlich geringer als er in den IRs war.[9] Viele ehemalige IR-Verbindungen existieren nun gar nicht mehr als durchgehende Verbindungen. Für die Fahrgäste bedeutet dies, dass sie erst mit einem Regionalzug bis zum nächsten IC- oder ICE-Bahnhof fahren müssen und dann von einem anderen IC- oder ICE-Bahnhof wieder mit einem Regionalzug bis zu ihrem Zielort. So wurden aus vielen zuvor durchgehenden Verbindungen längere und teurere Umsteigeverbindungen – die aber für die Deutsche Bahn einen höheren Gewinn bringen. Der Erfolg von Flixbus basiert im Übrigen zu einem erheblichen Teil

---

8   Recherche von Felix Berschin für das ARD-Magazin Report Mainz. Zu den Städten ohne Fernverkehrsanbindung zählen z. B. Krefeld, Heilbronn, Bremerhaven, Gera und Siegen. Quelle: SWR, Report Mainz (2012): »Abgehängt von der Bahn – Am Fernverkehr wird auf Kosten kleinerer Städte rigoros gespart.«; ebenso dargestellt in: Michael Holzhey, Felix Berschin et al.: Wettbewerber-Report Eisenbahn 2010/2011. Berlin 2011 (KCW GmbH / Mofair e.V. / Netzwerk Privatbahnen / BAG-SPNV), S. 12.

9   Es kommt dabei teilweise zu extrem langen Zugläufen von Regionalexpressen, die ehemalige IR-Linien ersetzen. In einigen Bundesländern wurde auch der Name beibehalten, und die aus Regionalisierungsmitteln finanzierten Ersatzzüge nennen sich nun »InterRegio-Express«.

einerseits auf der Lücke, die mit der Aufgabe des IR entstand, und andererseits darauf, dass das Flixbus-Management vor allem in den ersten Jahren der Existenz des Fernbusunternehmens die alten IR-Routen bediente.

Die meisten Verkehrswissenschaftler sind sich einig, dass mit der Abschaffung des IR eine große Chance für den Bahnverkehr vergeben wurde. Stellvertretend sei hier Heiner Monheim zitiert: »IC und InterRegio im Verbund hätten zweifellos bei konsequenter Weiterentwicklung Aussichten auf einen Quantensprung an Angebotsqualität und Markterfolg der Bahn in Deutschland gehabt.«[10]

Maßnahmen im Rahmen einer Verkehrswende

Eine Wiederbelebung des IR oder einer vergleichbaren Zuggattung ist dringend erforderlich. Dies könnte einen wichtigen Beitrag dazu leisten, den Bahnverkehr im ganzen Land wieder deutlich attraktiver zu machen und viele Direktverbindungen wiederherzustellen. Die Schweiz zeigt, wie das Konzept einer Flächenbahn statt einer Konzentration nur auf die Metropolenverbindungen konkret aussehen und sehr erfolgreich funktionieren kann, und dort ist seit vielen Jahren, wie bereits erwähnt, der InterRegio ein wichtiger Teil des Schweizer Bahnsystems.

Mit den als »IC2« bezeichneten Doppelstockzügen und dem »InterRegio-Express« zwischen Hamburg und Berlin hat die DB AG sogar auf einigen Strecken wieder InterRegio-ähnliche Züge eingeführt, da sie den Bedarf dafür gesehen hat; allerdings ist dieses Konzept nicht auf andere Strecken erweitert worden. Die vergleichsweise kurzen »IC2«-Doppelstockzüge können auch auf kleineren Bahnhöfen halten und nicht nur in großen Städten. Eine wirkliche Renaissance solcher Züge, die auch kleinere Städte und Regionen, die seit über 10 Jahren keinen Fernverkehr haben, wieder an das Netz anbinden würde, steht jedoch noch aus.

---

10   Heiner Monheim in: Heiner Monheim / Klaus Nagorni, Die Zukunft der Bahn. Zwischen Bürgernähe und Börsengang, Karlsruhe 2004, S. 53.

Karl-Dieter Bodack
Von warmer zu kalter
und weiter zur Eiszeitkultur der Bahn

Dreizehn Jahre nach meinem Einstieg in die Bundesbahn, 1982, kam Dr.-Ing. Reiner Maria Gohlke von IBM zur Bahn. Von da an konnten viele Kollegen und ich – u. a. als sein »Berater Personenverkehr« – einen wahrhaftigen Aufschwung gestalten. Als ich herausfand, dass die Strecken(still)legungsrechnungen nicht zutreffend waren (untersuchte Stecken hatten gar keine Verluste, Stilllegungen verschlechterten das Wirtschaftsergebnis!), setzte er sich für deren Erhalt ein und vereinbarte mit den Bundesländern Erhaltungsmaßnahmen. Das aussichtslos veraltete Ausbesserungswerk Weiden wandelte sich in Kooperation mit der Flachglas AG zur »modernsten Waggonfabrik Europas«. Dort wurden veraltete D-Zug-Wagen renoviert und umgestaltet, mit denen dann das InterRegio-Netz geschaffen werden konnte. Zuletzt bediente dies 320 Orte im Zwei-Stunden-Takt täglich mit etwa 450 Zügen: Jedes Jahr erlebten etwa 68 Millionen Fahrgäste zu Preisen des Nahverkehrs eine besondere Reisekultur. Neubaustrecken, ICE-Züge, Gleisanschlüsse, Container-Umschlagzentren… all das konnten die Eisenbahner schaffen, weil Dr. Gohlke sie schätzte, arbeiten ließ und eine Führungskultur frei von Egoismus (Boni!) und Geltungssucht (in der obersten Etage) schuf.

Herzensanliegen waren mir und vielen Mitstreitern, eine neue Reisekultur zu schaffen, das Bahnreisen zu einem solchen Erlebnis zu machen, wie es gelungene Theaterbesuche sein können. Aus D-Zügen wurden Fern-Express-Züge, die weite Strecken in Feriengebiete fuhren und in den Speisewagen ein »Kinderland« erhielten, wo mit oder allein reisende Kinder betreut wurden. Der Rheingold erhielt »Clubwagen«, in denen

Künstler auftreten konnten ... Und dann der InterRegio selbst: An allen Eingängen Schließfächer mit Münzpfandschlössern, Abteile mit fünf Erwachsensensitzen, einem erhöhten Kindersitz, Gepäckstellplatz und Garderobe. Dann folgten größere Abteile mit Zweier und Dreier-Sitzgruppen, auch mit Tischen. In der Mitte ein Servicewagen mit einem Bistro-Café, Rollstuhlplatz, Behinderten-WC und Zugbüro. Jeder Platz hatte ein-/abschaltbare Leuchten, einige Fenster ließen sich öffnen: Eine neue Kultur des Reisens bereitete Freude am Reisen und ließ den Wunsch nach schnellem Ankommen verblassen. Auch die erste Generation der ICE-Züge folgte noch diesem Lebensstil mit Abteilen, Großräumen mit kommunikativen Tischen und Bereichen separierter Einzelsitze.

Das änderte sich ab 1999 mit Heinz Dürr. Er propagierte Profitstreben, Durchsetzung, Größe und Gewinn. Da spielten dann nur noch Platzzahlen eine Rolle, Einnahmen, Profit. Da er alle Schulden, Zinsen, Pensionen auf den Bund abwälzen und durch Bilanztricks Abschreibungen »sparte«, konnte er über Nacht »Gewinn« ausweisen: Herr Dürr – Meister des Managements! Im Geldüberfluss schuf er gigantische Perspektiven: Das Verschwinden großer Personenbahnhöfe in Tunnelwelten, Neubaustrecken und ICE für 300 km/h, als einzige Farbe des Corporate Design wurde Rot verordnet. Fachleute schienen überflüssig (auch ich schied aus!), der InterRegio wurde beseitigt ... Übrig blieb nun nur noch schnelles Ankommen zu Schnäppchen-Preisen.

Dann folgte Hartmut Mehdorn: Globalisierungsfetischist mit Kaufrausch von Unternehmen in den entlegensten Erdteilen, der die DB AG in immer neue Schulden trieb.

Noch schrecklicher erlebe ich die CSU-Bundesverkehrsminister, die hinter der Behauptung, »mehr Verkehr auf die Schiene« zu bringen, tatsächlich alles taten, dass Straße und

Luft massiv gegen die Schiene subventioniert werden. Sie igno-
rieren selbst das Grundgesetz, das seit 25 Jahren ein Gesetz für
einen gemeinwirtschaftlichen Schienen-Fernverkehr fordert!
Der Bundesrat hat zwei Mal dazu Gesetzentwürfe eingebracht,
ich hatte ein Gutachten verfasst. Der Kostenpunkt liegt bei eher
bescheidenen 70 Millionen Euro pro Jahr. Doch die Exekutive
verhindert die Beratung eines Gesetzes, das in der Verfassung
gefordert wird.

*Prof. Dipl.-Ing. Karl-Dieter Bodack, M.S. studierte in Essen,
Stuttgart und Berkeley Maschinenbau, Planung, Partizipation.
Er wirkte 1979 bis 1995 in der Bundesbahn und DB AG als Stabs-
und Führungskraft und danach als freiberuflicher Berater für die
DB AG, andere Bahnen, Unternehmen und Initiativen, u. a. auch
zum Aufbau freier Schulen.*

Kapitel 5

Der Schienenpersonennahverkehr und die Wiederauferstehung der Kleinstaaterei

Das ganze Konstrukt ist, etwas krass ausgedrückt, eine Ausbeutung von Steuergeldern, um einen Pseudowettbewerb auf Schienen zu inszenieren und zu unterhalten. Eine gesellschaftspolitische Farce: Diese Bahnbetreiber sind hoch alimentierte Kostgänger des Landes. Und des Staates. Denn über die sogenannten ›Regionalisierungsgelder‹ des Bundes ist ihr Zugbetrieb ja zum großen Teil finanziell abgesichert. Mit dieser (Verkehrs-) Politik wird geradezu beispielhaft realisiert, was Unternehmen von der Privatisierung des öffentlichen Sektors erwarten. Der amerikanische Ökonom James K. Galbraith hat dies in seinem Buch ›Der geplünderte Staat oder was gegen den freien Markt spricht‹ so beschrieben: Der Staat habe ein Umfeld zu schaffen, das den Unternehmen möglichst viel Profit einbringt, ihre Macht am wenigsten einschränkt und ihnen, »falls etwas schief geht«, auch noch die Rettung garantiert.

Arno Luik: »Farce auf Schienen«,
Kontext Wochenzeitung vom 17. Juli 2019

Ein zentrales Element der Bahnreform war die Übertragung der Verantwortung für den Schienenpersonennahverkehr auf die Bundesländer, auch wenn diese neue Struktur, als Regionalisierung bezeichnet, erst zum 1.1.1996 – also zwei Jahre nach der eigentlichen Bahnreform – eingeführt wurde. Zuvor hatten die Bundesbahn und die Reichsbahn und bis zum 31. Dezember 1995 auch die Deutsche Bahn AG den Nahverkehr zentralisiert geplant. Diese Planungen waren zumindest in der Zeit vor 1994 teilweise an den tatsächlichen

Bedürfnissen der Fahrgäste vorbeigegangen.[1] Zusammen mit der
massiven Unterfinanzierung hatte dies zu der geringen Nutzung des
Schienenpersonennahverkehrs geführt. Die Reform beruhte auf der
Hoffnung, dass eine regionale Planung die lokalen Bedürfnisse besser berücksichtigt und zu einer besseren Vernetzung mit den übrigen
Verkehrsmitteln führen würde. Die zweite Hoffnung war, dass es zu
einem zunehmenden Wettbewerb zwischen der DB AG und anderen
Bahnverkehrsunternehmen kommen würde, was zu Qualitätsverbes-
serungen und Kostensenkungen führen würde.

Im ersten Geschäftsbericht der Deutschen Bahn AG, der von
Bahnchef Heinz Dürr unterzeichnet war, wurde einerseits darauf
verwiesen, dass »mit dieser Regionalisierung erreicht werden soll,
dass der öffentliche Personennahverkehr [...] möglichst marktnah
gestaltet wird, wobei das ÖPNV-Angebot gesetzlich ausdrücklich als
Aufgabe der staatlichen Daseinsvorsorge festgeschrieben ist.« Dort
wurde aber andererseits bereits ahnungsvoll festgestellt: »Mit der
Regionalisierung geht auch die Tarifhoheit im Schienenpersonennahverkehr vom Bund auf die jeweiligen Länder über, das heißt, die
Deutsche Bahn sieht sich künftig einer Vielfalt hierfür zuständiger
Stellen gegenüber.«[2]

Um die Nahverkehrsleistungen bei der DB AG oder bei anderen
Eisenbahnverkehrsunternehmen bestellen zu können, erhalten die
Länder vom Bund die sogenannten Regionalisierungsmittel. Um deren Höhe sowie den Verteilungsschlüssel zwischen den Ländern gab
es schon vor der Bahnreform einen langen Streit zwischen Bund und
Ländern, und dieser setzt sich bei jeder Neuverhandlung der Mittel
fort. Anfangs haben fast alle Länder oder die von ihnen damit beauftragten Verkehrsverbünde die meisten Leistungen direkt an die
DB-Tochter DB Regio vergeben, so dass sich in den ersten Jahren

---

1   Es gab 1994 und 1995 ein deutliches Wachstum des Schienenpersonennah-
     verkehrs, also noch vor der eigentlichen »Regionalisierung«. Dies spricht da-
     für, dass der Erfolg der Regionalisierung vor allem das Ergebnis der deutlich
     höheren staatlichen Unterstützungsleistungen für den Nahverkehr ist.

2   Geschäftsbericht Deutsche Bahn AG 1994, S. 10.

nicht allzu viel änderte. Durch Gesetze ist eine solche Direktvergabe aber immer weiter erschwert worden. Hinzu kam die Hoffnung auf Kosteneinsparungen, die wiederum durch die Politik der DB bzw. deren Tochter DB Regio genährt wurde: DB Regio hatte häufig deutlich überhöhte Preise für vereinbarte Fahrleistungen im Schienenpersonennahverkehr verlangt und diese von einigen willigen Landesregierungen auch erhalten. Daher gibt es inzwischen fast immer eine Ausschreibung um die Vergabe der Leistungen – allgemein als »Wettbewerb« bezeichnet.

Der Name »Wettbewerb« ist in diesem Falle jedoch missverständlich. Es handelt sich nämlich um keinen Wettbewerb im eigentlichen Sinne, wie er beispielsweise zwischen Fluglinien herrscht, sondern um einen reinen Ausschreibungswettbewerb. Dabei ist das Element des Wettbewerbs nur auf das Bieterverfahren beschränkt. Ist der Auftrag nach Abschluss dieses Verfahrens aber erst einmal – für meist zehn bis 15 Jahre – an ein Bahnunternehmen vergeben, so hat dieses ein zeitlich begrenztes Monopol für die gewonnenen Verkehre. Während der Laufzeit kann das Land die tatsächliche Erfüllung der Vereinbarungen nur durch sogenannte Bonus-Malus-Vereinbarungen beeinflussen, also durch zusätzliche Zahlungen für gute Erfüllung der Verträge oder entsprechende Abzüge, falls es Mängel gibt – beispielsweise Zugausfälle oder zu viele Verspätungen. Leider kommt insbesondere letzteres in den letzten Jahren immer häufiger vor.

Diese Regionalisierung hatte eine ganze Reihe von positiven Auswirkungen: Der Schienenpersonennahverkehr wurde in vielen Regionen deutlich verbessert, vielfach kommen neue, komfortable Züge zum Einsatz, und die Vernetzung der unterschiedlichen öffentlichen Verkehrsmittel ist in einigen Verbünden deutlich verbessert worden. Dies hat zu einer erheblichen Steigerung der Fahrgastzahlen im Nahverkehr geführt (siehe dazu Kapitel 2). Einige Bahnen habe es in vorbildlicher Weise geschafft, durch ein gut auf die regionalen Bedürfnisse angepasstes Angebot die Fahrgastzahlen erheblich zu steigern oder sogar zu vervielfachen. Beispielsweise wurden die

Fahrgastzahlen auf der 1999 wieder eröffneten Regiobahn-Strecke Kaarst – Mettmann (Nordrhein-Westfalen) mehr als ver**vierzig**facht. Und die beliebte Usedomer Bäderbahn, hat – unter dem Dach der DB – fast eine Ver**zwölf**fachung der Fahrgastzahlen geschafft.[3] Auch hier war in den 1990er Jahren über eine Stilllegung nachgedacht worden, inzwischen ist der Verkehr weiter verdichtet worden.

Auf der anderen Seite hat die Regionalisierung aber auch negative Folgen, denn sie hat zu einer neuen Kleinstaaterei der Tarife und Bedingungen geführt: Diese unterscheiden sich oft stark zwischen den verschiedenen Verkehrsverbünden und sonstigen Tarifgebieten – beispielsweise die Regelungen für die Mitnahme von Kindern und Fahrrädern, den Fahrkartenkauf im Zug oder am Bahnhof oder für die Rabatte durch BahnCards. Während man in einem Verbund problemlos ein Ticket im Zug kaufen kann, wird man beim Einstieg ohne gültiges Ticket in einem anderen Verbund bereits als Schwarzfahrer kriminalisiert. In einigen Fällen ist es für die Fahrgäste absurderweise günstiger, ein Ticket über den Verkehrsverbund hinaus zu kaufen, weil dann statt des Verbundtarifs der DB-Nahverkehrstarif gilt und die BahnCard voll anerkannt wird. An manchen Bahnhöfen stehen inzwischen Fahrkartenautomaten von bis zu drei unterschiedlichen Unternehmen, die teilweise gleiche Leistungen zu unterschiedlichen Preisen anbieten. All dies wissen natürlich nur eingefleischte Vielfahrer, und diese Unübersichtlichkeit des Tarifsystems ist einer der wichtigsten Gründe, der Menschen von der Nutzung des öffentlichen Verkehrs abhält.[4]

Eine weitere negative Folge der Regionalisierung ist die mangelhafte Abstimmung zwischen dem Fern- und dem Nahverkehr. Beide werden unabhängig geplant und teilweise sogar von miteinander in Konkurrenz stehenden Unternehmen betrieben. Die Folge sind zeitlich ungünstige Anschlüsse; und im Fall von Verspätungen warten

---

3   Zahlen gemäß einer Recherche der Allianz pro Schiene: www.allianz-pro-schiene.de/themen/personenverkehr/regionalverkehr.

4   Untersuchung der Verbraucherzentrale Bundesverband (2012): »Mobilität der Zukunft aus Verbrauchersicht«, S. 40.

Anschlusszüge häufig nicht aufeinander. Dass dies besser möglich ist, zeigt wieder einmal die Schweiz, wo all dies auch zwischen unterschiedlichen Unternehmen problemlos funktioniert. Der entscheidende Unterschied ist, dass sich diese in der Schweiz nicht in einer Konkurrenz zueinander sehen, sondern als gemeinsame Partner für einen guten öffentlichen Verkehr, wobei alle Bahnen, die Personenverkehr betreiben, auch die sogenannten Privatbahnen, sich in öffentlichem – zum Beispiel in kantonalem – Eigentum befinden.

Inzwischen ist es durch die Regionalisierung sehr bunt auf deutschen Schienen geworden. Mitte 2019 werden gut vierzig Prozent des Schienenpersonennahverkehrs von Bahnunternehmen gefahren, die nicht zur DB AG gehören – mit weiter steigender Tendenz. Bei Ausschreibungen von Nahverkehrsleistungen sind die Wettbewerber inzwischen in fast 56 Prozent der Fälle erfolgreich, das heißt: Weniger als die Hälfte der neu vergebenen Leistungen geht an die DB AG oder ihre Subunternehmen.[5] Die nicht zur DB AG gehörenden Bahnunternehmen sind jedoch mitnichten alle Privatunternehmen, wie oft suggeriert wird. Zum größten Teil handelt es sich um Unternehmen, die zumindest überwiegend im Besitz von öffentlichen Institutionen sind. Viele der regionalen Bahnen werden in Kooperation von Ländern, Landkreisen und Kommunen betrieben. Eine große Rolle spielen aber auch Tochterunternehmen von Staatsbahnen aus den europäischen Nachbarländern. Die DB AG wiederum tut – überwiegend über ihr Noch-Tochterunternehmen Arriva – in den anderen europäischen Ländern genau das Gleiche; entstanden ist dadurch eine absurde Konkurrenz unter den europäischen Staatsbahnen.

Immerhin haben die Ausschreibungen dazu geführt, dass die Kosten für die Nahverkehrsleistungen deutlich gesunken sind: Schätzungen gehen von Kostenersparnissen zwischen 18 bis 38 Prozent aus[6], was für die Aufgabenträger die erfreuliche Möglichkeit bedeu-

---

5   Siehe: Wettbewerber-Report Eisenbahn 2017/18, herausgegeben von Mofair.

6   Vgl. Wolfgang Elsenbast (2006): Zukunft der Bahn: ein Kommentar zum PRIMON-Gutachten, S. 259; Wilhelm Pällmann (2006): Ziel der Bahnreform: Wettbewerbsbranche Schienenverkehr, S. 2.

tet, deutlich mehr Verkehr bestellen zu können. Diese Einsparungen konnten aber nur ganz am Anfang erreicht werden und können in den nächsten Ausschreibungsrunden nicht fortgesetzt werden, es waren sogenannte »Erstrundeneffekte«.[7]

Ein erheblicher Teil dieser Einsparungen kam dadurch zustande, dass die Personalkosten reduziert wurden. Sie erfolgten also zu einem größeren Teil auf dem Rücken der Beschäftigten und meist auch zum Nachteil der Fahrgäste. Die EU-Richtlinien erlauben zwar generell eine Tariftreueregelung bei Ausschreibungen, aber die Aufgabenträger in Deutschland machen davon bislang nur selten Gebrauch. Anders als in anderen europäischen Ländern ist es in Deutschland bislang auch kaum üblich, dass die Ausschreibungen die Verpflichtung umfassen, die Beschäftigten des Vorgängerunternehmens zu den bestehenden Konditionen zu übernehmen. Das hat zur Folge, dass bei einem Betreiberwechsel die Mitarbeitenden oft nur zu deutlich schlechteren Bedingungen zur Konkurrenz wechseln können – und dies dann eben nicht tun. Hinzu kommt, dass die Beschäftigten inzwischen häufig nur eine Minimalausbildung erhalten und anders als die klassischen Bahnbeschäftigten keine »Allrounder« mehr sind. Dies führt dazu, dass sie kaum an einem anderen Arbeitsplatz einsetzbar sind, wenn ihr Unternehmen den Betrieb für eine Strecke verliert. Und das neue Unternehmen hat umgekehrt große Probleme, genügend Mitarbeitende mit den benötigten Qualifikationen – beispielsweise Triebfahrzeugführer – zu finden.

Häufig ist die Übernahme des Verkehrs durch ein neues Unternehmen daher alles andere als reibungsfrei. Teilweise stehen die neu bestellten Züge nicht rechtzeitig zur Verfügung, und immer wieder fehlt es auch an Personal. So wurden 2018 und 2019 mehrere Linien in Sachsen-Anhalt mit Bussen statt Bahnen betrieben, weil Abellio, der neue Betreiber, nicht rechtzeitig genügend Lokführer ein-

---

7   Vgl. Monopolkommission (2009): Sondergutachten 55 – Bahn 2007, Berlin, S. 22ff.

gestellt hatte.[8] In Baden-Württemberg bildet das Land inzwischen selbst Lokführer aus, um einen solchen Effekt zu vermeiden, der die Wettbewerbs-Orientierung der Landesregierung in Misskredit bringen würde. Dennoch ist es auch hier beim Start der neuen Anbieter im Sommer 2019 zu vielen Zugausfällen gekommen.[9] Und bei der Übernahme zweier Regionalexpress-Linien im Verkehrsverbund Berlin-Brandenburg durch die Ostdeutsche Eisenbahngesellschaft standen 2012 anfangs die benötigten Züge noch nicht bereit, und die DB musste doch wieder einspringen.[10] Beim Ausschreibungswettbewerb kann es solche Übernahmen alle acht bis 15 Jahre wieder geben – was letztlich einerseits auf Kosten der Fahrgäste geht, die mit dem unzuverlässigen oder gar ausfallenden Verkehr leben müssen. Andererseits geht dieser ›Wanderzirkus‹ auch zu Lasten der Beschäftigten im Bahnsektor.

Durch die Aufteilung des Bahnverkehrs auf viele kleine Unternehmen entstehen zudem erhebliche Synergieverluste: So hat jedes Unternehmen seinen eigenen Planungsstab, seine eigene Angebotsabteilung und sein eigenes Management. In vielen Fällen müssen auch parallele Werkstätten oder zusätzliche Züge als Reservekapazitäten unterhalten werden. Bei all solchen Aufgaben sparen größere Organisationsstrukturen aufgrund der Synergieeffekte Kosten ein, sofern sie gut organisiert sind – die Aufteilung auf parallele Strukturen erhöht jedoch diese Kosten.

Auch der Ausschreibungsprozess erzeugt Kosten: Auf beiden Seiten sind Personal und meist auch externe Beratung notwendig, um den Ausschreibungsprozess durchzuführen bzw. Angebote zu erstellen. Die Unternehmen erstellen ihre Angebote oft vergeblich, da letztlich nur eines den Zuschlag für den Betrieb erhält. Die Kosten

8   Vgl. »Abellio fehlen weiter Lokführer«, Magdeburger Volksstimme vom 8. Januar 2019; »Abellio schränkt Zugverkehr erneut ein«, MDR am 5. Januar 2019, unter: www.mdr.de.

9   Ministerium kritisiert Start von Go-Ahead als »ruppig«, Stuttgarter Zeitung vom 12. Juni 2019, S. 23.

10   Vgl. Bahn hilft Bahn im Regionalverkehr, Tagesspiegel vom 24. Oktober 2012.

für die vergeblichen Angebote müssen sie wieder auf den Betrieb an anderer Stelle umlegen. Der ausschreibende Verkehrsverbund oder das Land müssen darüber hinaus nicht nur den Prozess der Ausschreibung selbst durchführen, sondern später auch den korrekten Betrieb überwachen. Auch für diesen Prozess werden weitere Kapazitäten benötigt und entstehen zusätzliche Kosten. Diese Verluste zusammengenommen beziffern Ökonomen auf etwa zehn Prozent der Gesamtkosten.[11]

Dazu kommt noch das Risiko, dass das Betreiberunternehmen den Vertrag nicht ordnungsgemäß erfüllt, Nachforderungen stellt oder sogar Bankrott geht. In einem solchen Falle gibt es in der Regel kein anderes Unternehmen, das den Verkehr von einem Tag auf den anderen übernehmen könnte. Eine Folge ist, dass die Unternehmen den Aufgabenträgern gegenüber ein hohes Erpressungspotenzial haben. So musste beispielsweise der Verkehrsverbund Berlin-Brandenburg es hilflos hinnehmen, dass aufgrund der übermäßigen Sparmaßnahmen bei der S-Bahn Berlin GmbH in den Jahren 2009 und 2010 der S-Bahn-Verkehr in und um die Hauptstadt zeitweise fast komplett zusammenbrach. Die Abzüge der Zahlungen waren für die S-Bahn letztlich noch günstiger als die vorgesehene vollständige Erbringung aller Verkehrsleistungen gewesen wäre.[12]

Um solche schädlichen Auswirkungen gering zu halten, übernehmen die Bundesländer immer mehr Bereiche in ihre eigene Regie. So schaffen einzelne Länder landeseigene Fahrzeugpools an und entlasten die Betreiber damit von diesen Kosten und Risiken – die aber dafür bei den Ländern verbleiben.[13] Baden-Württemberg baut

---

11 Vgl. Hartmut Achenbach: Der Wettbewerb im ÖPNV in Hessen am Beispiel des Rhein-Main-Verkehrsverbundes, Berlin / Heidelberg 2006, S. 193.

12 Ausführliche Darstellung der ganzen S-Bahn-Krise in Lunapark21, Extra 06 »S-Bahn-Krimi Berlin« vom März 2012.

13 Niedersachsen hat einen solchen Fahrzeugpool, seit 2019 auch Baden-Württemberg, und Berlin baut im Rahmen der Ausschreibung des S-Bahn-Verkehrs ebenfalls einen solchen auf; vgl. Peter Neumann, Künftig gehören dem Land rund 1300 S-Bahn-Wagen, Berliner Zeitung vom 26. September 2018.

als erstes Bundesland sogar einen Pool von Lokführern auf, die im Falle von Engpässen den Betreibern kurzfristig ausgeliehen werden sollen.[14] Dadurch können sicher einige Ausfälle abgefedert werden, aber es drängt sich die Frage auf, warum das Land nicht gleich den ganzen Verkehr selbst nach eigenen Kriterien organisiert – beispielsweise über eine Landesbahn-Gesellschaft.

Ein zusätzliches Problem sind auch die Züge: Während die Nahverkehrsverträge im Schnitt über zwölf Jahre abgeschlossen werden, sind die Züge meist auf eine Nutzungsdauer von 25 bis 30 Jahren ausgelegt. Dennoch werden in den Ausschreibungen oft neue Fahrzeuge gefordert, und die Vorgaben für die Ausstattung der Fahrzeuge unterscheiden sich stark zwischen den Regionen. Dies erzeugt ein zusätzliches Risiko für die Unternehmen, und letztlich müssen sie auch diese Kosten wieder auf den Betrieb umlegen, sofern sie keine Garantien für einen späteren Weiterbetrieb der Fahrzeuge erhalten. Inzwischen schaffen daher einige Bundesländer die Fahrzeuge selbst an und vermieten diese an die Betreiber – was aber wiederum erhebliche Kosten für die Länder zur Folge hat und erneut die Frage aufwirft, warum die Länder nicht den gesamten Betrieb – beispielsweise über eine Länderbahn – selbst organisieren.

Die Regionalisierung des Schienenpersonennahverkehrs hat also durchaus positive Effekte gebracht und den Verkehr in vielen Regionen deutlich verbessert, was sich auch an den gestiegenen Fahrgastzahlen ablesen lässt. Dieser Effekt ist aber vor allem auf die auskömmliche Finanzierung zurückzuführen, während vor der Bahnreform vor allem am Nahverkehr erheblich gespart wurde. Die Vergabe der Leistungen im Schienenpersonennahverkehr in einem Ausschreibungswettbewerb hat langfristig jedoch mehr negative als positive Effekte.

---

14 Christoph Link: Land gründet Pool von Lokführern, Stuttgarter Zeitung vom 8. Juli 2019, unter: www.stuttgarter-zeitung.de.

Notwendige Maßnahmen im Rahmen der Verkehrswende

Entscheidend für einen guten Schienenpersonennahverkehr ist die gute Planung und Finanzierung, wofür sich die Organisation des Nahverkehrs durch Länder und Verkehrsverbünde bewährt hat. Es ist aber sinnvoller, die Leistungen statt in einem Ausschreibungswettbewerb mit den beschriebenen negativen Folgen direkt an öffentliche Unternehmen wie z. B. Landesbahnen zu vergeben – was in einigen Bundesländern auch gängige Praxis ist. Solche Unternehmen sind nicht gewinnorientiert und haben daher keinen Anreiz, an der falschen Stelle zu sparen und so die Qualität zu beeinträchtigen. Die Vergabe sollte nicht nur anhand der geringsten Kosten, sondern nach vielen weiteren Kriterien erfolgen. Ein »kontrollierter Wettbewerb« mit sehr genauen Vorgaben der Bedingungen und einer Vergabe beispielsweise nach Qualität der Verkehrsleistungen, Arbeitsbedingungen, Umweltschutzkriterien und Kundenzufriedenheit – liefert deutlich bessere Ergebnisse als ein »unkontrollierter Wettbewerb«, wie er momentan im deutschen Schienenpersonennahverkehr meist stattfindet.[15] Auch eine gemeinsame Beschaffung von Zügen könnte enorme Kosten sparen, und diese Züge könnten dann je nach Bedarf auch in verschiedenen Regionen des Landes eingesetzt werden. Wichtig ist, dass die Unternehmen miteinander und mit der DB im Fernverkehr kooperieren statt gegeneinander zu arbeiten. Dafür sind nicht-gewinnorientierte Unternehmen sehr viel geeigneter.

Zudem muss die Zusammenarbeit der Verkehrsverbünde untereinander und auch mit dem Fernverkehr deutlich verbessert werden. Verkehrsexperten und Verbände fordern deswegen schon seit längerem einen sogenannten Deutschlandtarif, der im ganzen Land mit gleichen Bedingungen für den gesamten öffentlichen Verkehr gelten soll. In der Schweiz besteht ein solches System mit dem ›direkten Verkehr‹ schon lange; dort kann man ein einziges Ticket von jedem beliebigen Ort im ganzen Land zu jedem beliebigen anderen

---

15 Vgl. Martin Haubitz, Das »Dänische Modell« des Wettbewerbs im Nahverkehr als Vorbild für die Organisation des ÖPNV in Deutschland. Wuppertal (Bergische Universität) 2004.

Ort kaufen – für alle öffentlichen Verkehrsmittel im Land. Ein solches Tarifsystem – idealerweise außerdem mit einem einheitlichen Taktfahrplan für das ganze Land (vgl. Kapitel 8) – bedeutet zweifelsohne einen enormen Qualitätssprung für die Fahrgäste und wird den Schienenpersonenverkehr sehr viel attraktiver machen. Die negativen Konsequenzen der Kleinstaaterei wären damit vermieden, ohne auf die positiven zu verzichten.

Thomas Kraft
Die Nachteile der Regionalisierung

Mit der Regionalisierung wurde den Akteuren vor Ort die Gestaltungsfreiheit überlassen, statt einen bundeseinheitlichen Gesetzesrahmen zu schaffen. Das hat an vielen Orten große Nachteile für die Fahrgäste, vor allem wenn Landes- und Kreisgrenzen die direkten Verbindungen erschweren.

Am schlimmsten trifft es Orte auf dem Land. Ein reales Beispiel: wo Mittelhessen und Nordhessen, wo der Rhein-Main-Verkehrsverbund (RMV) und der Nordhessische Verkehrsverbund (NVV) aufeinandertreffen. Josbach gehört zu Rauschenberg im Landkreis Marburg-Biedenkopf. Das nur 2 km entferne Lischeid gehört zu Gilserberg im Schwalm-Eder-Kreis. Die Verbindung beider Orte mit dem öffentlichen Verkehr bedeutet einen Umweg mit 2-3-maligem Umsteigen über das 15 km entfernte Kirchhain. Einzelne Varianten sehen dann die Zugfahrt von Kirchhain über 25 km nach Treysa vor und von dort eine erneute Busfahrt über 15 km. Die Bilanz ist eine Fahrzeit von 2-3 Stunden und, weil es für dieses Gebiet keinen Übergangstarif gibt, die Notwendigkeit von drei verschiedenen Tickets. Beide Orte liegen an der gut ausgebauten B 3, es gibt einen Radweg – mit dem Auto oder dem Rad eine Fahrzeit von 5-10 Minuten.

Die Übergangstarife sind ein weiteres Problem. Es gibt sie und es gibt sie nicht, je nach Fahrgastaufkommen, Zusammenarbeit der Aufgabenträger und politischem Gestaltungswillen. Der Übergang vom RMV nach Rheinland-Pfalz ist vorbildlich, ebenso nach Bayern in die Landkreise Aschaffenburg und Miltenberg. Dagegen gibt es keine Regelung im Nordwesten, selbst an DB-Hauptstrecken, und auch der Übergang zum NVV ist lückenhaft. So sieht es vielfach zwischen den Aufgabenträgern im gesamten Bundesgebiet aus, selbst beim Start im gleichen Verkehrsverbund. Entweder muss man den (oft teureren) DB-Tarif nutzen oder ggf. mehrere Fahrkarten kaufen.

Was ist der Grund für diesen Flickenteppich?

Da sind zum einen die völlig unterschiedlichen Organisationsformen, wie die lokalen Aufgabenträger den Verkehr vor Ort umsetzen. Einige Gebietskörperschaften haben sog. Zweckverbände gegründet, wodurch eine breit aufgestellte Verbandsversammlung die finale Entscheidungsgewalt hat. Andernorts ein völlig anderes Bild: Hier hat man dies in die privatrechtliche Form überführt (meist eine GmbH). Damit ist in den meisten Fällen der politische Einfluss auf ein Minimum zurückgefahren worden. Entschieden wird hier in der klein besetzten Gesellschafterversammlung, der Einfluss der staatlichen Organe ist gering.

Der öffentliche Verkehr hängt entscheidend von dem Gestaltungswillen und vor allem der Finanzkraft ab. Die Träger des lokalen ÖPNV sind in 75 Prozent aller Fälle finanziell klamm, weil man auch andere kostspielige Aufgaben wie Schulträger, Sozialhilfe, Jugendhilfe, Job-Center etc. erfüllen muss. Daher haben viele Landkreise ihr Nahverkehrsangebot bis auf die notwendige Schülerbeförderung in der Fläche zurückgefahren. Nahverkehrsleistungen über Kreisgrenzen werden daher als nicht realisierbar angesehen.

Zu dem Manko der Finanzierbarkeit tauchen noch die

Schwierigkeiten der Kostenrechnung und der Ausschreibung auf. Wer bezahlt welchen Anteil der Kosten, wenn es über Grenzen hinweg geht? Wer schreibt aus? Wer trägt die Hauptverantwortung für die Linie?

Hier benötigen wir dringend Veränderungen. In Zeiten der Freizügigkeit in Europa stören sich die Menschen nicht mehr an Verwaltungsgrenzen bei der Auswahl des Arbeitsplatzes, des Wohnortes, des Studienortes. Der Bund und die Länder sind gefordert, durch praktikable Muster Lösungen einen Rechtsrahmen für praktikable Lösungsmuster vorzugeben. Die Bereitstellung einer Nahverkehrsleistung muss sich nach der Einwohnerzahl richten und sie muss auch über Verwaltungsgrenzen hinweg angeboten werden. Der Aufgabenträger mit dem höchsten Verkehrsanteil muss dabei die Federführung übernehmen. Die Freiwilligkeit der Aufgabenträger und Verkehrsverbünde, sog. Übergangstarife anzubieten, muss zu einer Verpflichtung ausgebaut werden, so dass ein Übergangstarif für alle über das Verbundgebiet hinausgehenden Linien und Verkehrsströme gilt. Dies alles gibt es schon auf vorbildliche Weise an vielen Stellen in Deutschland. Ebenso ist es auf Bundesebene erforderlich, die kommunale Ebene zur Zusammenarbeit in Verkehrsverbünden gesetzlich zu verpflichten, um so die Bereiche ohne Verkehrsverbund, die noch in mehreren Bundesländern existieren, endlich zu beseitigen. Die Zusammensetzung von Verkehrsverbünden und Lokalen Nahverkehrsorganisationen (LNO) darf sich aber nicht starr an den Grenzen von Landkreisen und kreisfreien Städten orientieren. Vielmehr muss es auch möglich sein, kreisangehörige Kommunen einem benachbarten Verkehrsverbund bzw. LNO zuzuordnen, wenn gesellschaftliche Verflechtungen, insbesondere Verkehrsströme dies notwendig machen.

Thomas Kraft ist Vorsitzender von PRO BAHN Hessen

Kapitel 6
Serviceabbau –
Unpünktlichkeit – Tarifdschungel

Rettung dank Lore. Es gibt Kipp-Loren, Tank-Loren, Arbeitsloren und – so eine durfte der Bahnfreund jetzt nahe Nienburg in Niedersachsen beobachten – Rettungsloren. Auf so einer Rettungslore wurden die Reisenden des sich auf dem Weg von Norddeich nach Leipzig befindenden Intercity zum nächsten Bahnhof »gerollt«. […] Der IC war zuvor wegen eines brennenden Stücks Holz mit 200 Menschen an Bord liegen geblieben. Für den Bahnverkehr bedeutete der Vorfall die stundenlange Unterbrechung der Verbindung Nienburg – Hannover. Für die Hilfskräfte bedeutete er den Auftrag zur sofortigen Installation der erwähnten Lore, was für die Fahrgäste bedeutete, dass sie nicht etwa draisinenmäßig die eigene Muskelkraft darauf verwenden mussten, zum Ersatzbus zu gelangen. Sie wurden von Bahnpersonal gerollt.

Süddeutsche Zeitung vom 12. Januar 2017

Schneefall, der in Ländern mit leistungsfähigen Bahnsystemen wie der Schweiz, Russland oder Schweden nur ein müdes Blinzeln auslöst, wird bei DB Netz zum Anlass genommen, Hauptschlagadern und Nebenstrecken des Schienennetzes zwei Tage und länger zu sperren. Es muss ein Ende haben, dass die ganz offenbar unzureichenden Ressourcen bei DB Netz Schäden in Millionenhöhe bei den Verkehrsunternehmen und ihren Kunden verursachen.

Peter Westenberger,
Netzwerk Europäischer Bahnen e.V.,
Presseerklärung vom 18. März 2018

1993 hatte der damalige DB-Chef Heinz Dürr versprochen: »Der Kunde muss mehr als bisher zum Mittelpunkt allen Denkens und Handelns werden.«[1] Im Folgejahr wurde als Teil dieser Orientierung von Dürr verkündet, es werde ein »einfaches und transparentes Preissystem entwickelt«. Dabei werde »die Bahncard ausgebaut«.[2] Tatsächlich wird heute die Bahn in Deutschland von der großen Mehrheit der Fahrgäste als kundenfeindlich empfunden. Das Preissystem ist so intransparent wie nie zuvor.

Abbau von Personal und Abbau von Kapazität bei gleichzeitiger Steigerung der Leistung

Der entscheidende Faktor für das schlechte Image der Bahn bei den Fahrgästen und in der Öffentlichkeit dürften harte Fakten sein: Es gibt bei der Deutschen Bahn AG die fatale Kombination von Personalabbau + Leistungssteigerung + Abbau von Kapazitäten. Die folgende Tabelle illustriert diesen Prozess. Wir wählen dabei den Zeitraum 2000 bis 2018. Der Vergleich mit 1994 dürfte noch deutlicher ausfallen, dafür ist allerdings die Datenbasis für eine Vergleichbarkeit vor allem bei den Mitarbeitern nicht gegeben.

Man muss über keine besonderen statistischen Kenntnisse und über keine spezifischen Kompetenzen in Personalführung verfügen, um zu erkennen: Die konkreten Vorgaben der Deutschen Bahn AG *müssen* in einem desaströsen Service münden. In den beiden Segmenten Fernverkehr und Nahverkehr wurde die Zahl der Mitarbeiterinnen und Mitarbeiter drastisch reduziert – im Fernverkehr bis zum 31. Dezember 2018 auf ein Niveau von rund 55 Prozent gegenüber dem Stand von Ende 2010. Im Nahverkehr im gleichen Zeitraum auf das Niveau von 68 Prozent. In diesem 18-Jahres-Zeitraum stieg die Leistung im Fernverkehr um knapp ein Fünftel (auf 118,2 %) und im Nahverkehr um rund 10 Prozent (auf 109,7 %).

---

1   In: Die Deutschen Bahnen 1992, S. 8.

2   Statement von Heinz Dürr auf der Bilanzpressekonferenz vom 26. Mai 1994 (Manuskript).

		2000	2010	2018	2018 ggü. 2010
Fern-verkehr DB AG	Mitarbeiter; absolut	30.293	15.270	16.548	54,6 %
	Verkehrsleistung; in Mio. Pkm	36.226	36.026	42.827	118,2 %
	Sitzplätze 1. Kl.	59.436	43.938	49.477	83,2 %
	Sitzplätze 2. Kl.	221.936	166.248	179.782	81,0 %
	Sitzplätze gesamt	281.372	210.186	229.259	81,5 %
Nah-verkehr DB Regio	Mitarbeiter; absolut	52.769	38.017	35.881	68,0 %
	Verkehrsleistung; in Mio. Pkm	38.162	42.435	41.878	109,7 %
	Sitzplätze 1. Kl.	84.217	80.142	64.802	77,0 %
	Sitzplätze 2. Kl.	1.097.808	961.528	931.934	84,9 %
	Sitzplätze gesamt	1.182.025	1.041.670	996.736	84,3 %

Tab. 2: Entwicklung von Mitarbeiterzahl, Verkehrsleistung und Sitzplatzangeboten im Fernverkehr und Nahverkehr der DB AG 2000-2018. Angaben nach: Deutsche Bahn, Daten und Fakten, Ausgaben 2000, 2010 und 2018.

Es geht bei diesen Zahlen, wohlgemerkt, immer um den Personenverkehr der DB allein und nicht um den gesamten Schienenpersonenverkehr der verschiedenen Bahnunternehmen – wobei auch diese oft mit einer extrem dünnen Personaldecke arbeiten, was auf Kosten des Service geht.[3]

Als wollte man das Fatale bei dieser Diskrepanz zwischen eingesetztem Personal und Verkehrsleistung nochmals toppen, wurde das Platzangebot deutlich reduziert: Im beschrieben Zeitraum wurde im Fernverkehr die Zahl der Sitzplätze um knapp ein Fünftel (auf das Niveau von 81,5 %) und im Nahverkehr um gut 15 Prozent (auf 84,3 %) abgebaut. Das heißt, für die wachsende Zahl von Fahrgästen und die deutlich größere Transportleistung werden deutlich weniger Sitzplätze bereitgestellt. Das Bild von Fahrgästen, die – beispielsweise

---

3   Es ist sinnvoll, sich hier auf die Verkehrsleistung und nicht auf das Verkehrsaufkommen, die Zahl der beförderten Personen, zu beziehen. Die Verkehrsleistung stieg im Fernverkehr deutlich, während die Zahl der beförderten Personen im Zeitraum 2018 gegenüber 2010 rückläufig war. Siehe oben, Kapitel 2.

an den Freitagnachmittagen oder zu Ferienbeginn – in den Wagen-übergängen und vor den Toiletten mit einem »Sitzplatz« auf dem Boden vorliebnehmen müssen, ist allen, die regelmäßig mit der Bahn reisen, vertraut.

Abnehmende Servicequalität – Hunderttausende Fahrgäste werden tagtäglich vor den Kopf gestoßen

Der Service in den Zügen und im Schienenpersonenverkehr hat sich vor allem in den letzten 15 Jahren in vieler Hinsicht verschlechtert. Da fielen vor allem im Sommer 2010 – in geringerem Maß auch 2018 – Dutzende ICE-Züge wegen defekter Klimaanlagen aus. In einigen Fällen mussten das Technische Hilfswerk und das Rote Kreuz zu Not-einsätzen ausrücken und ganze Züge, in denen viele Fahrgäste kollabiert waren, evakuieren. Es stellte sich heraus, dass die Klimaanlagen in vielen ICE- und IC-Zügen nur bis zu 32 Grad Celsius ausgelegt sind. Die Verantwortung dafür liegt nicht bei den Herstellern, sondern bei der DB, die bei den Kosten für die Klimaanlagen und an der Wartung gespart hatte.[4] Die DB reagierte auf ihre Art; das Übel wurde nicht an der Wurzel angepackt. Stattdessen gibt es seither an Bord der Fernverkehrszüge »Notfallwasser« und ein »spezielles Absperr-band«, mit dem Wagen mit defekter Klimaanlage vom Zugpersonal abgesperrt werden. Dieses kam beispielsweise im Mai 2018 vielfach zur Anwendung, so ein Bericht im *Tagesspiegel*, als »täglich zahlreiche Wagen gesperrt« werden mussten: »Bereits bei Temperaturen ab 25 Grad wird jetzt bei der Bahn die sogenannte ›Sommerstufe‹ ausgerufen, erklärte die Sprecherin [der DB]. Mitarbeiter müssten die Klimaanlagen noch regelmäßiger kontrollieren und ›Notfallwasser‹ an Bord haben, um die Kunden versorgen zu können, falls es zu einem Komplettausfall kommt. Die Anlagen seien nun bis zu einer Innen-temperatur von 35 Grad ›voll funktionsfähig‹«[5] Im Juli 2018 waren

---

4   Siehe z. B.: Zehn ICE wegen defekter Klimaanlagen an einem Tag ausgefallen, Focus online vom 13. Juli 2010.

5   Tagesspiegel vom 31. Mai 2018.

allein an einem Tag »die Klimaanlagen in 140 Fernverkehrswagen komplett oder in Teilen ausgefallen.«[6]

Eine Lautsprecher-Durchsage in einem Fernverkehrszug, wonach das Bordrestaurant aus technischen Gründen oder wegen fehlendem Personal ganz ausfällt oder man dort keine warmen Speisen ordern kann, wird bei Stammgästen der DB längst als eine Art »Running Gag« aufgenommen. Die DB reagiert darauf ähnlich wie im Fall der nicht funktionierenden Klimaanlagen – mit Flickschusterei: Seit Februar 2019 gibt es eine Speisekarte mit der Kennzeichnung »4026 Speisekarte Bordrestaurant Ersatzbewirtschaftung EA und KA«. Auf der vorderen Umschlagseite heißt es noch voller Sarkasmus »Genuss auf ganzer Strecke«. Auf Seite 2 liest man dann: »Liebe Gäste, aufgrund technischer Einschränkungen in der Bordküche können wir Ihnen heute in diesem Zug nur eine Auswahl unserer üblichen Karte anbieten. Bitte entschuldigen Sie, wenn wir Ihr Lieblingsgericht heute nicht anbieten können. Vielleicht entdecken Sie ja heute einen neuen Favoriten?«

2018 wurde mit einem Bericht des ARD-Magazins »Kontraste« öffentlich gemacht, dass »nur jeder fünfte ICE ohne Mängel rollt«. Bei vielen Zügen gibt es keine Reservierungsanzeigen. Bei jedem dritten ICE heißt es »Bitte beachten Sie die umgekehrte Wagenreihung«.[7] Häufig sind Toiletten und Wagentüren gesperrt wegen »Funktionsstörungen«. Wie reagierte die DB auf den »Kontraste«-Bericht? Mit dem folgenden Kommentar: »Mit dem aktuellen Stand der Fehlerbeseitigung in unserer Zugflotte sind wir selbst nicht zufrieden« und mit der Ankündigung, man werde »kurzfristig zusätzliche Ressourcen für die Wartung und Instandhaltung der Züge aufbauen«; dem Aufsichtsrat würden »detaillierte und umfassende Vorschläge« vorgelegt. Man wolle jedoch jetzt »den Ergebnissen dieser Diskussion

6   Bericht in hr-iNFO vom 27. Juli 2018.
7   »Ein Drittel aller Fernzüge ist mit geänderter Wagenreihung unterwegs«, räumt der Marketingvorstand DB Fernverkehr ein, Die Welt vom 26. Oktober 2013.

nicht vorgreifen«.[8] Eine erkennbare Verbesserung gab es seither nicht.

Ein neuer Tiefpunkt des Komforts bei der Bahn ist dabei der neue ICE 4, der in den nächsten Jahren der wichtigste Zug der DB auf Langstrecken werden soll. Diesem Zug merkt man die Sparmaßnahmen überall an. Besonders schädlich dabei war die Entscheidung für längere Wagen; um mehr Sitze hineinzwängen zu können, müssen die Wagen deutlich schmaler sein, damit sie auch enge Kurven noch problemlos durchfahren können.[9] Die Folge davon ist eine große Enge im Zug, hinzu kommen unkomfortable Sitze, die völlige Abschaffung von Abteilen (sogar im Familienbereich, wo es oft etwas lauter wird), ein reduziertes Bord-Bistro und ein Design, das kühl und nicht nach komfortablen Reisen aussieht.

Auch der Umgang der DB mit Menschen mit Behinderungen war in den vergangenen Jahrzehnten oft Thema. Dabei gibt es immer wieder Überlagerungen mit den anderen beschriebenen Problemen, beispielsweise wenn Menschen im Rollstuhl in einem Wagen ohne funktionierende Klimaanlage ausharren müssen, weil es anderswo keinen Platz für Rollstühle gibt, oder wenn bei einer Evakuierung des Zuges wegen einer Bombendrohung die Fahrgäste im Rollstuhl im Zug zurückgelassen werden.[10] Auch hier spielen der Abbau von Personal und unzureichende Wartung eine große Rolle: Gibt es auf Bahnhöfen kein Personal oder zu wenig Personal, dann können auch einfache Hilfeleistungen nicht gewährt werden. Im Mai 2019 berichtete die Doppel-Olympiasiegerin Kristina Vogel, die seit Juni 2018 auf einen Rollstuhl angewiesen ist, über einen typischen Vorfall: »Am Samstag [29. Mai 2019] wollte Vogel mit dem Zug von Erfurt zum Flughafen Frankfurt. Das meldete sie bei der Bahn an. Vogel

---

8   Nikolaus Doll, »Nur jeder fünfte ICE rollt ohne Mängel«, Die Welt vom 23. November 2018.

9   Ein ICE 1/2 war noch 3020 mm breit, beim ICE 4 sind es nur noch 2852 mm – ein deutlicher Unterschied für die Innenraumgestaltung

10   Bombenalarm im ICE: Passagiere werden evakuiert, nur ein Rollstuhlfahrer nicht, Stern online vom 15. Februar 2019.

zu *BILD*: ›Man sagte mir, dass ich bis Hauptbahnhof fahren müsse, da man keine Leute am Flughafen-Bahnhof habe.‹ Trotz Absprache stand dann aber auch am Hauptbahnhof niemand bereit. Vogel: ›Das finde ich frech. Das darf nicht sein. Nicht mal ein Schaffner kam. Zwei fremde Mitreisende halfen mir dann aus dem Zug. […] Was machen Leute, die nicht mein Selbstbewusstsein haben und es das erste Mal versuchen? Die fahren doch nie wieder Bahn!‹«[11]

Bis Frühjahr 2019 gab es bei der DB für das gesamte Schienennetz eine Mobilitätsservice-Zentrale (MSZ). Dort berieten Fachleute Menschen mit Mobilitätseinschränkungen für geplante Bahnreisen und organisierten für die Reisekette die Helfer. Diese sorgten im Prinzip und im Idealfall dafür, dass der Reisende samt Rollstuhl die Bahnfahrt wie geplant und abgesprochen absolvieren konnte. Seit Februar 2019 geht das auf vielen Strecken nicht mehr oder nur noch eingeschränkt. Die DB teilte mit, dass ab jetzt die MSZ »nur noch für Reisende tätig wird, die mit den konzerneigenen Tochterunternehmen unterwegs sind oder mit Bahnunternehmen, die einen Vertrag mit der DB geschlossen haben.« Da in weiten Teilen des Landes die DB nicht mehr verkehrt (siehe Kapitel 5), bedeutete dies eine massive Einschränkung der Mobilität von Menschen mit Behinderungen.[12] Immerhin wird jetzt nach einem Kompromiss gesucht, da allen Beteiligten klar ist, dass eine Betreuung von Mobilitätseingeschränkten aus einer Hand notwendig ist. Bei der neuen Bahn-Konkurrenz, den Fernbussen, gibt es übrigens bis heute so gut wie keine barrierefreien Fahrzeuge und keinen vergleichbaren Service für mobilitätseingeschränkte Reisende.

Es geht dabei um eine große Gruppe Betroffener: Die DB teilte in diesem Zusammenhang mit, in den vergangenen Jahren sei die Zahl der MSZ-Anfragen um 50 Prozent auf aktuell rund 850.000 im Jahr angestiegen. Es wird also auf dem Rücken der Mobilitätseingeschränkten ein Problem ausgetragen, das aus der Bahnprivatisierung, dem soge-

---

11   Bild vom 31. Mai 2019.

12   Für Menschen mit Handicap ist Bahnfahren komplizierter geworden, Süddeutsche Zeitung vom 26. Februar 2019.

nannten »Wettbewerb auf Schienen« und der Aufspaltung einer einheitlichen Bahn in hunderte einzelne Unternehme resultiert. Was jedoch auch ein direktes Ergebnis der Bahnreform aus dem Jahr 1994 ist.

Abnehmende Pünktlichkeit und Ausfall von Zügen

Im Volksmund galt einmal der Spruch »Pünktlich wie die Eisenbahn«. Und das war keine hohle Phrase. Es gab sehr hohe Pünktlichkeitswerte bei der Eisenbahn vor dem Ersten Weltkrieg und zeitweilig auch zwischen den beiden Weltkriegen. Nach dem Zweiten Weltkrieg, in den 1960er und 1970er Jahren, veröffentliche die Bundesbahn ihre Pünktlichkeitsquoten regelmäßig in den Geschäftsberichten. Sie lag beispielsweise im Jahr 1967 bei 89 Prozent bei den Fernzügen (den TEE-, F-, D- und E-Zügen) und bei 95 Prozent bei allen Personenzügen. Nach der Bahnreform und bis Ende der 1990er Jahre gab es einen deutlichen Rückgang bei den Pünktlichkeitswerten. Ursächlich dafür waren laut Johannes Ludewig, Bahnchef von Juli 1997 bis September 1999, »veraltete Technik, Bautätigkeit, aber auch Unfälle oder Suizid(-Versuche)«.[13] Dies veranlasste Ludewig zu einer Pünktlichkeitsoffensive. Er deklarierte:»Ein zentrales Ziel ist die Erhöhung der Pünktlichkeit. Hier sind wir in den letzten Monaten deutlich vorangekommen. […] Mit Pünktlichkeitsquoten oberhalb 90 Prozent im Fernverkehr, rund 95 Prozent im Nahverkehr und 98 Prozent bei der S-Bahn stimmt die Richtung.«[14] Er erklärte die Verbesserung des Pünktlichkeitsgrades zur Chefsache. Im Rahmen eines 10-Punkte-Sofortprogramms stellte die DB AG erstmals sogenannte Pünktlichkeitsanzeiger auf. Sie zeigten der Öffentlichkeit in großen Knotenbahnhöfen die jeweiligen Vortageswerte auf. Ziel war eine Halbierung der Verspätungsminuten; die Androhung von Kürzungen der Jahresabschlussvergütung für die 4000 Führungskräfte der DB AG sollte ein Ansporn dafür sein. Ludewig blieb jedoch nur

---

13   Eisenbahn-Kurier 2/1998, S. 11.

14   Statement von Dr. Johannes Ludewig, Vorstandsvorsitzender Deutsche Bahn AG, anlässlich der Jahrespressekonferenz der Deutschen Bahn AG am 3. März 1999, Manuskript, S. 6.

sehr kurz Bahnchef. Die Pünktlichkeitswerte erholten sich auch nur kurzzeitig. Eine der ersten Amtshandlungen von Hartmut Mehdorn, dem Ende 1999 eingesetzten Nachfolger von Ludewig, bestand darin, in den Knotenbahnhöfen die großen Tafeln mit den Pünktlichkeitsanzeigern wieder abmontieren zu lassen.

Die in den letzten zehn Jahren gemessenen Pünktlichkeitswerte liegen deutlich unter den Werten von Reichsbahn und Bundesbahn. Im Zeitraum 2009 bis 2018 waren im Fernverkehr zwischen 72,6 und 81,2 Prozent aller Züge pünktlich. Dabei gibt es zwei Aspekte, bei deren Berücksichtigung die Pünktlichkeitsbilanz sogar noch deutlich schlechter als offiziell dargestellt ausfällt:

Erstens gilt ein Zug nach der aktuellen Definition der Deutschen Bahn AG dann als »pünktlich«, wenn er »nicht mehr als fünf Minuten und 59 Sekunden hinter der fahrplanmäßigen Ankunftszeit liegt«. In der Schweiz gelten Züge ab 3 Minuten Verspätung als »unpünktlich«, in Japan bereits ab einer Minute.

Zweitens gehen komplett ausgefallene Züge in die Pünktlichkeitsstatistik erst gar nicht ein. Das dürfte in früheren Perioden der deutschen Eisenbahngeschichte kein größeres Thema gewesen sein. Züge, die komplett ausfallen, die gewissermaßen entgegen dem Fahrplan erst gar nicht »stattfinden«, gab es höchst selten. Inzwischen ist das jedoch ein Massenphänomen. So fielen im Jahr 2018 »im Schnitt jeden Tag zehn Fernzüge aus«.[15] Insgesamt waren dies 3500 ausgefallene Züge allein im Jahr 2018. Das steigerte sich noch im ersten Vierteljahr 2019, als allein in diesem Zeitraum 900 Fernzüge ersatzlos gestrichen wurden.[16] Das bringt für die Fahrgäste natürlich meist erhebliche Verspätungen mit sich, ist aber dennoch nicht Bestandteil der Pünktlichkeitsstatistik.

15   Interview mit AR-Chef Odenwald in: Bilanz, Februar 2019.

16   In der Antwort der Bundesregierung auf eine entsprechende Kleine Anfrage der FDP-Bundestagsfraktion heißt es: »Im Mittel fielen von Januar bis März [2019] circa ein Prozent der Züge auf dem gesamten Laufweg ersatzlos aus.« Zitiert bei Nikolaus Doll, Deutsche Bahn trickst bei Pünktlichkeitsstatistik, Die Welt vom 14. April 2019.

Entsprechend müsste es eine Regel geben, wie ausgefallene Züge in die Pünktlichkeitsstatistik in angemessener Form einfließen. Selbst bei einer zurückhaltenden Betrachtungsweise dürfte damit die wirklichkeitsnahe Pünktlichkeitsquote bei allen Personenzügen deutlich unter 85 Prozent liegen. Im Fernverkehr liegt sie – bei Berücksichtigung der Zugausfälle – bei deutlich weniger als 70 Prozent.

Bereits ohne eine solche Neubewertung der Pünktlichkeitsstatistik der Deutschen Bahn ist die Bilanz, die im Frühjahr die *Frankfurter Allgemeine Zeitung* zog, ernüchternd. »Passionierte Bahnfahrer wissen: Wer einen Termin hat und ohne Ärger an sein Ziel kommen will, sollte mindestens einen Zug früher wählen. Dieser Erfahrungswert wird jetzt durch harte Fakten unterstützt. Nach Angaben der Deutschen Bahn lag die sogenannte Reisendenpünktlichkeit im vergangenen Jahr [2018] bei 80,1 Prozent.« [...] 2017 lag diese Quote mit 84,3 Prozent noch auf einem deutlich höheren Niveau.«[17]

Der undurchdringliche Tarifdschungel

Das Tarifsystem der Deutschen Bahn, das laut den Zielen der Bahnreform »transparent« und »einfach« werden sollte, ist mehr denn je zu einem nahezu undurchdringlichen Dschungel aus diversen Tarifen mit verschiedenen Bedingungen und unüberschaubaren Rabatten geworden. Die BahnCard – damals gab es nur das, was heute als BahnCard 50 bezeichnet wird – wurde 2002 im Zuge der Preisreform »PEP« (»Preis- und Erlösmanagement Personenverkehr«) abgeschafft. Sie sollte »ersetzt« werden durch die BahnCard 25. Dies war einer der wesentlichen Gründe, weshalb das neue Preissystem floppte und die Kunden der Bahn in Scharen davonliefen.

Nach massenhaften Protesten wurde das neue Preissystem nach einem halben Jahr erneut verändert und dabei die klassische Bahn-

---

17   Jeder fünfte Bahnkunde kommt mehr als 15 Minuten zu spät, Frankfurter Allgemeine Zeitung vom 13. April 2019. Einen interessanten Vergleich der aktuellen Pünktlichkeitsquoten und der Pünktlichkeitswerte der früheren Bundesbahn findet sich unter: www.youtube.com/watch?v=JHzUOT1Ys3s.

Card mit 50 Prozent Rabatt auf die Normalpreise wieder eingeführt. Gleichzeitig wurde sie jedoch auf einen Schlag um 43 Prozent teurer; offensichtlich wollte man die Kundschaft preislich bestrafen, die weiter auf die eigentlich seitens des DB-Managements nicht mehr gewünschte Flexibilität setzte. Die DB hat stattdessen inzwischen ihr gesamtes Tarifsystem darauf ausgelegt, dass sich die Fahrgäste möglichst immer schon lange im Voraus auf einen bestimmten Zug festlegen. Immerhin verstanden die DB-Manager durch die Fahrgastabwanderung – wenn auch zu spät, dass dies nicht der Wunsch vieler Fahrgäste war. Aber das neue System der Sparpreise und des Früh-Buchens wollte sie auch nicht ganz aufgeben.

So betreibt die DB AG seit fast zwei Jahrzehnten eine Politik gespaltener Fahrpreise. Auf der einen Seite gibt es eine Vielzahl von Sonderangeboten, bei denen Bahnfahrten tatsächlich zu einem niedrigen, oft auch zu einem Dumpingpreis angeboten werden. Diese Sonderangebote gelten jedoch immer nur »solange der Vorrat reicht«. Zu gut gebuchten Zeiten wie um Feiertage herum gibt es diesen »Vorrat« von vornherein nicht. Das Zustandekommen der Sparpreise und die Anzahl je Angebot sind absolut intransparent. Die Stammkundschaft fühlt sich auf diese Weise missachtet; diese Preisgestaltung fördert eine Schnäppchenjäger-Kultur. Gleichzeitig erhöhte die DB die Normaltarife und verschlechterte den Charakter der Normaltarife qualitativ. Diese Normalpreise, die inzwischen beschönigend als »Flexpreise« bezeichnet werden, wurden allein seit 2003 um 50 Prozent angehoben – um durchschnittlich 3,5 Prozent pro Jahr und damit doppelt so stark wie die allgemeine Inflation. Hinzu kommt ein eklatantes Missverhältnis zwischen den Normalpreisen auf der einen Seite und Sparpreisen bzw. den 2018 neu eingeführten »Super-Sparpreisen« auf der anderen Seite. Letztere betragen im Extremfall für die gleiche Reise kaum mehr als ein Zehntel des Flexpreises. Es kann passieren, dass zwei Fahrgäste im Zug nebeneinander sitzen, von denen einer 19,90 Euro für sein Ticket gezahlt hat (oder mit BahnCard-Rabatt sogar nur 14,90 Euro) und der andere für die gleiche Strecke 153 Euro.

Im Nahverkehr lagen die Fahrpreissteigerungen in den letzten Jahren seit 2014 sogar noch höher als im Fernverkehr. Das dürfte damit zusammenhängen, dass die DB AG hier, anders als im Fernverkehr, keine neue Konkurrenz durch Fernbusse hat. Zudem sind wichtige Zusatzleistungen noch deutlich stärker im Preis gestiegen: Die BahnCard 50 als Mobilitätskarte für Vielfahrende ist im Zeitraum 2002 bis Ende 2018 um insgesamt 85 Prozent teurer geworden. Platzreservierungen haben sich im Preis sogar mehr als verdoppelt. Da vor 15 Jahren Platzreservierungen eher selten waren und heute bei vielfach überfüllten Zügen oft – zu Recht – als notwendig erachtet werden, entwickeln sich diese Reservierungskosten analog der »zweiten Miete« wie zu einer Art »Zusatz-Fahrpreis« – was die DB natürlich gerne in ihren Angaben zur Fahrpreisentwicklung »übersieht«.

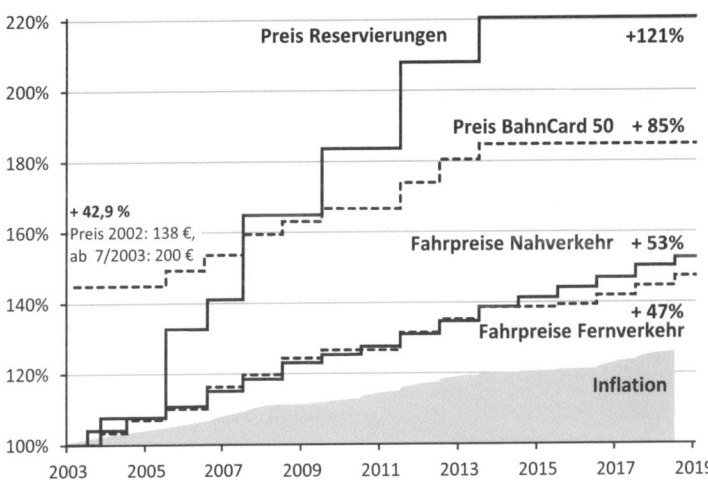

Abb. 4: Die Entwicklung der Normal- bzw. »Flexpreise« seit der Preisreform von 2003 bis heute. Dabei sind die Preise im Nah- und Fernverkehr genau doppelt so stark gestiegen wie die allgemeine Inflation (schraffiert unten im Bild). Zusatzleistungen wie Reservierungen oder die BahnCard 50 sind sogar noch deutlich stärker verteuert worden. Quelle der Daten: Jeweilige Pressemitteilungen der DB AG zur Preisentwicklung. Vor 2003 sind die Preise nicht vergleichbar, weil zu dem Zeitpunkt das rein kilometerbasierte Preissystem auf festgelegte Preise für jede Verbindung umgestellt wurde.

Mit jeder Veränderung des Tarifsystems wird dieses – wie zuletzt mit der Verteuerung der »Sparpreise« und der Einführung der zusätzlichen »Super-Sparpreise« zur Kaschierung dieser Preissteigerung – noch komplizierter und kundenfeindlicher. Schon mit dem Fahrplanwechsel vom Dezember 2016 wurde der Normalpreis alias »Flexpreis« schlichtweg abgeschafft. Sein angeblicher Nachfolger, der sogenannte »differenzierte Flexpreis« ist das Gegenteil von dem, was sein Name suggeriert. Er hat nämlich kaum noch die Flexibilität, die der Normalpreis einmal hatte. Während Tickets bis Dezember 2012 noch vier Tage gültig waren, waren es bis Dezember 2016 immerhin noch zwei Tage. Inzwischen muss jedoch die Reise immer zwingend am ersten Gültigkeitstag angetreten werden. Wer eine Hin- und Rückfahrt zusammen bucht, konnte die Rückfahrt bis Dezember 2016 flexibel innerhalb eines Monats antreten. Seitdem gibt es diese Rückfahrtregelung jedoch nicht mehr, so dass man sich auch mit dem »Flexpreis« jeweils ganz genau auf einen Hin- und Rückfahrtstag festlegen muss. Anders als der frühere Normalpreis variiert der »differenzierte Flexpreis« nämlich je nach Reisetag. Die viel nachgefragten Reisetage – Freitag, Sonntag, Montag und die Tage rund um Feiertage – werden im Vergleich zu den anderen Tagen teurer, und die Spanne zwischen beiden wurde auch zum letzten Fahrplanwechsel weiter vergrößert. Damit wird der »Flexpreis« vom Grundgedanken her den sehr viel günstigeren Sparpreisen immer ähnlicher.

Gleichzeitig verfolgt die DB aber auch die komplett umgekehrte Strategie: Immer wieder werden nämlich Sondertickets über Discounter oder als Beigabe zu irgendwelchen Süßwaren verkauft, die ein Reisen zum Pauschalpreis relativ unabhängig vom Reisetag ermöglichen. Dass sich auf diese Weise Bahnkunden, die gerne flexibel reisen möchten, auf Dauer gewinnen lassen, dürfte jedoch eher unwahrscheinlich sein. Stattdessen verärgert die DB mit solchen Aktionen ihre Stammkundschaft, wenn die Züge kurz vor dem Ende der Gültigkeit solcher Aktionen besonders voll werden.

Bei der beschriebenen Preispolitik vergisst die DB AG leider, dass

Schnäppchenkunden keine Dauerkunden sind. Wer einmal günstig gereist ist, wird nicht automatisch beim nächsten Mal teuer reisen, sondern nimmt im Zweifel dann doch das Auto, den Fernbus oder den Flieger. Umgekehrt sind nicht einmal mehr viele der Dauerkunden der Bahn bereit, die teuren Preise zu bezahlen. Die Kundschaft wird durch die Preispolitik der DB AG immer mehr dazu erzogen, sich ständig nach neuen Schnäppchen umzusehen – mit einem erheblichen Aufwand. Das führt dazu, dass solche Preise, die für Bahnfahrten früher ganz normal waren, inzwischen teuer erscheinen, wenn man für die gleiche Reise ein paar Wochen vorher nur einen Bruchteil gezahlt hat. So verdirbt sich die DB AG ihre eigenen Preise. Erfreulich ist lediglich, dass die Zahl der Fahrgäste im Fernverkehr 2019 wieder das Niveau von Ende der 1990er Jahre erreicht hat. Es wäre jedoch sehr viel nachhaltiger, neue Fahrgäste durch ein nachvollziehbares Preissystem und deutlich niedrigere Grundpreise von der Nutzung der Bahn als ihrem ständigen Verkehrsmittel zu überzeugen. Genau dies war die Preispolitik in den 1990er Jahren, als man mit der BahnCard und dadurch dauerhaft günstigen Preisen vor allem um dauerhafte Bahnkundschaft warb.

Die DB AG verweist als Rechtfertigung für ihr Preissystem auf die Konkurrenz zu den Fernbussen und teilweise auch zum Luftverkehr, wo es ebenfalls differenzierte Preise gibt – wenn auch nicht mit solch extremen Unterschieden wie bei der Bahn. Dies ist jedoch eine sehr einseitige Betrachtung. Tatsächlich treffen die meisten Menschen ihre Entscheidung für eine Reise nämlich meist nicht zwischen Bahn und Fernbus oder zwischen Bahn und Flugzeug, sondern zwischen Bahn und Auto – das den meisten Menschen als das ganz normale Verkehrsmittel ständig zur Verfügung steht. Wobei das Auto den unschlagbaren Vorteil hat, dass es zu jeder Tages- und Nachtzeit und unabhängig vom Reisetag die gleichen Kosten verursacht und die Menschen mit einem eigenen Pkw immer genau dann fahren können, wenn sie möchten. Sie sind nicht an irgendwelche Zeiten gebunden – zumindest, wenn sie bereit sind, schlimmstenfalls »zäh fließenden Verkehr« in Kauf zu nehmen.

Eine solche extreme Flexibilität wird die Bahn nie bieten können, aber sie steht im Vergleich dennoch nicht schlecht da: Auf den
meisten Strecken sind die Fernzüge im Ein- oder Zwei-Stunden-
Takt unterwegs, manchmal sogar noch häufiger. Die Idee der Einführung dieses Taktfahrplans war es ja, den Fahrgästen eine ähnliche Flexibilität wie mit dem Auto zu ermöglichen. Genau diesen
Vorteil macht sich die DB AG mit ihrem Preissystem aber wieder
zunichte: Wenn man mit den Sparpreisen, die inzwischen rein
mengenmäßig die neuen »Normalpreise« sind, nicht flexibel unterwegs sein kann, sondern an einen bestimmten Zug gebunden ist,
und wenn man für die immer weiter eingeschränkte Flexibilität der
»Flexpreise« einen enorm hohen Betrag zahlen muss, dann ist das
Auto vielfach im Vorteil. Hinzu kommt, dass die Auslastung vieler Züge so gesteigert wurde, dass die Gefahr, ohne Reservierung
keinen Sitzplatz zu erhalten, ausgesprochen groß ist. Damit hat die
Bahn viel von ihrer früheren Flexibilität eingebüßt und gegenüber
dem Auto an Attraktivität verloren. Und das ist für eine immer
wieder beschworene Verlagerung des Verkehrs von der Straße auf
die Schiene exakt die falsche Strategie – wie die vollen Autobahnen
eindrucksvoll belegen.

Wie erhalte ich eine Stammkundschaft – das Beispiel Schweiz

Seit der großen Tarifreform von 2002 gab es aber nicht nur erhebliche Preissteigerungen bei den Tarifen und bei den BahnCards.
Hinzu kommt, dass die BahnCard 50 seither bei vielen Sparpreisen
und sonstigen Rabattangeboten der Deutschen Bahn nicht oder nur
teilweise eingesetzt werden kann. Ihren Preis empfinden viele, zumal gemessen an der gebotenen Leistung, als deutlich überteuert,
besonders wenn sie in vollen Zügen häufig nur noch einen Steh-
platz erhalten. In der Folge haben heute mit 1,4 Millionen nur noch
halb so viele Menschen eine BahnCard 50 wie im Jahr 2001 (damals
nur BahnCard genannt, aber ebenfalls mit 50 Prozent Rabatt). Das
psychologische Element »Halbierung der Preise« und die damit verbundene Attraktivität der Bahn gegenüber anderen Verkehrsträgern

spielt eine entsprechend geringere Rolle. Demgegenüber wird die BahnCard 25 eher als eine »RabattCard« verstanden und weniger als eine Karte, die den Zugang zur Mobilität im Schienenverkehr qualitativ verbessert, also nicht als eine »Mobilitätskarte«.

Vergleichbares gilt für die BahnCard 100, die früher als »Netzkarte« bezeichnet wurde. Die Deutsche Bahn AG bietet diese Karte ebenfalls zu einem sehr hohen Preis an. In der Folge gibt es nur 52.700 Menschen (Stand: Ende 2018), die sich eine BahnCard 100 (1. und 2. Klasse) leisten.[18] Das betriebswirtschaftliche und ökologische Potenzial, das bei einer anderen Preispolitik in solchen Mobilitätskarten steckt, die ganzheitlich entwickelt und angeboten werden, verdeutlicht hingegen die Schweiz. In der folgenden Tabelle 3 wurden die BahnCard 50 und ihr Schweizer Äquivalent »Halbtax-Ticket« sowie BahnCard 100 und ihr Schweizer Gegenstück »Generalabonnement – GA« gegenübergestellt.[19] Würde man die Verhältnisse, die in der Schweiz seit rund zwei Jahrzehnten im Bahnverkehr vorherrschen, auf Deutschland übertragen, dann sähe die Tariflandschaft in der BRD anders aus, wie in der folgenden Tabelle dargestellt.

---

18 Alle Daten zu den BahnCards siehe: Deutsche Bahn, Daten & Fakten 2017, S. 18

19 Der Preis für eine BahnCard 50 wurde seit 2003 um 85 Prozent erhöht auf aktuell 255 Euro in der 2. Klasse und 515 Euro in der 1. Klasse. Zum Vergleich: In der Schweiz kostet das Halbtax-Ticket 185 Schweizer Franken (= 163 Euro) im 1. Jahr und 165 sFr (= 145 Euro) in allen Folgejahren, wenn es keine Unterbrechung des Abos gibt. Das Schweizer Halbtax-Ticket ist »klassenlos«; es halbiert die Preise in beiden Klassen. Und es bietet wesentlich mehr Einsatzmöglichkeiten. Vereinfacht lässt sich sagen, dass das Halbtax-Ticket im Vergleich zur BC 50 nur die Hälfte kostet. Wobei noch die deutlich höheren Einkommen in der Schweiz zu berücksichtigen sind. Vergleichbares gilt für das Generalabonnement (GA) und den Vergleich dieser Mobilitätskarte mit der BC 100. Das GA kostet in der 1. Klasse 6300 sFr (= 5575 Euro), hier kostet das BC 100 7225 Euro. In der 2. Klasse kostet das GA 3860 sFr (3411 Euro). Die BC 100 in der 2. Klasse kostet dagegen 4270 Euro. Das Argument, die Schweiz sei ja kleiner als die BRD, überzeugt nicht. Grundsätzlich fahren Schweizer, die eine solche Mobilitätskarte haben, vergleichbar viele Bahnkilometer wie Menschen in der BRD mit einer BC 50 oder BC 100.

	BahnCard 50 / Halbtax-Ticket	BahnCard 25	BahnCard 100 / Generalabo
BRD (heute)	1.365	3.953	50,3
Schweiz	2.500	–	480
Verhältnis BRD : Schweiz	82,8 Mio. zu 8,5 Mio. Einw. => BRD-Bevölkerung 9,74fach größer		
BRD auf Schweizer Niveau	24.300	–	4.675
Notwendige Steigerung, um die BRD auf Schweizer Niveau zu bringen	**17,8fach**	**4,6fach***	**92,9fach**

Tab. 3: Die Mobilitätskarten BC50/BC25/BC100 in Deutschland im Vergleich zum Halbtax-Ticket und dem Generalabonnement in der Schweiz (Angaben für 2017). Alle Angaben in Tausend. * Die Zahl der BC 50 in BRD auf Schweizer Niveau dividiert durch die Summe der heutigen BC 50 + BC 25 (= 5,318 Millionen)

In einer solchen – erstrebenswerten – »bahnsinnigen« Republik Deutschland (BRD) müsste dann, wenn die Verhältnisse der Schweiz übertragen würden, die Zahl der BahnCard 50 um den Faktor 17,8 gesteigert (oder die Zahl von BC 50 und BC 25 addiert um den Faktor 4,6 erhöht werden). Die Zahl der BahnCard 100 müsste sich gar um das 92,9-fache erhöhen. Hier ist nicht der Supersparpreis Sparfuchs-Kaiser, hier ist der Kunde König. Auch in Österreich sind vergleichbare Mobilitätskarten deutlich stärker verbreitet als in Deutschland.[20] Während die Deutsche Bahn AG das Potenzial zur Herausbildung einer Stammkundschaft durch die genannten Mobilitätskarten nicht in Ansätzen ausschöpft, machen

---

20   Es gibt in Österreich gut eine Million VorteilsCards (entspricht der BC 50) und rund 7000 ÖsterreichCards (entspricht der BC 100). Die Preise für diese Mobilitätskarten sind (mit 99 Euro für die »VorteilsCard classic« und mit 1889 Euro für die ÖsterreichCard) wesentlich günstiger als in Deutschland. Sie sind auch günstiger als in der Schweiz (wobei hier die höheren Einkommen in der Schweiz zu berücksichtigen sind. Wenn das GA in der Schweiz wesentlich erfolgreicher ist als die ÖsterreichCard, dann dürfte dies vor allem an dem deutlich besseren Gesamtangebot liegen, das das GA im Vergleich zur ÖsterreichCard – und erst recht im Vergleich zur BC 100 – bietet).

unsere südlichen Nachbarländer vor, wie man die Bahn wirklich attraktiv machen kann – und damit eine wesentlich höhere Kundenbindung erreicht.

Notwendige Maßnahmen für eine Verkehrswende

Was wäre also zu tun? Zuerst einmal muss die Bahn wieder in allen Bereichen ausreichend und gut ausgebildetes Personal einstellen. Das hat sie inzwischen zwar erkannt, aber deutlich zu spät. Schon jetzt fehlen in vielen Bereichen ausgebildete Mitarbeiterinnen und Mitarbeiter. Ohne diese kann der Bahnbetrieb aber schlichtweg nicht reibungslos funktionieren. Auch die Wertschätzung der Leistungen, die die Bahnerinnen und Bahner oft trotz viel Schichtarbeit und widriger Bedingungen erbringen, ist dabei enorm wichtig (siehe dazu auch Kapitel 12).

Die Qualität und der Service müssen absolut im Mittelpunkt stehen. Dies gilt insbesondere auch für die Anschaffung und Wartung der Züge, z. B. die Sicherstellung der Funktion von Toiletten, Türen, Klimaanlagen, Bordrestaurants und vielem mehr. In diesem Bereich darf weder bei der Anschaffung noch bei der Instandhaltung gespart werden. Insbesondere in den Werkstätten, in denen Nacht für Nacht die Züge gewartet und repariert werden, ist dafür ein erheblicher Ausbau notwendig. Nur so kann das Problem der ausfallenden und verspäteten Züge minimiert werden.

Auch für wirkliche Verlässlichkeit sollte man sich an der Schweiz orientieren: Dort stehen an den wichtigen Knotenbahnhöfe jederzeit abfahrbereite Ersatzzüge bereit, um für verspätete oder defekte Züge einspringen zu können.[21] Und für den Fall von Streckensperrungen oder ähnlichen Problemen gibt es ausreichend Personal und durchdachte Ersatzfahrpläne.

Zudem muss das Preissystem der DB AG ganz grundlegend neu gestaltet werden, anstatt es mit jeder Reform noch komplizierter und intransparenter zu machen. In Umfragen wünscht sich eine

---

21 Vgl. die Unterwebsite ›Ersatzzüge für Sie im Einsatz‹, unter: www.sbb.ch.

große Mehrheit ein transparentes und nachvollziehbares Tarifsystem mit einem bezahlbaren Normaltarif, statt einem Wust aus
Sondertarifen, der die Ticketbuchung immer mehr zum Glücks-
spiel macht.[22] Es sollte wieder einen Normalpreis geben, der den
Namen verdient: Er muss die flexible Nutzung der Bahn ermöglichen, und zwar zu bezahlbaren Kosten. Für Menschen mit gerin-
gem Einkommen sollte es außerdem noch soziale Preise geben, um
auch ihnen Mobilität zu ermöglichen. Statt dreier paralleler Preis-
systeme (»Flexpreise«, »Sparpreise« und »Super-Sparpreise«) sollte
es ein nachvollziehbares, in sich stimmiges Preissystem auf einem
mittleren Preisniveau geben. Extrem hohe Preise schrecken die
Fahrgäste ab, aber extrem billige Lockangebote führen auch nicht
zum dauerhaften Gewinn von Kunden, sondern erzeugen nur viel
Ärger gegen die Bahn, weil Fahrgäste für die gleiche Leistung zu
extrem unterschiedlichen Preisen unterwegs sind. In einer Umfrage im Auftrag des VCD wären 81 Prozent der Befragten bereit gewesen, auf Sparpreise völlig zu verzichten, wenn es dafür insgesamt
niedrigere Normalpreise gäbe. Mehr als die Hälfte der Befragten
sprach sich hingegen explizit für niedrigere Normalpreise aus, die
wirklich wieder normal sein könnten[23] – und die sich perfekt mit
einer BahnCard (50) als wirklicher Mobilitätskarte mit viel Flexibilität vertragen würden.

---

22   VCD und Quotas GmbH: VCD Bahntest 2015/2016 – Preise und Tarife im
     Schienenfernverkehr aus Sicht der Fahrgäste.

23   Ebenda, S. 12

Bernd Herzog-Schlagk
Den Bahnhof im Dorf behalten!

Im Februar 1995 gab es Hinweise, dass die Landesregierung in Brandenburg einen Teil des Bahnbetriebes einstellen wolle. Zur Disposition standen 92 Haltepunkte, an denen die Bahn weniger als acht Ein- und Aussteiger pro Tag registriert hatte, und annähernd 200 Kilometer Schienenwege. Daraufhin starteten der Arbeitskreis Verkehr und Umwelt UMKEHR e.V. und der Fachverband Fußverkehr Deutschland FUSS e.V. eine Kampagne unter dem Motto »Brandenburg braucht gerade auch seine kleinen Bahnhöfe!«, mit Plakaten, Pressearbeit und einem Anschreiben an alle betroffenen Bürgermeisterinnen und Bürgermeister. Ein einziger Bürgermeister, der aus dem etwa 200 Einwohner zählenden Dannenwalde nördlich von Gransee, antwortete und erklärte seine Empörung. Auf dem Weg zu diesem Bürgermeister stellten wir fest, dass im Zug und im Gasthaus im benachbarten Seilershof (ebenfalls nur etwa 225 Einwohner) von einem Mitarbeiter der Grünen Liga Pankow Unterschriften gesammelt wurden.

Doch bereits drei Monate später gingen alle diese Bahnhöfe vom Netz und es entstand in Dannenwalde eine Keimzelle eines sehr kreativen Widerstandes gegen diese Bahnpolitik, der sich aber aufgrund der fehlenden personellen Voraussetzungen an anderen Orten auf diesen einen Bahnhof konzentrieren musste. Es wurde eine »Große Koalition für den kleinen Bahnhof Dannenwalde« gebildet. Mit bis zu 50 Anwesenden waren die Sitzungen in einem solchen Dorf in der Tat kein kleiner Kreis: Regionale Touristiker, Vertreterinnen und Vertreter der beiden Naturparks, der Kirchen, aus den Parteien, den Ortsbeiräten, aus den regionalen Verbänden usw. Daneben gab es im Landtag keine öffentliche Sitzung zur Verkehrspolitik, in der es nicht auch eine Wortmeldung zum Bahnhof Dannenwalde gab; die Vertreter von Landesregierung und Bahn kamen nicht umhin, über eine mögliche Wiedereröffnung zu verhandeln.

Sowie die Meinung der Entscheidungsträger auch nur unwesentlich wackelte, wurde nachgelegt. Die regionalen Medien unterstützen unsere Anliegen. Der Fernsehbeitrag in OZON (die damalige rbb-Umweltsendung) dürfte nicht unwesentlich dazu beigetragen haben, dass in einer nichtöffentlichen Sitzung des Ministeriums, der Bahn AG und der Landesentwicklungsgesellschaft LEG im Februar 1996 beschlossen wurde, den Bahnhof »Seilershof/Dannenwalde« für ein Jahr wieder zu eröffnen und die Entwicklung der Ein- und Aussteigerzahlen zu beobachten. Dieser Erfolg ging bundesweit durch die Medien.

Am 2. Juni 1996 fuhr dann ab Oranienburg der vollbesetzte sogenannte »Jubelzug« in Dannenwalde (Gransee) ein – unter dem Motto »Das Leben in vollen Zügen genießen«. Die Fahrgäste hatten »Winkelemente« aus dem Fenster gehängt, das war damals noch möglich. Die Passagiere wurden standesgemäß von einem Blasorchester auf dem Bahnsteig und einem Volksfest auf dem Bahnhofsvorplatz begrüßt. *Der Tagesspiegel* titelte »Eisenbahntrubel wie vor 119 Jahren«, die *Märkische Allgemeine* schrieb »Großer Tag für den Nordkreis« und der *Kurier*: »Dannenwalde gewann Kampf um Bahnhof«. Alle Zeitungen, auch die bundesweiten, stellten den basisdemokratischen Erfolg heraus. Und das war er auch, aber befristet, denn ein Jahr später sollte der Bahnhof nach den Wünschen der Entscheidungsträger wieder geschlossen werden. Das wurde er aber nicht, weil ein Jahresprogramm mit Theater und Konzerten auf der Bahnhofsrampe und Bahnhofsfeste Besucher anlockte, wodurch es gelang, die kontinuierlich über ein Jahr gezählten Ein-

und Aussteiger auf etwa 80 pro Tag zu verzehnfachen. Noch entscheidender aber waren die erfolgreichen Bemühungen, dem Bahnhofshalt einen langfristigen Sinn zu geben: Heute ist der Halt der Regionalbahn RE5 am Bahnhof Dannenwalde (Gransee) einer der bedeutendsten Wegekreuze für den naturnahen Tourismus in Brandenburg – angebunden an den Radfernweg Berlin-Kopenhagen und zahlreiche andere regionale Radwege zwischen Rheinsberg und Templin, verbunden mit dem Europäischen Fernwanderweg E10, dem Ruppiner-Land-Rundwanderweg und weiteren regionalen Wanderwegen, dem Laufpark Stechlin sowie einem Barfußpfad zwischen der Bundesstraße B96 und dem Bahnhof.

Bernd Herzog-Schlagk war über 30 Jahre lang Bundesgeschäftsführer des FUSS e.V. und betreut jetzt als Mitglied des Bundesvorstandes die Vereinsaktivitäten im Land Brandenburg. Er ist ehrenamtlich Vorsitzender des Vereines Umweltbahnhof Dannenwalde e.V. (www.umweltbahnhof-dannenwalde.de).

Kapitel 7

Das Nachtzug-Aus der Deutschen Bahn – eine fatale Fehlentscheidung

Vor zwanzig Jahren noch zog sich ein Netz aus Nachtzügen durch den Kontinent. Davon ist nur ein kläglicher Rumpf geblieben. Die Deutsche Bahn hat ihre Schlafwagen 2017 völlig aufgegeben, die Österreicher haben die Waggons übernommen. Man kann dank der ÖBB heute schlummernd von München […] nach Rom: Um acht Uhr abends geht's los, um halb zehn morgens ist man in der Ewigen Stadt. Das spart eine Hotelnacht, kostet 160 Euro pro Strecke und wird stark nachgefragt. Anstatt 700 Millionen Euro in kostenlose Interrail-Tickets für 18-Jährige zu stecken, könnten die Mitgliedsstaaten einige Milliarden drauflegen und das Bahnfahren für alle Europäer endlich wieder billiger und flexibler machen. Die ganze Diskussion um Flugscham ist ein Ablenkungsmanöver, um keine Entscheidungen treffen zu müsse wie die für eine Kerosinsteuer oder Nachtzüge.

Boris Pofalla, Zurück in die Züge, in: Die Welt vom 1. Juni 2019[1]

Die Vorteile eines Nachtzugsystems waren beim Start der Bahnreform bestens bekannt. Auch hinsichtlich der Möglichkeit, ein Wachstum des Flugverkehrs auszubremsen. Doch es kam zum schleichenden Tod der Nachtzüge. Der Boom der Billigfliegerei, mit

---

[1] An der mit Auslassungszeichen […] gekennzeichneten Stelle heißt es »von München über Wien nach Rom …«. Es gibt durchaus oft seltsame Wege, auf denen Züge verkehren und es führten auch ein Mal »alle Wege nach Rom«. Im vorliegenden Fall hat der Autor jedoch den ÖBB-Fahrplan falsch gelesen. Der Zug startet als Flügelzug in München und Wien und wird unterwegs in Villach gekoppelt.

der das Klima im besonderen Maß belastet wird, wurde dadurch begünstigt.

»Ausgeschlafene reisen nachts« – so warb die Deutsche Bahn AG lange Zeit für ihre Nachtzüge, die quer durch Deutschland und in die Nachbarländer fuhren. Nachtzüge sind wohl die bequemste und gleichzeitig klimafreundlichste Möglichkeit, über lange Strecken um 1000 Kilometer und mehr zu reisen, für die man am Tage sehr lange im Zug sitzen müsste. Stattdessen kann man sich abends auf einem fahrenden Bett niederlassen – je nach Budget im Liegesessel, im Liegewagen oder im komfortableren Schlafwagen – und kommt ausgeschlafen am nächsten Morgen am Zielort an, meist mitten in der Stadt. Um ähnlich früh mit dem Flugzeug anzukommen, müsste man sich schon sehr früh in die Schlange am Flughafen einreihen. Und wer noch weiter fahren muss, kann die Reise natürlich auch mit anderen Zügen bis zu einem entfernter liegenden Ziel fortsetzen. Ein europaweites Nachtzugnetz, das in Kooperation zwischen den Staatsbahnen betrieben wurde, stellte über lange Jahre das Rückgrat des grenzüberschreitenden Bahnverkehrs dar.

Der damalige Bahnchef Heinz Dürr erklärte 1994: »Der Nachtreiseverkehr blieb bisher wegen der unzureichenden Angebote unter den Marktmöglichkeiten. Hier erwarten wir mit den neuen Angeboten [...] eine Trendwende. Die Wettbewerbsvorteile der Nacht- und Hotelzüge liegen in der Kombination aus Übernachten und Fahren. Die Abfahrt am späten Abend und die Ankunft am Morgen rechtzeitig vor den üblichen Bürozeiten spart einen Arbeitstag.« Vorgesehen waren auch Nachtzüge über weite Strecken. So kündigte Dürr damals an: »Im nächsten Jahr [1995] [...] werden auf der Strecke Dortmund – London die Kanaltunnelzüge eingesetzt. Auf den Relationen Dortmund – Wien und Hamburg – Zürich die neuen D.A.CH.-Hotelzüge. Gleichzeitig werden die Schweizer Bundesbahn und die Österreichischen Bundesbahnen, die mit uns zusammen die D.A.CH.-Hotelzug AG betreiben, ergänzende Relationen anbieten.«[2]

2　Geschäftsbericht 1992 (»Deutsche Bahnen«), veröffentlicht im Mai 1993.

Tatsächlich investierte die DB AG noch in den 1990er Jahren in den Nachtzugverkehr. 1994 nahm sie neue »CityNightLine-Hotelzüge« (hergestellt von Talgo) in Betrieb, die sich durch eine hohe Laufruhe auszeichneten und bei vielen Fahrgästen beliebt waren. Das sah nach einer Ausweitung des Nachtzugverkehrs auf einer ganz neuen Komfortstufe aus.

Doch spätestens seit der Jahrtausendwende wurde es still um den Nachtreiseverkehr auf der Schiene; er stand offensichtlich nicht mehr im Fokus des auf den Börsengang orientierten DB-Managements unter Hartmut Mehdorn. Vor allem aber befindet sich ein gutes Nachtzugnetz in Widerspruch zu den erstarkten Billigairlines und zur mächtigen Hotellobby.[3] In der Folge wurden die Nachtzüge und ebenso die mit ihnen verwandten Autoreisezüge seit den frühen 2000er Jahren zunehmend auf das Abstellgleis gesteuert. Über viele Jahre investiert das Staatsunternehmen nur noch das Allernötigste – und oft nicht einmal das – in die Züge. Die neu gekauften Talgo-»Hotelzüge« gingen 2009 aufs Abstellgleis, weil sie angeblich nicht mehr wirtschaftlich waren. Tatsächlich wurden auf diese Weise wertvolles rollendes Material der Vernichtung preisgegeben und massive Verluste geschaffen. Schrittweise wurden oft trotz guter Buchungen immer mehr Verbindungen eingestellt oder gekürzt. In einem Fall – es ging um die Züge zwischen Hamburg und Paris – war der Protest der Kunden unter dem Motto »Wir wollen nach Paris und nicht an die Börse« dabei so stark, dass die DB AG gezwungen war, die eigentlich gestrichene Verbindung wieder aufzunehmen – allerdings auch nur für einige Jahre bis zur endgültigen Einstellung aller Verbindungen nach Paris im Dezember 2014.

Mit dem fortschreitenden Abbau gründeten sich mehrere Initiativen zur Rettung des Nachtzugverkehrs. Es gab in zahlreichen europäischen Städten immer wieder gemeinsame Protestaktionen von

---

3   Siehe in Kapitel 16 die Hinweise zum zeitweiligen Vorsitzenden des DB-AG-Aufsichtsrats und langjährigem Aufsichtsrat Michael Frenzel und zu den Zielen und Forderungen der Tourismus- und Hotelbranche, deren führender Vertreter Frenzel bis heute ist.

Fahrgästen, Umweltverbänden und nicht zuletzt den Beschäftigten auf den Nachtzügen. Für viele der in den Nachtzügen Beschäftigten waren die Züge nicht irgendein beliebiger Job, sondern die meisten arbeiteten seit vielen Jahren mit viel Engagement auf diesen Zügen und schätzten vor allem das internationale Flair. Diese Proteste vernetzten sich ab 2015 zunehmend, und mit »Back on Track« entstand sogar erstmals ein europäischer Zusammenschluss, der sich für den grenzüberschreitenden Bahnverkehr in Europa einsetzt.[4]

Die Manager im DB-Tower argumentierten dagegen immer wieder, dass die Nachtzüge in Anbetracht der neu gebauten Hochgeschwindigkeitsstrecken, wo es schnelle Verbindungen am Tage gibt (z. B. Berlin – München in 4 Stunden) überflüssig seien. Das stimmt aber nur teilweise, denn auch bei solchen Fahrzeiten füllen die Züge noch immer eine Angebotslücke während der Nacht – was der in den letzten Jahren zunehmende ICE-Verkehr über Nacht beweist, nur dass man dort eben nicht im Liegen reisen kann. Und durch eben diese Hochgeschwindigkeitsstrecken eröffnen sich auf der anderen Seite ganz neue Möglichkeiten für wesentlich längere Verbindungen, die dann im Nachtsprung zurückgelegt werden können. Genau diese Schaffung neuer attraktiver Strecken für Nachtreisezüge hat das Management der DB AG aber ignoriert. Stattdessen behauptete es erst, es gebe kaum noch Interesse der Fahrgäste am Nachtzugverkehr. Tatsächlich nahmen die Fahrgastzahlen aber bis zum Ende sogar leicht zu statt ab, was der damalige DB-Vorstand Ulrich Homburg 2015 in einer Anhörung im Bundestag auch schließlich eingestehen musste.[5] Und auch überaus erfolgreiche Verbindungen wie die Nachtzüge von Berlin, Hamburg und München nach Paris wurden eingestellt, obwohl sie bis zuletzt fast jede Nacht ausgebucht waren.

---

4   www.back-on-track.eu

5   Ulrich Homburg: »Nachfragesituation der Nachtzüge: Stabile Nachfragesituation. Die Züge sind gut gebucht.« Siehe: Protokoll des Bundestags-Ausschusses für Verkehr und digitale Infrastruktur 18/26 vom 14. Januar 2015 zum Antrag der Linksfraktion »Die Nachtzüge retten – Klimaverträglichen Fernreiseverkehr auch in Zukunft ermöglichen« (Bundestags-Drucksache 18/7904).

Nachdem sich das DB-Management damit selbst der Lüge überführt hatte, wechselte die Argumentation plötzlich: Nun hieß es aus dem DB-Tower in Berlin, dass die Züge, wenn schon nicht unbeliebt, so doch unwirtschaftlich seien. Auch an dieser These gab es immer wieder durchaus ernst zu nehmende Zweifel, denn die Sparte erwirtschaftet selbst keine Verluste. Erst nach der Einberechnung eines »Overheads« – also des überdimensionierten Wasserkopfs – für die Leistungen des Mutterkonzerns DB AG wird aus den Ergebnissen der Nachtzugsparte eine rote Zahl. Das Zustandekommen dieses »Overheads« wurde dabei nie genau erklärt; angeblich ging es um die Ausgaben für das Buchungssystem, Werbung und ähnliches. Damit blieb aber unklar, warum sich dieser »Overhead« in den letzten Jahren des Bestehens der Nachtzüge erheblich vermehrte, obwohl die Züge immer schlechter beworben wurden. Gleichzeitig wurde der zusätzliche Nutzen der Nachtzüge eben nicht bei diesen als Profit verbucht: So wurden angesichts der zunehmenden Zahlen der bei Nacht auch auf Teilstrecken Reisenden mehr Sitzwagen angehängt – ein sinnvoller zusätzlicher Nutzen der Nachtzüge. Die Einnahmen durch diese Reisenden wurden dann aber dem IC-Verkehr zugeschlagen, obwohl das Personal zur Nachtzugsparte gehörte.

Immer wieder drängte sich der Verdacht auf, dass das DB-Management, das seinen Konzern lieber als »Global Player« im internationalen Logistikgeschäft sieht, sich mit der vergleichsweise kleinen und sehr speziellen Nachtzug-Sparte einfach nicht mehr abgeben wollte, und dass diese Entscheidung mit wechselnden Argumentationen begründet werden sollte. Dafür spricht, dass bereits beschlossene Sanierungsmaßnahmen zwar noch umgesetzt, aber nicht mehr evaluiert wurden; die Entscheidung für das komplette Aus war zu diesem Zeitpunkt schon längst getroffen. Dafür spricht aber auch die sehr eigenwillige Berechnung der Gewinne und Verluste. So werden die Trassengebühren, die die Züge für die Nutzung der Strecken entrichten, nur als Verluste gebucht – ohne dabei zu berücksichtigen, dass genau die gleichen Gebühren an anderer

Stelle im Konzern, nämlich bei der DB Netz AG, wieder als Einnahmen auftauchen. Dort ist ein großer Teil dieser Trassengebühren für jeden zusätzlichen Zug aber reiner Gewinn, da der Großteil der Kosten unabhängig von der Zahl der Züge ist. Außerdem ist die grundsätzliche Frage zu stellen, ob wirklich jeder einzelne Zug einen Gewinn erwirtschaften muss. Letztlich geht es ja um ein Gesamtnetz von Bahnverbindungen, zu dem auch die Nachtzüge unbedingt dazugehören. Viele Fahrgäste liegen nicht nur in den Nachtzügen, sondern sitzen in Verbindung damit in den Zubringerzügen oder reisen bei Tag in der Gegenrichtung. Umfragen unter den Nachtzug-Reisenden haben gezeigt, dass die meisten ohne die Nachtzüge eben nicht mehr mit dem Zug fahren, sondern stattdessen fliegen oder das Auto nutzen. Der Nutzen der Nachtzüge geht also weit über die Züge selbst hinaus – was im Übrigen ebenso für alle anderen Züge gilt, die ebenso wenig nur alleine für sich gerechnet werden dürfen. Auf ähnliche Art hat die sehr enge betriebswirtschaftliche Art der Kalkulation bei der DB AG aber auch schon andere Züge »kaputtgerechnet«, nicht zuletzt den InterRegio-Verkehr (siehe Kapitel 4).

Aber nicht nur das DB-Management, sondern auch die Bundespolitik tragen durchaus eine Verantwortung für das Sterben der Nachtzüge, indem sie die Bahn systematisch benachteiligt (vgl. Kapitel 1). Bei den Nachtzügen wird dies besonders deutlich: Während Hotelübernachtungen nur mit dem reduzierten Mehrwertsteuersatz von 7 Prozent belastet sind und der grenzüberschreitende Luftverkehr sogar ganz von der Mehrwertsteuer befreit ist, werden auf das Nachtzug-Ticket volle 19 Prozent Mehrwertsteuer fällig – auf Übernachtung und Fahrt. Dazu kommen die Energiesteuern – gegenüber komplett steuerbefreitem Kerosin für den Luftverkehr – und hohe Trassennutzungsgebühren für den Fahrweg. Ausgerechnet das klimafreundlichste Verkehrsmittel wird also am höchsten belastet – umgekehrt wäre es sinnvoll.

Der Nachtzugverkehr der DB AG wurde schließlich Ende 2016 komplett eingestellt, trotz der vielen Proteste und der durchweg positiven Medienberichterstattung, in der die Nachtzüge nicht als Konzept von gestern, sondern als klimafreundliches und komfortables Verkehrsmittel der Zukunft beschrieben wurden. Einen gewissen Erfolg hatten die Proteste aber immerhin, denn die DB sah sich unter einem großen Rechtfertigungsdruck und kooperierte letztlich mit den Österreichischen Bundesbahnen (ÖBB). Ein Teil der Züge und der Strecken wurde von diesen übernommen und wird seitdem unter der Marke »NightJet« betrieben. Und die ÖBB geben letztlich den Kritikerinnen und Kritikern der DB-Entscheidung Recht, denn sie sind wirtschaftlich sehr zufrieden mit diesen Zügen. Offensichtlich haben sie eine echte Zukunftsstrategie für die Züge und strafen damit die DB-Manager Lügen, die immer wieder die angebliche Unwirtschaftlichkeit beschworen hatten. Für die nächsten Jahre denken die ÖBB sogar intensiv über eine Ausweitung ihres Streckennetzes nach.

Zusätzlich zu den »NightJets« fährt die DB nun selbst immer mehr ICE- und InterCity-Züge über Nacht, weil es eben durchaus eine große Nachfrage nach nächtlichen Verbindungen gibt. Diese Verbindungen sind allerdings mit Nachtzügen nicht zu vergleichen, weil sie nur das Reisen im Sitzen ermöglichen und die Reisenden nicht wie bei echten Nachtzügen bequem und ausgeschlafen am Zielort ankommen. Die Behauptungen der DB und einiger Parlamentarier, die den fatalen Kurs der DB beim Nachtzug-Aus stützen, wonach die nachts verkehrenden Fernverkehrszüge einen überzeugenden Ersatz für Nachtzüge darstellen würden, sind pure Schönfärberei.[6] Stattdessen würde es Sinn ergeben, die Nachfrage nach nächtlichem Reisen im Sitzen – oft über Teilstrecken – mit der Nachfrage nach Schlaf- und Liegewagen in einem Zug zu verbinden.

---

6   So führte Kirsten Lühmann (SPD-MdB) in der Bundestagsdebatte zum Nachtzug-Aus am 22. Juni 2017 fälschlicherweise aus: »Sie können diesen Zug [den Nacht-ICE] nachts nehmen, und er hat Liegesitze, die deutlich komfortabler sind als das, was man früher in den Nachtzügen als Liegesitz verkauft hat.« Deutscher Bundestag, 18. Wahlperiode, Protokoll der 240. Sitzung vom 22. Juni 2017, S. 4.

Notwendige Maßnahmen für eine Verkehrswende

Echte Nachtzüge mit Schlaf- und Liegewagen haben heute mehr denn je eine Zukunft, denn kein anderes Verkehrsmittel ermöglicht ein solch energiesparendes, klimaschonendes und gleichzeitig komfortables Reisen auf weiten Strecken. Und mit keinem anderen Verkehrsmittel kann man zur Frühstückszeit in einer Stadt ankommen, ohne dafür extrem früh aufstehen zu müssen; hier hat der Nachtzug auch gegenüber dem Flugzeug die Nase vorn. Dabei gibt es eine Reihe von neuen Chancen:

Im Kontext der stärker werdenden Klimadiskussion wird immer deutlicher, dass wir uns den Umfang des Flugverkehrs, der sich besonders in den letzten beiden Jahrzehnten entwickelt hat, nicht mehr leisten können. Innerhalb Europas sind die meisten viel befahrenen Strecken im Nachtsprung mit dem Zug erreichbar. Und wenn die »Flugscham« (»Flygskam«) sich von Schweden aus auch auf die anderen europäischen Länder verbreitet, wird die ohnehin starke Nachfrage nach Nachtzugverbindungen weiter zunehmen. In Schweden werden die Nachtzugverbindungen zwischen Norden und Süden des Landes schon jetzt aus diesem Grund ausgebaut, und die schwedische Regierung will auch Nachtzüge von Schweden in die anderen europäischen Länder und umgekehrt finanzieren; so wird beispielsweise der Nachtzug zwischen Berlin und Malmö von 2020 an wieder häufiger fahren. Auch komfortablere Züge mit neuen Raumkonzepten, wie sie die DB AG in den letzten Jahren des Nachtzug-Betriebs entwickelt hat und wie die ÖBB sie jetzt weiterentwickeln, würden das Bahnreisen über Nacht noch attraktiver machen.

Damit die Bahn wieder eine wirkliche Alternative zum Flugverkehr auf den meisten innereuropäischen Strecken werden kann, brauchen wir ein europaweites Netz von Nachtzügen und damit verknüpften grenzüberschreitenden Zügen am Tag. Momentan weist das Netz leider riesige Lücken auf, so dass viele Städte und Regionen nur schwer mit der Bahn erreichbar sind und aufgrund des Fehlens der Nachtzüge Unterwegs Übernachtungen notwendig werden. Das

Bündnis *Bahn für Alle* hat gemeinsam mit Bahnexperten schon 2016 ein Konzept für ein neues, europaweit vernetztes und vertaktetes Nachtzugnetz erstellt, den »LunaLiner«. Dieses Konzept zielt darauf ab, möglichst viele Direktverbindungen quer durch Europa anbieten zu können. Zu diesem Zweck treffen sich die Züge – wie bei einem integralen Taktfahrplan (vgl. das folgende Kapitel 8) – zu festgelegten Zeiten an bestimmten Orten, so dass sie während der Nacht Wagen untereinander austauschen können.[7]

Leider gibt es bislang weder in Deutschland noch auf EU-Ebene wirklich ernsthafte Bemühungen für die Umsetzung eines solchen Konzepts, das endlich die aus Klimaschutzgründen dringend erforderliche Verlagerung von innereuropäischem Verkehr aus der Luft auf die Schiene ermöglichen würde. Und auch die DB AG kommentierte nur schmallippig, es sei »nicht realisierbar«.

Während Nachtzüge auf den traditionellen Entfernungen bis 1000 Kilometer weiterhin sinnvoll sind, entstehen in Verbindung mit dem zunehmenden Ausbau von Hochgeschwindigkeitsstrecken weitere ganz neue Möglichkeiten. Die existierenden Nachtzüge sind überwiegend bis 200 km/h zugelassen, und auch noch höhere Geschwindigkeiten wären realisierbar. Damit würden Verbindungen wie Frankfurt (Main) – Barcelona[8] oder Berlin – Mailand in den Bereich des Möglichen rücken, und es könnten ganz neue Märkte für die Nachtzüge erschlossen werden.

Um den Nachtzugverkehr wieder ausweiten zu können, muss zuerst einmal der Verkehrsmarkt ganz grundlegend verändert werden – weg von der Förderung des klimaschädlichen Flugverkehrs auf Kosten der Bahn (vgl. Kapitel 1). Notwendig ist aber vor allem eine grundlegende Veränderung der EU-Politik: Nur darauf zu warten, dass »der Markt« neue Nachtzugverbindungen schafft, wie es bisher die Politik der EU ist, reicht offensichtlich nicht aus – zumal

---

7 Stoppt das Nachtzug-AUS!, Lunapark21, Extra 12/13, Sommer 2016.

8 Für einen solchen Zug gibt es bereits eine konkrete Initiative: http://luna-train.eu/

unter den unfairen Bedingungen zwischen den Verkehrsträgern. Stattdessen bedarf es einer europäischen Zusammenarbeit und eines gemeinsamen Konzepts – mit abgestimmten Fahrplänen und durchgehenden Tarifen, die sowohl das Buchen als auch das Reisen so einfach und so angenehm wie möglich machen. Die »United Railways of Europe« wären doch eine schöne Zukunftsvision für ein geeintes Europa.

Joachim Holstein
»Über Nacht einen ganzen Urlaubstag gewinnen«

Nischenprodukt – das waren Nachtzüge für die DB-Führung, die ständig darauf hinwies, dass nur 1 % aller Fernverkehrskunden damit fahren würde. Abgesehen davon, dass man dabei über eine Million Reisende in den Sitzwagen der Nachtzüge unterschlagen hatte und der Umsatzanteil bei etwa 4 % gelegen haben dürfte: Der favorisierte ICE ist bei dieser Sichtweise mit 2,0 % Kundenanteil selbst ein »Nischenprodukt« – und produziert dabei mehr Verlust, als die DB je in ihre Nachtzüge hineinfantasiert hat. Es geht aber auch anders: Die Österreichischen Bundesbahnen (ÖBB) machen mit Nachtzügen 17 % ihres Fernverkehrsumsatzes und fahren Gewinn ein.

Alternativlos – die DB befragte 2014 ihre Nachtzugkunden, was sie machen würden, wenn es den Nachtzug nicht gäbe. Antwort: 75 % würden auf Flugzeug oder Auto umsteigen oder ganz auf die Reise verzichten. Nur 25 % würden den ICE nehmen. Die DB stufte daraufhin nicht etwa ihre Nachtzüge als systemrelevant ein, sondern verunglimpfte ihre treuesten und überzeugtesten Kunden als »Eisenbahn-Nostalgiker und Flugphobiker« und nahm zahlungsbereite Kunden (z. B. Geschäftsreisende, Politiker, Wissenschaftler) gar nicht erst in ihre Zielgruppenanalyse auf.

Caledonian Sleeper – ein Aushängeschild der britischen Bahn, der London und Schottland über Nacht verbindet. Mit seinem Erfolg zeigen er und andere Nachtzüge, wie es geht: Kundenorientierung, Service, Qualität. Offenbar Fremdworte für die DB.

Hotel oder Hostel auf Rädern – ein moderner Nachtzug bietet viele Komfortstufen: vom Schlafwagen mit eigener Dusche und WC über die Liege im Sechserabteil bis zum Sitzplatz. Plus Restaurant.

Tempo 200 – damit kommt man nachts von Dänemark bis in die Schweiz oder von Belgien bis nach Spanien. Reiseweiten bis 2.000 km sind mit Nachtzügen machbar. Zugleich kann man auf kürzeren Strecken Nachtzüge passgenau einsetzen, etwa: Berlin ab 23:30 Uhr, München an 6:30 Uhr. Das ergänzt den ICE und ersetzt den Flieger. Man muss es aber wollen. Die DB wollte es nicht.

Zukunft – lässt sich schwer vorhersagen. Die DB machte es sich einfach: Sie nahm einen zurückliegenden Zeitraum mit fallenden Öl- und Flugpreisen und erklärte, dass es daher für die Nachtzüge keine Zukunft gebe. Inzwischen steigen die Ölpreise, wächst die Bereitschaft zur Kerosinbesteuerung und zum bewussten Umstieg von Flugzeug auf Bahn (»Flugscham«) … alles Dinge, die die Marktchancen der Nachtzüge verbessern. Aber wie heißt es so treffend: Wer etwas will, findet Lösungen – wer nicht will, findet Gründe.

Überflüssig – wären Kurz- und Mittelstreckenflüge, wenn es ein Nachtzugnetz gäbe, das diejenigen Entfernungen überbrückt, die für Tageszüge zu lang sind (weil man es nicht in den Folterstühlen des ICE 4 aushält oder keinen Arbeitstag opfern kann): zum Beispiel von Köln nach Kopenhagen und Mailand, von Berlin nach Paris und Bologna, von Frankfurt nach Barcelona und Rom, von Paris nach Madrid und Wien. In Kombination mit Vor- und Nachlauf in Tageszügen könnte ein solches Netz weite Teile Europas erschließen.

Gewinn – kann man mit Nachtzügen machen, wie die ÖBB zeigen. Muss man aber eigentlich gar nicht, wenn man im Artikel 87e Grundgesetz nachschaut und Nachtzüge als Teil der Daseinsvorsorge einstuft: denn für die Mobilität der Menschen und für das Klima sind sie auf jeden Fall ein Gewinn.

Europa – ist für die DB nach eigener Aussage sehr wichtig. Sie kann sich gar nicht genug selbst loben (www.bahn-fuer-europa.de): Rund 150 europäische Städte seien mit der Bahn von Deutschland aus direkt erreichbar, genannt werden Kopenhagen, Warschau und Paris. Kopenhagen? DB-Nachtzug im November 2014 eingestellt. Warschau: DB-Nachtzug im November 2016 eingestellt. Paris: DB-Nachtzug im Dezember 2014 eingestellt. Frage: Was haben Stockholm, Oslo, Frederikshavn, Oostende, Port Bou, Narbonne, Nizza, Genua, Rimini, Neapel, Reggio di Calabria, Brig, Klagenfurt, Split, Athen, Istanbul, Bukarest, Maribor, Moskau, Kiew und St. Petersburg gemeinsam? Genau: Sie waren von Köln, Hamburg, Frankfurt, Stuttgart, München oder Berlin aus ohne Umsteigen erreichbar – per Nachtzug. Warum gibt es diese Freiheit nicht mehr? Warum gibt es keine All-days-for-future-night-trains? »Back on Track« und viele andere Organisationen setzen sich für ein neues europäisches Nachtzugnetz ein: https://back-on-track.eu.

Europa umweltfreundlich verbinden: im Nachtzug.

Joachim Holstein, ehemaliger Nachtzugbegleiter und Betriebsrat, ist Mitbegründer des Netzwerks »Back on Track«

Kapitel 8

Wie versprochen, so gebrochen: »Mehr Fernverkehr mit Integralem Taktfahrplan«

> Für eine auskömmliche Finanzierung der Infrastruktur bis 2030 ist ein fast dreistelliger Milliardenbetrag nötig. [...] Die DB kann solch massive Investitionen niemals alleine erwirtschaften. Die Verkehrsverlagerung hängt entscheidend vom Bund ab. [...] Selbst wenn man den Finanzierungsstau bewältigen sollte – was ich bezweifle – muss der Personalmangel noch bewältigt werden. Wegen der personalpolitischen Fehler der vergangenen 20 Jahre fehlen in den nächsten Jahren weit über 100.000 Mitarbeiter. Das wird eine Mammutaufgabe. Eisenbahner sind hochspezialisierte Fachkräfte, die nicht auf den Bäumen wachsen.
>
> *Mario Reiß, DB-Konzern-Aufsichtsratsmitglied,*
> *in: GDL-Magazin VORAUS, Juli/August 2019*

In den Koalitionsvertrag der Bundesregierung vom Januar 2018 wurde ein erstaunlicher Satz hineingepfriemelt, der zunächst kaum bemerkt wurde. Er machte dann 2019 im Zusammenhang mit dem Projekt »Deutschlandtakt« gewissermaßen Karriere. Der Satz lautet: »Mit einem Schienenpakt von Politik und Wirtschaft wollen wir bis 2030 doppelt so viele Bahnkundinnen und Bahnkunden gewinnen.« In einem guten Jahrzehnt eine Verdopplung der Fahrgastzahlen im *Fern*verkehr – und das war wohl gemeint[1] – das ist ein enorm sport-

---

1 Die fehlende Spezifizierung deutet bereits darauf hin, dass die in der Koalition Verantwortlichen diese Aussage nicht allzu ernst nehmen. Eine Verdopplung der »Bahnkundinnen und Bahnkunden« hieße, die aktuelle Fahrgastzahl von 2,5 Milliarden im Jahr auf rund 5 Milliarden im Jahr zu

liches Ziel. Als nur ein Dreivierteljahr später das Projekt Integraler Taktfahrplan bzw. »Deutschlandtakt« von der Bundesregierung und der Deutschen Bahn AG vorgestellt wurde, da konnte man dies als Konkretisierung dieser Zielsetzung verstehen. Und so wurde dies auch präsentiert – mit dem Tenor: Wir meinen es ernst! Oder in den Worten des Bundesverkehrsministers Andreas Scheuer: »Wir wollen den WOW-Effekt beim Bahnfahren!«[2]

Das Publikum wurde in der ARD-Tagesschau wie folgt aufgeklärt: »Das Zauberwort heißt: ›Deutschlandtakt‹. An großen Bahnhöfen sollen Züge im Fernverkehr jede Stunde oder sogar jede halbe Stunde ankommen – verlässlich zu jeder Zeit. Und alle wichtigen Anschlusszüge sollen dann auch dort sein, damit das Umsteigen perfekt klappt – auch zwischen Regional- und Fernverkehr. […] 2030, in zwölf Jahren also, soll der Deutschlandtakt Realität sein. Züge sollen öfters fahren, Reisende beim Umsteigen weniger warten müssen und deshalb auch schneller ans Ziel kommen. Von Stuttgart nach Hamburg soll es zum Beispiel nur noch viereinhalb Stunden dauern, aktuell sind es mehr als fünf. Von Hamburg nach Murnau kurz vor Garmisch-Partenkirchen sollen Fahrgäste nur noch 6 Stunden und 11 Minuten unterwegs sein, statt aktuell 7 Stunden und 50 Minuten.«[3]

In den Medien wurden die Ziele dieser konkreten, optimierten Städteverbindungen landesweit zitiert. Richtig ist, dass heute die schnellste Verbindung von Stuttgart nach Hamburg eine Reisezeit von fünf Stunden und 29 Minuten aufweist. Allerdings benötigte man 1991 auf derselben Strecke nur 4 Stunden und 58 Minuten.[4] Nicht

---

erhöhen, was absurd ist, da es für eine solche Fahrgastzahl nie die Kapazitäten geben kann. ist. Bei den Debatten 2018/19 zu dem Thema wurde klar, dass die Erhöhung der Zahlen vom Fernverkehr von 148 Millionen 2018 auf knapp 300 Millionen Fahrgäste im Jahr 2030 gemeint ist.

2   Presseerklärung des Bundesministeriums für Verkehr und digitale Infrastruktur vom 5. Juni 2018.

3   ARD-Tagesschau vom 9. Oktober 2018.

4   1996 waren es 5 Std. und 4 Min., 2001 5 Std. und 6 Min. Entgegen all den Hochglanzbroschüren und Sonntagsreden wurde die Bahn eben hier (und auf gut einem Dutzend anderer Fernverkehrsverbindungen) langsamer.

viel anderes verhält es sich bei der Verbindung Hamburg – Murnau. In den 1990er Jahren, konkret 1994 bis 1997, benötigte man für diese Bahnverbindung nur 6 Stunden und 45 Minuten. Zu fragen ist: Warum wurde die Bahn im Fall Stuttgart – Hamburg in den vergangenen 25 Jahren mehr als eine halbe Stunde langsamer? Warum verlangsamte sich die Verbindung Hamburg – Murnau sogar um gut eine Stunde? Und vor allem: Warum wird uns die erwartete Fahrtzeit im Jahr 2030 als das Ergebnis eines klugen Deutschlandtaktes verkauft, wenn doch ein erheblicher Teil der schnelleren Verbindungen vor allem darin besteht, die Fahrtzeitverlängerungen wieder rückgängig zu machen?

Allein diese Beispiele werfen ein eher ungünstiges Licht auf diejenigen, die die neuen Deutschlandtakt-Fahrpläne entwickelten, oder zumindest auf diejenigen, die versuchen, sie der Öffentlichkeit zu verkaufen.[5] Des Weiteren ist zu fragen: Warum erwähnt die DB ausgerechnet Stuttgart als Ausgangspunkt für eine mit dem Deutschlandtakt zu verbessernde Städteverbindung? Wo doch mit Stuttgart 21 die Anzahl der Gleise in Stuttgart halbiert werden soll und damit ein Deutschlandtakt gerade in Stuttgart nicht funktionieren wird (siehe den Beitrag von Wolfgang Hesse nach diesem Kapitel)?

Doch zurück zum Deutschlandtakt als solchem. Das Modell Integraler Taktfahrplan wurde seit der ersten Präsentation konkretisiert.[6] Es wird in der Öffentlichkeit und von den Verkehrspolitikern in vielen Reden und Beiträgen als etwas Revolutionäres, in dieser Form noch nie Dagewesenes ausgegeben. Der Staatssekretär im Bundesverkehrsministerium, Enak Ferlemann, äußerte, früher habe es »eine gegebene Infrastruktur gegeben«, auf die man dann »einen Fahrplan gelegt« habe. »Dann haben sich irgendwelche Politiker eine Strecke gewünscht. Und die ist dann gebaut worden. Ob immer sinnhaft oder nicht, das ist dann eine andere Geschichte.«[7] Im Grunde,

5   Die vorausgegangenen Fahrtzeiten wurden von Andreas Kleber, Schorndorf, ermittelt. Die Autoren danken.

6   Siehe: Bundesministerium für Verkehr und digitale Infrastruktur (BMVI): Erste Ergebnisse des Zukunftsbündnisses Schiene, 2019, unter: www.bmvi.de.

7   Zitiert bei: Marcel Heberlein, ARD-Tagesschau vom 9. Oktober 2018.

so der sich aufdrängende Eindruck, konnte man froh sein, dass die Bundesregierung wenigstens zu diesem Zeitpunkt den Unsinn erkannt hat, der gewissermaßen 184 Jahre lang – seit Eröffnung der ersten deutschen Eisenbahnstrecke von Nürnberg nach Fürth – im Eisenbahn-Streckenbau vorherrschte. Im »Spiegel« hieß es, es gehe um ein »grundlegend neues System«.[8] Andreas Scheuer erklärte, man verwirkliche das »größte Vorhaben seit der Bahnreform«.[9]

Tatsächlich ist diese Zielsetzung aber alles andere als neu. Sie wurde schon vor 25 Jahren mit der Bahnreform propagiert. Im Geschäftsbericht der »Deutschen Bahnen 1992«, publiziert im Frühjahr 1993, war zu lesen: »Mit der Einführung eines Integralen Taktfahrplans wollen Bundesbahn und Reichsbahn den öffentlichen Personennahverkehr gerade in der Fläche noch attraktiver machen. Durch enge Kooperation aller Produkte des Schienenpersonenfernverkehrs und des Schienenpersonennahverkehrs einschließlich des Busses soll ein abgestimmtes System entstehen, das dem Kunden einen attraktiven Taktverkehr täglich von frühmorgens bis abends mit optimalen Anschlüssen und vielen Direktverbindungen bietet.«[10] Ein Jahr später, 1994, unterstrich Heinz Dürr, nunmehr Chef der neu gegründeten Deutschen Bahn AG, erneut das Ziel Integraler Taktfahrplan (ITF): »Kernstück unserer Angebote […] wird der Integrale Taktfahrplan sein.« Er definierte auch »die Idee, die dem Integralen Taktfahrplan zugrunde liegt«, einigermaßen präzise und wie folgt: »Alle von der Deutschen Bahn AG bedienten Orte einer Region

- über den ganzen Tag und während der ganzen Woche
- in festen, leicht merkbaren Taktintervallen
- mit optimierten Anschlüssen in den Knotenbahnhöfen

miteinander zu verbinden.«[11]

---

8   Deutschlandtakt soll erst ab 2021 starten, Spiegel online vom 8. Mai 2019.

9   Handelsblatt vom 9. Oktober 2018.

10   Geschäftsbericht 1992 (»Deutsche Bahnen«), a. a. O., S. 28.

11   Statement Heinz Dürr vom 26. Mai 1994 – Bilanzpressekonferenz.

Mit diesem Plan hatte man Fahrgäste und Beschäftigte bereits vor einem Vierteljahrhundert gelockt. Dann wurde 25 Jahre lang eine andere, den Integralen Taktfahrplan oft behindernde Infrastrukturpolitik gemacht, indem die Neubaustrecken in der Regel auf Höchstgeschwindigkeiten von bis zu 300 km/h ausgelegt wurden, ohne dabei auch nur im Entferntesten darauf zu achten, ob sich ein Integraler Taktfahrplan damit vereinbaren ließ. Der Fahrplanexperte Wolfgang Hesse hat darauf wiederholt verwiesen und dies auch in die aktuellen Debatten um den Deutschlandtakt eingebracht.[12] Und jetzt wird das Projekt ITF wieder »entdeckt«. Die Folge einer solchen Zickzack-Politik ist, dass die Menschen müde werden und die Verkehrspolitik immer unglaubwürdiger wird.

Wobei Vergleichbares auch für die wohlfeilen Ankündigungen der letzten Jahre gilt. Am 18. März 2015 präsentierte die Deutsche Bahn AG ein »völlig neues Konzept für den Fernverkehr«. Untersetzt mit einem Animationsfilm und einer Infografik verkündete DB-Vorstand Ulrich Homburg »eine nie dagewesene Ausweitung des Fernverkehrsangebots«, die »größte Kundenoffensive in der Geschichte des DB Fernverkehrs.« Ab sofort werde man »stärker als bisher gegen die Konkurrenz von Auto, Bus und Flugzeug punkten«.[13] Die dreiseitige Presseerklärung der DB zu dieser »Kundenoffensive« war gespickt mit Details zu »deutlichen Reisezeitverkürzungen« und »Anbindung von nahezu allen deutschen Großstädten« in den Fernverkehr. Es gäbe dann »190 neue Direktverbindungen«. Zugesagt wurde, dass die »kostenlose Sitzplatzreservierung künftig in allen Fernverkehrstickets enthalten« sei. Auch damals griffen die Medien die Charmeoffensive dankbar auf. Die Präsentation erfolgte sinnvollerweise einen Tag *vor* der Bilanzpressekonferenz – womit die negativen Aspekte im real exis-

---

12   Wolfgang Hesse: Deutschland-Takt und BMVI-Zielfahrpläne. Chancen, Defizite und Lösungsvorschläge, Eisenbahn-Revue International, Heft 7/2019, Luzern 2019.

13   Zitate aus der Presseinformation von DB Mobility Networks Logistics vom 18. März 2015.

tierenden Schienenverkehr, die eigentlich zu debattieren gewesen wären, wie die nicht befriedigende Pünktlichkeit und die Krise bei DB Cargo, überdeckt werden konnten.

Auch diese »Kundenoffensive«, die vor mehr als vier Jahren gestartet wurde, ist heute weitgehend in Vergessenheit geraten. Der Vertrag des DB-Fernverkehrsvorstands Ulrich Homburg wurde nur wenige Wochen nach der famosen Präsentation dieses Projektes unrühmlich vorzeitig beendet. Der Mann erhielt eine Millionenabfindung. Vier Jahre später wurde publik, dass dieser Goldene Handschlag dann noch ergänzt wurde um »mehrere Beraterverträge«.[14] Die Reservierung in den Fernverkehrszügen kostet in der 2. Klasse weiterhin 4,50 Euro. Die reale Entwicklung im Fernverkehr blieb um einiges hinter den genannten Zielen zurück. Vor allem ist in keiner Weise erkennbar, dass eine langfristig ausgelegte und ausreichend mit Finanzen und Personal untersetzte Politik betrieben werden wird. Und ähnlich, wie es in den Zeiten der bürokratischen Planwirtschaftsgesellschaften der Fall war, hat man schlicht die alten Ziele, die nicht erreicht wurden, ersetzt durch neue Ziele, die noch unrealistischer erscheinen. 2015 hieß es, »50 Prozent mehr Fahrgäste im Fernverkehr bis 2030« seien das Ziel. Nun lautet die Vorgabe »100 Prozent mehr Fahrgäste im Fernverkehr bis 2030«.

Die Grunddaten für den Personenverkehr der Deutschen Bahn, die wir in der folgenden Tabelle für den Zeitraum 1994 bis 2018 zusammengestellt haben, stehen in erheblichem Widerspruch zu den zitierten älteren und aktuellen Zielsetzungen.

---

14 Homburg soll »nach ersten Prüfungen der Innenrevision von 2015 bis Ende 2018 über 370.000 Euro für Beratungen der DB-Tochter Regio bekommen haben. Zudem soll Homburg die Bahn als Headhunter bei der Suche nach einem oder mehreren Topmanagern beraten haben. Dafür habe er nach Informationen der Zeitung 2017 mindestens 150.000 Euro erhalten.«, zitiert aus: Deutsche Bahn erschwert Beraterverträge, Die Zeit vom 10. Juni 2019, unter www.zeit.de

	1994	1998	2000	2014	2018	Niveau '18 ggü. '00
Reisende Fernverkehr (in Mio.)	139	149	145	129	148	102 %
Reisende Nahverkehr (in Mio.)	1.171	1450	1568	1898	1940	124 %
Personenkilometer Fernverkehr (in Mio.)	29.847	34.275	36.226	36.102	42.872	118 %
Personenkilometer Nahverkehr (in Mio.)	30.272	31.324	38.162	43.573	41.878	110 %
Personenkilometer DB gesamt (in Mio. Pkm)	60.119	65.599	74.387	79.675	84.705	114 %
Sitzplätze; DB gesamt (in Tsd.)	1.147	1.360	1.463	1.255	1.226	83,4 %
Sitzplätze DB Nahverkehr (in Tsd.)	...	1.084	1.182	1.052	997	94,8 %
Sitzplätze DB Fernverkehr (in Tsd.)	...	258	281	203	229	81,5 %
Züge je Stichtag Nahverkehr	32.055	31.000	28.995	23.446	22.558	77,8 %
Züge je Stichtag Fernverkehr	1119	~1000	1557	1290	1.476	94,8 %

Tab. 4: Grunddaten Personenverkehr Verkehr der DB 1994-2018. Alle Angaben nach Deutsche Bahn AG, Daten und Fakten (bis einschließlich Ausgabe 2018).

Die Fakten lassen sich in drei Punkten zusammenfassen:

Gestiegen sind bei der DB – *erstens* – nur die Fahrgastzahlen im Nahverkehr. Wie erwähnt gilt das für den Nahverkehr der DB. Vergleichbares trifft auf den Nahverkehr, den andere Eisenbahnverkehrsunternehmen leisten, zu. Im Fernverkehr – und das ist aufgrund der Monopolstellung der DB dann quasi der innerdeutsche Fernverkehr insgesamt – wurde 2018 wieder das Niveau von 2010 beziehungsweise von1998 erreicht.

Was – *zweitens* – deutlich zunahm, sind die Verkehrsleistungen. Das heißt, die jeweiligen Entfernungen je Fahrt wuchsen (weswegen

die sogenannte mittlere Reiseweite im Fernverkehr eine deutlich
größere ist). Das muss unter volkswirtschaftlichen und umweltpoli-
tischen Gesichtspunkten und unter Umwelt- und Klimaaspekten
durchaus kritisch gesehen werden. Unterstellt man, dass eine Bahnfahrt der Befriedigung eines spezifischen Bedürfnisses dient (sei es
eine Fahrt zum Arbeitsplatz oder eine im Freizeitverkehr), dann si-
gnalisiert die deutlich vergrößerte Distanz je Fahrt, dass nicht mehr
Mobilitätsbedürfnisse befriedigt wurden, sondern bei gleicher Zahl
der Fahrten »Entfernung produziert« wurde (z. B. durch Billigange-
bote im Fall von Freizeitfahrten oder durch Gentrifizierung und damit verbundenen weiteren Berufswegen).

Den deutlich größeren Fahrleistungen steht – *drittens* – ein deutlicher Abbau beim Angebot gegenüber. Die Zahl der Fernverkehrszüge je Tag lag 2018 um mehr als 5 Prozent niedriger als im Jahr
2000. Die Zahl der Sitzplätze in den Fernverkehrszügen war 2018
sogar um fast ein Fünftel geringer als im Jahr 2000.

Was aber heißt das, deutlich mehr Fahrleistung bei deutlich weniger zur Verfügung gestellten Kapazitäten? Man produziert vollere
Züge und folglich Stress. Man praktiziert Kundenfeindlichkeit. Man
verstärkt das Negativimage der Schiene.

Am 8. Dezember 2016 richtete der Chef der Staatskanzlei des Landes Rheinland-Pfalz einen Brief an »die Präsidentin des Bundesrates
Frau Ministerpräsidentin Malu Dreyer«, in dem es heißt: Sehr ge-
ehrte Frau Präsidentin, die Landesregierungen von Rheinland-Pfalz,
Brandenburg, Bremen, Saarland und Thüringen haben beschlossen,
dem Bundesrat den als Anlage beigefügten Entwurf eines Gesetzes
zur Gestaltung des Schienenpersonenfernverkehrs (Schienenperso-
nenfernverkehrsgesetz – SPFVG) zuzuleiten. Wir bitten Sie, die Vorlage […] in die Tagesordnung der 952. Sitzung des Bundesrates am
16. Dezember 2016 aufzunehmen und anschließend den zuständigen
Ausschüssen zur Beratung zuzuweisen.«[15]

---

15   Schreiben von Clemens Hoch, Chef der Staatskanzlei des Landes Rheinland-
      Pfalz vom 8. Dezember 2016.

In dem Entwurf für ein solches Schienenpersonenfernverkehrs-
gesetz wurde gefordert, dass der Bund einen Schienenpersonenfern-
verkehrsplan (SPFV-Plan) aufstellen solle und in diesem »mindestens die pflichtig durch Züge des Fernverkehrs anzubindenden Orte,
die Verknüpfungspunkte, die zu befahrenden Linien, die Taktfolge
und die tägliche Bedienungszeit auf den einzelnen Linien« darzustel-
len seien. Weiter: Dass »das Prinzip des Integralen Taktfahrplans zu
beachten« sei, dass dabei »die unter dem Titel Deutschlandtakt dis-
kutierten Ziele und Inhalte [...] ihren Niederschlag finden« könnten.
Begründet wurde die Notwendigkeit eines solchen Schienenperso-
nenfernverkehrsgesetzes damit, dass es »seit 1996 einen kontinuier-
lichen Abbau den Fernverkehrsangebots in Deutschland« gegeben
habe und unter anderem »rund 220 Städte mit insgesamt gut 5,5 Millionen Einwohnern ihren Fernverkehrsanschluss verloren« haben.
Unter »Alternativen« steht da: »Keine, da Artikel 87e Grundgesetz
ein solches Gesetz *vorschreibt.*«

Genau so ist es. Auch wenn die Bundesregierung das Gegenteil behauptet. Diese schrieb in einer Antwort auf eine Große Anfrage der Bundestagsfraktion DIE LINKE: »Eines Gesetzes zur Gewährleistung des SPFV bedarf es nicht. [...] Die Gewährleistung
bestimmter Verkehrsangebote im Fernverkehr käme einer starren
Festlegung vorhandener Rahmenbedingungen gleich und würde
verhindern, dass sich der Schienenpersonenfernverkehr parallel zu
den tatsächlichen Bedürfnissen der Bevölkerung entwickelt.« Damit sagt die Bundesregierung, die Stagnation des Fernverkehrs seit
zwanzig Jahren habe »den tatsächlichen Bedürfnissen der Bevölkerung« entsprochen.[16] Gleichzeitig will die Bundesregierung jedoch
die Zahl der Fahrgäste im Fernverkehr verdoppeln. Eine wirklich
verquere Logik.

Vor allem widerspricht die Bundesregierung damit kaum verhüllt
den Zielsetzungen der Verfassung. Im Grundgesetz Artikel 87e, wird

16   Antwort der Bundesregierung auf die Große Anfrage der Fraktion DIE LIN-
KE, Bundestags-Drucksache 18/3266, S. 29.

festgehalten, dass der Bund im Schienenpersonenfernverkehr das »Wohl der Allgemeinheit« im Blick haben muss und dass er »insbesondere nach den Verkehrsbedürfnissen« für ein Grundangebot verantwortlich ist. Damit wird auf juristisch höchster Ebene festgelegt, dass es nicht der Markt und dass es nicht privatwirtschaftliche Interessen sind, die für die Bereitstellung eines solchen Angebots im Schienenpersonenfernverkehr verantwortlich sind. Der letzte Satz lautet dabei: »Das Nähere regelt ein Gesetz«. Seit mehr als einem Vierteljahrhundert gibt es dieses Gesetz nicht. Und die zitierte Initiative der vier Bundesländer blieb wie schon die früheren Anläufe für ein solches Gesetz im Bundesrat stecken. Sie wurde nicht weiter verfolgt. Sie gelangte nie in den Bundestag.

Wir bilanzieren: Im Rahmen der Bahnreform 1993/94 gab es eine Grundgesetzänderung, die explizit den Fernverkehr den Zielsetzungen von »Allgemeinwohl« und Realisierung der »Verkehrsbedürfnisse« unterwarf. In der Grundgesetzänderung wird ein Fernverkehrsgesetz zwingend verlangt. Man hat ein Vierteljahrhundert diese klaren Vorgaben ignoriert. Bei der Bahnreform wurde ein integraler Taktfahrplan versprochen. Das Versprechen wurde nicht eingehalten und faktisch »vergessen«. Im Bundesrat gab es 2016 einen Vorstoß für ein solches Fernverkehrsgesetz. Diesen ließ man versanden – wie im übrigen auch zwei frühere aus den Jahren 2001/2002.[17] Die Deutsche Bahn hat 2015 die »größte Offensive im Fernverkehr seit der Bahnreform« versprochen. Das Versprechen wurde kassiert.

2018/19 gibt es nun die neuen Versprechen zur Steigerung des Fernverkehrs auf der Schiene, nunmehr eng verbunden mit dem Projekt Deutschlandtakt.

---

17   Als der InterRegio eingestellt wurde, startete das Bundesland Baden-Württemberg eine vergleichbare Initiative im Bundesrat. Die PDS brachte 2002 einen Antrag im Bundestag ein, der wortgleich war mit dem Bundesrats-Antrag Baden-Württembergs. Letzterer wurde im Bundestag abgelehnt. Der Vorstoß Baden-Württembergs im Bundesrat gelangte nach unserer Kenntnis nie auf die Tagesordnung des Bundesrats.

Maßnahmen im Rahmen einer Verkehrswende

Nur massive, auf lange Frist betriebene Investitionen in mehr Züge und in mehr Zugverbindungen können den selbst gesetzten Zielen für eine Verdopplung der Fahrgastzahlen im Fernverkehr gerecht werden. Dabei gilt es, die fatale Entwicklung der letzten zwei Jahrzehnte zu berücksichtigen und nicht den Eindruck aufkommen zu lassen, man werde das Rad neu erfinden.

Das Projekt Deutschlandtakt ist ausdrücklich zu bejahen und zu unterstützen. Das Vorhaben steht im Übrigen in einem latenten Widerspruch zur Monstranz »Wettbewerb auf der Schiene«, die offiziell den Altar der Verkehrspolitik ziert. Diesen Widerspruch gibt es dann, wenn ein solcher Integraler Taktfahrplan optimal – also wie in der Schweiz und dann durch *einen* Betreiber – umgesetzt werden soll. Die privaten Bahnbetreiber ahnen diese »Falle« und bringen ihre Kritik bereits heute zum Ausdruck.[18] Wichtig ist hier vor allem: Das Vorhaben Integraler Taktfahrplan muss auch finanziert werden, was bislang nur zu einem Bruchteil der Fall ist. Das ITF-Projekt sollte auch auf gesetzlich gesunde Beine gestellt und damit endlich der Auftrag des Grundgesetzes, ein Gesetz zur Definition und inhaltlichen Ausgestaltung des Schienenpersonenfernverkehrs zu verabschieden, eingelöst wird. Schließlich darf der Deutschlandtakt nicht als eine neue Nebelbank eingesetzt werden, um hinter derselben angestaubte und kontraproduktive Großprojekte neu zu beleben. Leider gibt es gute Gründe für die Vermutung, dass maßgebliche Personen, die für die Bahnpolitik in der Regierung und im DB-Konzern verant-

---

18   »Der private Verkehrsanbieter Flixmobility kritisierte dagegen das Modell [Deutschlandtakt]. Es sei nicht entscheidend, ob eine Person nach einer ICE-Fahrt zum Beispiel nach München den Anschluss nach Rosenheim bekomme, sagte Geschäftsführer André Schwämmlein. Viel wichtiger sei es, die Hauptstrecken auszubauen. ›Wir haben ein riesiges Problem bei der Bahn-Infrastruktur und bei der Kapazität des Netzes. Es gibt zu viele Engpässe. Die Infrastruktur muss ausgebaut werden‹, sagte Schwämmlein. Nur über mehr Wettbewerb könne ein attraktives Angebot für die Passagiere geschaffen werden.« Quelle: Neues Fahrplanmodell soll Züge pünktlicher machen, Die Zeit vom 9. Oktober 2018, unter: www.zeit.de.

wortlich sind, genau dies unter dem Deckmantel »Deutschlandtakt« planen.[19]

Vor allem muss dann, wenn das Projekt Deutschlandtakt ernst genommen wird, erkannt werden: Das Projekt Stuttgart 21 steht in offenem Widerspruch zu einem Integralen Taktfahrplan. Wird das Projekt weiterverfolgt, dann kann es im gesamten Südwesten der Republik keinen Deutschlandtakt geben.[20]

Eine weitere »Kundenoffensive«, die sich als Seifenblase erweist, darf sich das Land nicht leisten. Dies könnte dazu führen, dass die Menschen jeden Glauben an eine verantwortungsvolle Verkehrs- und Klimapolitik verlieren und sich in Gänze von der Schiene als einem Verkehrsmittel der Zukunft abwenden.

---

19   Wolfgang Hesse: »So wird jetzt eine Schnellfahrstrecke Hannover – Bielefeld mit einer Zielfahrzeit von 30 Minuten propagiert. Eine so knappe Vorgabe würde für die 110 km lange, vielleicht auf 100 km verkürzbare Strecke bei Abzug der halben Knoten-Haltezeiten (2 für Hannover, 1 für Bielefeld) und 2 Minuten Pufferzeit eine tatsächliche Fahrzeit von 25 Minuten und damit eine Durchschnittsgeschwindigkeit von über 240 km/h bedeuten – ein bisher nur in Japan und Frankreich auf Langstrecken erreichter Spitzenwert.« Eine vergleichbare Problematik ergibt sich, wie auch hier von W. Hesse belegt, für die Strecke Nürnberg – Würzburg, bei der die Fahrtzeit von derzeit für einen ITF idealen 52 Minuten auf rund 30 Minuten reduziert werden soll. Siehe: Wolfgang Hesse, Deutschland-Takt und BMVI-Zielfahrpläne …, a. a. O., Eisenbahn-Revue International, Heft 7/2019.

20   Wolfgang Hesse: »Auf der Achse Mannheim – Ulm – München fällt der Fahrplan für Stuttgart auf, der mit den ITF-Prinzipien nichts mehr zu tun hat. Zug-Ankünfte und Abfahrten sind mehr oder weniger gleichmäßig über die Stunde verteilt, um der viel zu geringen Gleiskapazität (8 statt bisher 16 Gleise) gerecht zu werden. So bleibt nicht nur die Chance für einen dortigen Fahrplan-Knoten (zur Minute 00) ungenutzt (vgl. Hesse 2011), sondern auch die weiteren Knoten Ulm und Augsburg werden (mit sehr knapp ausgelegten Fahrzeiten) zu den Minuten 15/45 bedient, was nur bei durchgehenden Halbstunden-Takten auf allen beteiligten (auch den kreuzenden!) Linien zu einer halbwegs guten Umsteige-Qualität führen kann. Nur eine beherzte Einsicht in die Unzulänglichkeiten des Projekts »Stuttgart 21« und ein Umsteuern gemäß »Umstieg 21« [Umst 21] oder wenigstens eine »Kombi-Lösung« mit Betrieb beider Bahnhöfe (Kopf- und Tief-) könnten hier Abhilfe schaffen.« Siehe ausführlich: Wolfgang Hesse, Stuttgart: Nullknoten ist möglich – Betriebskonzepte und Integraler Taktfahrplan in der Diskussion, in: Eisenbahn-Revue International, Heft 3/2011, S. 150-152, Luzern 2011.

Wolfgang Hesse
**Deutschland-Takt – Leitbild für eine leuchtende
Bahn-Zukunft oder Alibi für neue Großprojekte?**

Im Oktober 2018 hat der Bundesverkehrsminister den
»*Deutschland-Takt*« (kurz: *D-Takt*) zur künftigen Leitlinie
für die Organisation des Bahnverkehrs erklärt. Diese Entscheidung ist zu begrüßen. Allerdings hatte man sich in der
Schweiz schon 1987 für das vorbildliche Taktsystem »Bahn
2000« entschieden, das auf dem Prinzip des »Integralen Taktfahrplans« (ITF) beruht: An allen wichtigen Bahnknoten treffen die Züge des Fern- und Nahverkehrs inklusive des örtlichen öffentlichen Verkehrs etwa gleichzeitig ein und fahren
nach einer (relativ) kurzen Umsteigezeit wieder in alle Richtungen weiter. So kann man optimale Reiseketten für die Fahrgäste
herstellen und zudem auch für den Güterverkehr verlässliche
Trassen vorhalten.

Der D-Takt ist mit erheblichen langfristigen Investitionen
verbunden: Knoten müssen ertüchtigt und die Takte »integriert« werden, d. h. Fahrzeiten sind so anzupassen, dass möglichst alle Umsteigebeziehungen berücksichtigt werden. Dies
ist unter den gegenwärtigen Bedingungen doppelt schwierig,
weil viele wichtige Ausbaumaßnahmen seit Jahrzehnten ver-
schleppt und bei der Infrastrukturplanung die ITF-Prinzipien
z. T. nur halbherzig befolgt, stellenweise sogar sträflich missachtet wurden.

Zwei Beispiele: (1) Bei der 2017 bzw. 2015 eröffneten
Schnellfahrstrecke Nürnberg – Erfurt – Halle/Leipzig (- Berlin)
ergeben sich für die jeweiligen Teilabschnitte Fahrzeiten, mit
denen kein optimaler ITF (mit Ankunftszeiten kurz vor der
vollen oder kurz vor der halben Stunde) zu machen ist. (2) Auf
der Achse Mannheim – Stuttgart – Ulm – München gibt es ähn-

lich ITF-unverträgliche Fahrzeiten. Dort verhindert der heillos unterdimensionierte, im Bau befindliche Tiefbahnhof jedwede ITF-gerechte Planung. Der (noch) bestehende, ideal ausgelegte Kopfbahnhof soll dagegen abgerissen werden – eine nicht nur ökonomisch widersinnige, sondern speziell für den D-Takt katastrophale Fehlplanung.

In den vom Bundesverkehrsministerium (BMVI) veröffentlichten »Zielfahrplänen 2030« finden sich viele lobenswerte Ideen wie z. B.:

- Stärkere Verzahnung von Fern- und Nahverkehr und optimierte Zeiten für den Wechsel der Züge an vielen Bahnknoten,
- Wiederbelebung des InterRegio-Verkehrs durch eine neue Zuggattung für den mittleren Fernverkehr,
- Einführung des Halbstunden-Takts auf weiteren Fernverkehrsstrecken.

Dabei ist zu bedenken, dass die Zielfahrpläne zunächst *Trassen*, aber nicht unbedingt später auch real verkehrende *Züge* festlegen. Bis der erfreuliche Anstieg der Fahrgastzahlen (z. B. durch Halbstundentakte) wirklich umgesetzt werden können, müssen wohl noch einige (Kosten-)Hürden überwunden werden.

Im Umgang mit den Bausünden der Vergangenheit lassen die für 2030 versprochenen Fahrpläne dagegen kaum kreative Ideen erkennen. So sollen für einen Fahrplan-Knoten Erfurt der Knoten Leipzig und (zum Teil) der Knoten Nürnberg geopfert werden, die ITF-gerechte Fahrzeit von knapp 2 Stunden zwischen diesen beiden wichtigen Knoten wird nicht genutzt. In Stuttgart scheitert der ITF-Knoten an den unzureichenden Kapazitäten des geplanten Tiefbahnhofs, was sich auf die unzureichend ausgelegten Knoten Ulm und Augsburg überträgt.

Auf der anderen Seite sind die Fahrzeiten auf mehreren geplanten Neu- oder Ausbaustrecken so knapp »auf Kante genäht«, dass für den integrierten Nahverkehr abträgliche Knotenverzerrungen, gravierende Störanfälligkeiten und Unpünktlichkeits-Herde geradezu vorprogrammiert sind. Das betrifft u. a. die Strecken Erfurt – Halle, Stuttgart – Ulm, Ulm – Augsburg sowie die jüngst propagierten Schnellstrecken Nürnberg – Würzburg und Hannover – Bielefeld.

So drängt sich der Eindruck auf, dass der wohlklingende Begriff »Deutschland-Takt« womöglich für ein Weiter-Wursteln wie bisher herhalten soll: Neue, z. T. überdimensionierte Hochgeschwindigkeitsprojekte werden wie früher vorrangig aus politischen Motiven (Politiker-Selbstdarstellung, Immobilienverwertung, Stützung der Beton-Lobby) geplant und dann als Beiträge zum D-Takt »verkauft«, während für die dringend notwendigen Ausbauten und Mehr-Angebote kein Geld mehr übrig ist.

Die Zielfahrpläne bedürfen jedenfalls einer grundlegenden Revision, um diesen naheliegenden Verdacht zu entkräften und dem Deutschland-Takt zu einem wirklichen nachhaltigen Erfolg zu verhelfen.

Prof. Dr. Wolfgang Hesse, bis 2008 Hochschullehrer für Informatik an der Universität Marburg, lebt in München, ist Spezialist für Fahrplanfragen und Mitglied der Initiative »Deutschland-Takt« sowie der Bahnexpertengruppe Bürgerbahn statt Börsenbahn (BsB).

Kapitel 9

Die Immobilien der Deutschen Bahn

Oder: Was die Bahnreform des Jahres 1994 mit der Mietenexplosion 2019 zu tun hat

> Es ist wichtig, Illusionen über […] die Pflichten der DB AG über Bord zu werfen. Oft gibt es immer noch die Vorstellung einiger Kommunen, dass die DB AG sich im Rahmen einer städtebaulichen Umfeldgestaltung […] engagieren müsse. Diese Vorstellung berücksichtigt in keiner Weise […] die rein unternehmerische Aufgabenstellung der DB AG, die rein unter Renditebetrachtungen zu agieren hat.
>
> *Vortrag Albrecht Sonnenschein, DB Services Immobilien GmbH,*
> *»Neue Nutzung für alte Bahnhöfe. DB-Fachtagung*
> *der Bahnhofsgebäude« am 20. Juni 2006*

Die Eisenbahn in Deutschland war es seit mehr als 150 Jahren und die Deutsche Bahn ist es auch heute noch: der größte Immobilienbesitzer im Land. Dabei hat die Deutsche Bahn AG seit 1994 Immobilien im Wert von mehreren Milliarden Euro verkauft und auf diese Weise Gewinne erzielt, was mit der Bahnreform nie beabsichtigt war. Zum Zeitpunkt der Bahnreform zählten zum Bahneigentum rund 160.000 Hektar Fläche. Schätzungen gehen davon aus, dass das Immobilienvermögen der Bahn zu diesem Zeitpunkt umgerechnet rund 200 Milliarden Euro wert war. Dabei handelt es sich überwiegend um Flächen, auf denen Bahnverkehr stattfindet, die also nicht oder in absehbarer Zeit nicht veräußerbar sind.[1] Allerdings gab es

---

1   Angaben zu den Bahn-Immobilien nach: Capital, 20/2006.

Mitte der 1990er Jahre bereits viele Areale, auf denen kein Bahnverkehr mehr stattfand bzw. auf denen er bald darauf eingestellt wurde – unter anderem in Folge der Aufgabe Dutzender innerstädtischer Güterbahnhöfe und des gesamten Postbahnverkehrs. Der beschriebene laufende Abbau von bisher 17 Prozent des Streckennetzes und von vielen Gleisanlagen, der fortgesetzte Verkauf von Bahnhöfen und der Verkauf von mehr als 100.000 Eisenbahnerwohnungen nährten bislang über zweieinhalb Jahrzehnte hinweg die Bodenspekulation in der Republik.

Die Bundestagsabgeordneten waren sich in den Debatten zur Bahnreform 1993 durchaus der Brisanz bewusst, die mit dem Immobilienschatz der Bahn verbunden ist. Daher sollte die neu zu gründende Deutsche Bahn AG nur dasjenige Bahngelände erhalten, das für den Bahnbetrieb notwendig war. Alles »nicht-bahnnotwendige Gelände« sollte dem Bund bzw. der neuen Tochter des Bundes, dem Bundeseisenbahn-Vermögen (BEV), übertragen werden. Beim BEV landeten auch die Altschulden von Bundesbahn und Reichsbahn; die DB AG startete Anfang 1994 ja schuldenfrei. Die nicht-bahnnotwendigen Immobilien sollten demnach beim BEV ein Gegengewicht zum Schuldenberg darstellen.[2] Doch es kam nicht zur Umsetzung dieses zentralen Bestandteils der Bahnreform-Gesetzgebung. Die neu gegründete DB AG als die gewissermaßen leistungsstärkere Einheit verfügte de facto von Anfang an über den allergrößten Teil des Bahngeländes. Nur die Eisenbahnerwohnungen waren von vornherein dem BEV zugeteilt worden. Darum soll es weiter unten noch gehen.

Ende 1996 einigten sich Bundesregierung und Deutsche Bahn AG auf einen politisch motivierten großen Grundstücksdeal. Sie nahmen dabei Bezug auf einen völlig unscheinbaren – aber zweifellos höchst gezielt in das Eisenbahnneuordnungs-Gesetz eingeschleusten – Passus.[3] Es wurde ein »Vergleich« geschlossen: Nunmehr behielt

---

2   So festgehalten in § 20 des Eisenbahn-Neuordnungsgesetzes.

3   Der Passus lautet: »Vergleiche sind zulässig; wird ein Vergleich geschlossen, ergeht ein dem Vergleich entsprechender Bescheid.« (§ 23, (6)).

die DB AG grundsätzlich *alles* Bahngelände, ob »bahnnotwendig«
oder »nicht bahnnotwendig«. Sie übereignete dem BEV als Ausgleich
ein Immobilienpaket im Wert von lächerlichen 13,6 Milliarden DM
(umgerechnet 6,8 Milliarden Euro). Das sollte dem – geschätzten
– Wert aller nicht bahnbetriebsnotwendigen Areale entsprechen.
Damit wurde die Grundentscheidung des Bundestags ins Gegenteil verkehrt; oder, wie dies der Bundesrechnungshof diplomatisch
formulierte: Das »gesetzliche Kriterium der Bahnnotwendigkeit ist
weitgehend in den Hintergrund getreten«.[4] Zwei Jahrzehnte nach
dem Grundstücksdeal wurde deutlich, dass selbst dann, wenn man
unterstellt, das 13,6 Milliarden DM-Paket hätte dem Wert aller nicht-
bahnnotwendigen Gelände bei der DB entsprochen, der Bund auch
hier über den Tisch gezogen wurde – oder sich über den Tisch hatte ziehen lassen. So waren laut Bundesregierung bis Ende 2017 von
dem Bahnimmobilien-Fonds, der beim BEV gelandet war, »94,3 Prozent der Unterkünfte und 99,3 Prozent der Flächen verkauft«.[5] Der
Bund konnte dabei jedoch nach eigenem Bekunden nur 2,5 Milliarden Euro erlösen.[6] Das waren also nur 37 Prozent des Werts, den das
erwähnte Immobilienpaket gehabt haben sollte. Die DB hatte dem
Bund respektive dem BEV schlicht Grundstücke von minderer Qualität übereignet.

Mit dem Deal von 1996 wurde der Charakter der DB grundlegend verändert. Der Bahnkonzern erhielt einen neuen strategischen
Geschäftszweig: Immobilienverkauf und Immobilienentwicklung. In

---

4   Zitiert nach: Hermann Abmayr, Bahnchef wird Immobilienhai, die tageszei-
     tung vom 24. Oktober 1996. Abmayr bilanzierte den Deal wie folgt: »Sieger
     im Bahnmonopoly ist Heinz Dürr. Bis auf Grundstücke und Immobilien im
     Verkehrswert von 13,6 Milliarden Mark ist jetzt alles Eigentum der Bahn
     AG. Auch viele nicht bahnnotwendige Liegenschaften, wie das milliarden-
     schwere Areal um den Stuttgarter Hauptbahnhof, das seit Jahren kaum mehr
     von der Bahn genutzt wird, kann Dürr behalten.«

5   Thomas Wüpper, Kritik an Ausverkauf der Bahn-Immobilien, Stuttgarter
     Zeitung vom 13. Februar 2018.

6   Antwort der Bundesregierung auf die Kleine Anfrage von Sabine Leidig und
     der Fraktion DIE LINKE im Bundestag, Bundestags-Drucksache 19/701.

ihrem 1999er Geschäftsbericht, vorgelegt im Frühjahr 2000, konsta-
tierte die Deutsche Bahn unter der Überschrift »Umfangreicher Immobilienbesitz« stolz: »Der DB AG wurden im Zuge der Neuordnung
des Grundbesitzes die ca. 50.000 betriebsnotwendigen Immobilien
auf rund 1,4 Milliarden Quadratmetern Grund und Boden übertragen.« Dabei wurde bereits in diesem Geschäftsbericht – es war im
Übrigen der erste mit Hartmut Mehdorn als Bahnchef – glasklar ausgeführt, was das in Zukunft zu bedeuten hatte: »Die Verwaltung des
umfangreichen Grundbesitzes sowie die Entwicklung und Vermark-
tung der freiwerdenden Immobilien stellen ein langfristig angelegtes
Kerngeschäft dar. [...] Für die Immobilien, die zukünftig nicht mehr
betriebsnotwendig sind, verfolgt die Deutsche Bahn eine einheitliche
Strategie. [...] Flächen und Gebäude ohne weiteres Wertschöpfungspotential werden veräußert. [...] Nicht betriebsnotwendige Flächen
mit absehbarem Wertschöpfungspotential werden – häufig mit Part-
nern – als Immobilienprojekte entwickelt.«[7]

Die Deutsche Bahn erklärte damals also selbst: Ab sofort sind wir
ein großer Player im Bereich der Immobilienwirtschaft. Der Begriff
»Wertschöpfungspotential« kann dabei durchaus mit »Potential für
Immobilienspekulation« übersetzt werden.

Im Folgenden müssen *drei Ebenen* unterschieden werden, auf
denen es nach der Bahnreform zum Verkauf von Bahngelände und
Bahnwohnungen kam. *Erstens* die laufenden Verkäufe von Bahnge-
lände, das sich ab Ende 1996 in juristisch nicht mehr anfechtbarem
Besitz der Deutschen Bahn AG befand und mit dem im Land die
Immobilienspekulation regelmäßig gefüttert wurde, vornehmlich in
Citylagen. *Zweitens* der Verkauf der Bahnhöfe, mit dem die Infra-

---

7   Deutsche Bahn AG, Geschäftsbericht 1999, S. 56. Dass die DB dabei von
     »ca. 50.000 betriebsnotwendigen Immobilien auf rund 1,4 Milliarden Qua-
     dratmetern Grund und Boden« spricht, dürfte eine Schutzfunktion haben.
     Tatsächlich wurde in der Folgezeit ja festgestellt, dass ein großer Teil die-
     ser Immobilien aus Sicht des DB-Vorstands nicht betriebsnotwendig sind.
     Da der Widerspruch zur ursprünglichen Intention des Bundestags bei der
     Bahnreform in Sachen Immobilien allzu groß war, wollte man dies mit dem
     Adjektiv »betriebsnotwendig« kaschieren.

struktur der Schiene systematisch zerstört wird. Und schließlich –
drittens – der Verkauf der Eisenbahnerwohnungen, der die Schaffung des größten deutschen Wohnungskonzerns ermöglichte.

Laufender Verkauf von Bahngelände und der Aurelis-Skandal 2018/19

Die Deutsche Bahn AG verkaufte ab 1997 Jahr für Jahr zunehmend
mehr Bahn-Immobilien und verbuchte die Erlöse als Teil ihrer Gewinne. Es gab offenkundig einen erheblichen Anreiz, Strecken, Ausweichgleise und anderes Bahngelände stillzulegen beziehungsweise
als »nicht bahnnotwendig« zu deklarieren. Schließlich konnte man
auf diese Weise erhebliche Sondergewinne erzielen. Es gibt leider
keine belastbare Statistik, die alle diese Verkäufe zusammenfasst; das
ist gewissermaßen ein Bahn-Betriebsgeheimnis. Die Bundesregierung ließ 2018 mitteilen: »Für die im Eigentum der DB befindlichen
Flächen werden keine Statistiken geführt.«[8] Das ist natürlich grotesk;
immerhin handelt es sich dabei indirekt um Bundeseigentum. Es gibt
jedoch einerseits einige engagierte Journalisten, die über abenteuerliche »Aufhübschungen« der Bahnbilanzen und über hohe Einzel-
gewinne aus Immobilienverkäufen berichteten.[9] Anderseits findet
man dann, wenn man sich in die Niederungen der Geschäftsberichte

---

8   Antwort der Bundesregierung auf die Kleine Anfrage der Abgeordneten Sa-
    bine Leidig, Caren Lay, Dr. Gesine Lötzsch, weiterer Abgeordneter und der
    Fraktion DIE LINKE, Bundestagsdrucksache Nr.19/701, S. 5.

9   Siehe zum Beispiel: Jobst-Hinrich Wiskow, Jäger des verborgenen Schatzes,
    Capital 20/2006. Berichtet wird dort über den klammheimlichen Verkauf
    von fünf Bahn-Arealen in Berlin, Essen, Frankfurt am Main, München
    und Rosenheim, bei denen die Differenz zwischen dem Buchwert – dem
    Wert, mit dem diese Immobilien bislang bilanziert wurden – und dem Ver-
    kaufserlös 140 Millionen Euro betrug. Den »Rekord« hätten dabei »37.000
    Quadratmeter Gleisanlagen, Laderampen und Lagerflächen in Rosenheim
    erzielt – der Verkaufserlös lag beim Fünfzigfachen des bilanzierten Werts«.
    Die Bilanz des Autors: »Welchen Anteil aufgelöste stille Immobilienreser-
    ven am Bahn-Gewinn der vergangenen Jahre hatten, lässt sich nicht einmal
    schätzen. Das Unternehmen zählt diese Verkäufe zum Kerngeschäft. Des-
    halb weist es ihr Ergebnis nicht als außerordentlichen Ertrag aus.«

begibt, dort unter den Rubriken »Erläuterungen zur Gewinn- und
Verlustrechnung« und »Sonstige betriebliche Erträge« die Angaben
über die »Erträge aus dem Abgang von Sachanlagen und immate-
riellen Vermögenswerten«. Dahinter verbergen sich die Erlöse aus
dem Verkauf von Bahnimmobilien. Das Gesamtergebnis allein für
den Zeitraum 1997 bis 2018 lautet: Die Deutsche Bahn konnte mit
dem Verkauf von Bahnimmobilien Erlöse in Höhe von rund 9,5 Milliarden Euro erzielen. Zwei besonders große Positionen waren dabei die Erlöse aus dem Vorabverkauf des Stuttgart-21-Geländes in
Höhe von 639 Millionen Euro[10] und die Einnahmen aus dem Verkauf
eines Pakets mit Bahnimmobilien, das in einem eigenen Unternehmen mit Namen Aurelis zusammengefasst wurde, in Höhe von 1,65
Milliarden Euro. Der Bahnkonzern konnte damit in dem genannten Zeitraum im Jahresdurchschnitt mehr als 400 Millionen Euro an
Sondergewinnen aus Immobilienverkäufen generieren. Dies stellte
demnach jeweils einen erheblichen Beitrag zum jeweiligen Jahres-
ergebnis dar.[11]

Der oben erwähnte Aurelis-Deal sollte eigentlich auch heute noch
für Aufregung sorgen. Denn mit der ehemaligen Bahntochter Aurelis
– sie hatte nach dem Verkauf durch die DB wechselnde Eigentümer
– macht die DB inzwischen interessante *neue* Geschäfte. 2016 beauf-
tragte die DB AG Aurelis und ein anderes Immobilienunternehmen,
Phoenix Real Estate, mit dem Bau von zwei großen Bürogebäuden
in Frankfurt am Main.[12] Ein Jahr später, 2017, schloss die DB dann
mit Aurelis einen Mietvertrag über 20 (in Worten: zwanzig) Jahre für
diese noch gar nicht erstellten Gebäude. In den Gebäuden mit mehr
als 50.000 Quadratmetern Büroflächen sollen dann, wenn sie fertig

---

10   Hier nach dem Wert, wie diese verzinsten Einnahmen aus dem S21-Gelän-
     deverkaufs in der Bilanz verbucht wurden.

11   Zusätzlich gab es in den Jahren 1994 bis 1996 rund 500 Millionen Euro Son-
     dergewinne aus dem Verkauf von Bahnimmobilien.

12   Es geht um den Bau eines 60 Meter hohen Büroturms mit 28.000 Quadrat-
     metern Büroflächen und um den Bau eines 7-stöckigen Komplexes, genannt
     »The Brick«, mit 23.000 Quadratmetern Fläche.

erstellt sind, 3000 DB-Beschäftigte einen Arbeitsplatz erhalten. Es geht dabei um eine neue Zentrale für DB Netz und um einen Sitz für die Zentrale des Personenverkehrs.[13] Wobei die DB gleichzeitig Gebäude, die ihr gehören, aufgibt und in Zukunft in die neu errichteten Gebäude einzieht und dort hohe Mieten bezahlt. Im Oktober 2018 verkaufte dann wiederum die Aurelis beide – noch gar nicht fertig gestellten – Gebäude an einen Investor mit Namen Warburg-HIH Invest Real Estate. Dort wird inzwischen gejubelt: »Die Transaktion bestätigt unsere Strategie, besonders attraktive Immobilienentwicklungen schon in einem frühen Stadium zu sichern«, so Hans-Joachim Lehmann, Geschäftsführer der Warburg-HIH Invest. »Durch die langfristige Mietvertragslaufzeit, *die Bonitätsstärke der Mieter* und die strategisch wichtige Lage am zweitgrößten europäischen Finanzstandort lassen sich hier langfristig stabile Cashflows generieren.«[14] Mit der »Bonitätsstärke der Mieter« ist gemeint, dass hinter der Deutschen Bahn AG, deren Bonität zunehmend fragwürdig ist, letzten Endes der Bund steht. Das Rad der Immobilienspekulation dreht sich weiter.

Bahnhöfe

1994 hatten der damalige Bahnchef und mit ihm auch die Bundesregierung und der Bundestag versprochen, mit der Bahnreform werde es eine Renaissance der Bahnhofskultur geben. Dürr damals wört-

---

13   Siehe: Frankfurter Allgemeine Zeitung vom 19. Oktober 2016 und Neues Hochhaus für die Bahn, Frankfurter Rundschau online vom 11. Oktober 2017.

14   Aurelis verkauft DB Brick & Tower an HIH Real Estate, unter: www. schmidtploecker.de [23.6.2019]. Der Vorgang wird noch fragwürdiger angesichts der Mitteilung der neuen Eigner der in Bau befindlichen Gebäude, wonach »das Gebäude DB Brick mit einer Mietfläche von 23.400 Quadratmetern (162 Tiefgaragenstellplätze) für zwei deutsche Pensionskassen in ein Bündelungsvehikel eingebracht (wird). Das Hochhaus DB Tower mit einer Mietfläche von 30.300 Quadratmetern (212 Tiefgaragenstellplätze) wird für eine weitere deutsche Pensionskasse in einen Individualfonds eingebracht.« Zitiert nach: Warburg-HIH Invest erwirbt DB Brick und DB Tower, unter www.aurelis-real-estate.de [23.6.2019].

lich: »Bahnhöfe sind die Visitenkarte der Bahn und der jeweiligen Stadt. Deshalb müssen an Erscheinungsbild und Servicequalität hohe Ansprüche gestellt werden.«[15] Versprochen wurde, eine schrittweise Sanierung und Optimierung »der 5179 Bahnhöfe und Haltestellen, davon rund 260 größere Bahnhöfe« in Angriff zu nehmen.[16] Dürr bestärkte und verstärkte diese Orientierung auch zwei Jahre später in einem anderen Zusammenhang noch.[17]

Tatsächlich kam es auch hier zur entgegengesetzten Entwicklung – zum umfassenden Ausverkauf von Bahnhöfen. Diese Orientierung wurde im Geschäftsbericht der Deutschen Bahn 2004 wie folgt dargestellt: »Nach einer umfassenden Analyse haben wir uns entschlossen, die Anzahl der Empfangsgebäude auf das betriebsnotwendige Maß zu reduzieren. Als betriebsnotwendig werden die verkehrlich bedeutsamen [...] Empfangsgebäude angesehen. Wir haben ein Kernportfolio von knapp über 600 Empfangsgebäuden identifiziert. Nicht betriebsnotwendige Empfangsgebäude werden [...] anderen Nutzungen zugeführt.«[18]

Bahnhofsverkäufe gab es bereits seit Ende der 1990er Jahre. Doch das Bahnhofssterben wurde nach dem zitierten Beschluss beschleunigt. In mehreren Schüben wurden inzwischen vier Fünftel aller Bahnhöfe – oder gut 3500 Bahnhofsgebäude von 5200 – verkauft. Dieser Prozess setzt sich bis heute fort. Allein im Zeitraum

---

15 Aus Dürrs Statement auf der Bilanzpressekonferenz vom 26. Mai 1994, S. 18f.

16 Ebenda, S. 19. Die hier genannte Zahl aller Bahnhöfe und Haltestellen kann nicht stimmen. Sie lag damals deutlich höher. Im weiter unten zitierten Vorwort zu dem »Bahnhofsguide« (das zwei Jahre später verfasst wurde) nennt Heinz Dürr »rund 6500 Personenbahnhöfe«.

17 Dürr schrieb in dem Buch »Bahnhofsguide Deutschland«: »Wir wollen eine Bahnhofskultur wiederherstellen, die auf Reisende und Besucher einladend wirkt. Erinnern Sie sich an die große Blütezeit der Bahnhöfe in der Gründerzeit [...] Der Bahnhof wurde zu einem der wichtigsten Punkte der modernen Städte; das Bahnhofsviertel wurde zentraler Platz für die Reise von Menschen und Gütern.« Vorwort von Heinz Dürr in: Helmut Frei, Bahnhofsguide Deutschland 1995/1996, S. 6.

18 Geschäftsbericht Deutsche Bahn AG 2004, S. 147.

2013 bis 2017 wurden 425 Bahnhöfe (»Empfangsgebäude«) veräußert.[19]

Dabei ist nicht erkennbar, dass die DB AG dabei eine aus Sicht des eigenen Unternehmens betriebswirtschaftlich sinnvolle Orientierung verfolgt. Die Art, wie die Bahnhöfe verkauft wurden, entsprach oft eher »Notschlachtungen«: Ganze »Bahnhofspakete« wurden an Investoren wie die First Rail Estate (die 2005 Pleite ging) und später an die britische Gesellschaft Patron Capital verkauft. Dabei wurde je Bahnhof ein meist lächerlicher Erlös von wenigen tausend Euro, im Durchschnitt dürften es ca. 25.000 Euro gewesen sein, erzielt. Da geht mal der Bahnhof von Schnabelwaid in Oberfranken für 28.000 Euro an einen neuen Eigentümer. Da ist ein Dorfbahnhof auf der Schwäbischen Alb mit 280 Quadratmetern Wohnfläche für 80.000 Euro zu haben. In Biesenthal in Brandenburg mussten Interessenten gar nur 5000 Euro für ein intaktes Bahnhofsgebäude mit mehr als 500 Quadratmetern Wohnfläche bezahlen (siehe den Kommentar nach diesem Kapitel, Seite 143). Sie konnten dabei gleichzeitig verdeutlichen, welch ein enormes Potenzial zur Revitalisierung der Bahnhofsgegend und Aktivierung von Kommunikationsmöglichkeiten in solchen angeblich unrentablen Bahnhöfen steckt. Ein Privatmann im Brandenburgischen, der neun solcher Bahnhöfe gekauft hat, berichtete, er habe – nach gewissen Renovierungsarbeiten – durch die Mieteinnahmen den Kaufpreis plus die Renovierungskosten jeweils »in vier bis fünf Jahren abbezahlt«.[20]

Dabei macht es immer einen gewaltigen Unterschied, ob sich die Bahnhofsgebäude weiter im Besitz der Bahn befinden beziehungsweise ob es in dem Bahnhofsgebäude eine bescheidene Infrastruktur für den Bahnverkehr gibt, beispielsweise einen im Gebäude integrierten Warteraum, eine Toilette, geeignete Abstellplätze für

---

19   Antwort der Bundesregierung auf die Kleine Anfrage der Abgeordneten Sabine Leidig, Caren Lay, Dr. Gesine Lötzsch, weiterer Abgeordneter und der Fraktion DIE LINKE, Bundestags-Drucksache Nr. 19/701, S. 19.

20   Angaben nach: Bastian Benrath, Schlafen im Stellwerk, Süddeutsche Zeitung vom 18. August 2017.

Fahrräder – oder ob der Bahnhof ganz in fremde, private Hände übergeht und er damit meist keine Funktionen für den Bahnverkehr mehr übernehmen kann. Oft müssen dann bei solchen privatisierten Bahnhofsgebäuden die Bahnsteige verlegt werden, die DB muss neue – meist unwirtliche und unansehnliche – Wartehäuschen errichten, manchmal sogar neue Verkaufsstellen einrichten, sogar solche – beispielsweise in Werder (Havel) –, die in Containern untergebracht sind.

Das Bemühen von Kommunen, »ihren« jeweiligen Bahnhof zu erwerben, wurde in hunderten Fällen ignoriert. Hier gab es in jüngerer Zeit ein Umdenken, doch dieses ist keineswegs grundsätzlicher Natur. Es hängt wohl eher damit zusammen, dass die öffentliche Kritik am Umgang der Bahn mit den Bahnhöfen steigt und dass der Bund und die Bundesländer Gelder bereitstellten, um Bahnhöfe in kommunales Eigentum übergehen und sanieren zu lassen.

Die gesamten Einnahmen aus dem eigentlichen Verkauf von Bahnhöfen, also im DB-Sprech der »Empfangsgebäude«, liegen im 25-Jahreszeitraum 1994 bis 2018 bei rund 120 Millionen Euro oder rund 5 Millionen Euro im Jahr. Sie stellen also keinen nennenswerten Beitrag zu den Gewinnen der DB AG dar. Wenn die Deutsche Bahn AG derart brutal diese verkehrspolitische und kulturelle Substanz im Schienenverkehr zerstört, muss es andere Faktoren geben, die diese zerstörerische Politik erklären. Womit wir bei dem Thema sind, dem wir uns im Schlusskapitel ausführlicher widmen: Die Deutsche Bahn ist in ihrer Führungsstruktur mit Personen durchsetzt, die Interessen verfolgen, die denen eines nachhaltigen Bahnverkehrs widersprechen. Die Zerstörung von Bahninfrastruktur und deren Unterwertverkauf ist nur vor diesem Hintergrund erklärbar. Das Top-Personal der Deutschen Bahn betreibt in den Geschäftsbereichen Station & Service und Immobilien das Geschäft derer, die an der strukturellen Schwächung der Schiene im Allgemeinen und an der Immobilienspekulation im Besonderen verdienen.

Eisenbahnerwohnungen

Am 21. September 2015 war es soweit: Der Dax – der Leitindex der Frankfurter Aktienbörse – wurde neu zusammengesetzt. Die Wohnungsgesellschaft Deutsche Annington, die bald darauf in Vonovia umbenannt wurde, stieg als erstes *Immobilienunternehmen* in den Dax auf. Kaum jemand weiß, dass die Bahnreform am Ursprung von Vonovia und ihrer steilen Karriere im Kerngeschäftsfeld Spekulation mit Mietwohnungen stand.

Allein in Westdeutschland gab es 1994 noch 112.000 Eisenbahnerwohnungen, in denen rund 350.000 Menschen – viele von ihnen mit einem »Eisenbahn-Hintergrund« – lebten. Am 2. Dezember 1993 formulierte Klaus Daubertshäuser, der damalige verkehrspolitische Sprecher der SPD im Bundestag, bei der Bahnreform-Debatte im Bonner Plenarsaal den folgenden Treueschwur: »Ein ganz wichtiger Punkt ist […] die unbedingte Sicherung der Eisenbahnerwohnungen. Im Gesetz ist nun eindeutig festgestellt, dass der gesamte Wohnungsbestand […] in der Verantwortung der öffentlichen Hand nach den bisherigen Grundsätzen fortgeführt wird […]. Das heißt im Klartext: Kein Eisenbahner und seine Familie muss um seine Wohnung bangen.«[21] Auch der Gesetzestext ließ an Deutlichkeit nichts zu wünschen übrig.[22]

Ein halbes Jahr nach dieser Rede war Daubertshäuser Mitglied im Vorstand der neu gegründeten Deutschen Bahn AG; er nahm diese Position mehr als ein Jahrzehnt lang ein und erhielt in dieser Zeit von seinem Arbeitgeber Vergütungen in Höhe von umgerechnet mehr als fünf Millionen Euro. Das war rund das Zehnfache dessen,

---

21 Protokoll der Bundestagsdebatte vom 2. Dezember 1993 (Bundestags-Drucksache 16/957, S. 16962).

22 Im Eisenbahnneuordnungsgesetz (ENeuOG) in § 15, Absatz 2: »Die in der Anlage zu diesem Gesetz aufgeführten übrigen betrieblichen Sozialeinrichtungen und die anerkannten Selbsthilfeinrichtungen der bisherigen Bundeseisenbahnen werden für den Bereich des Bundeseisenbahnvermögens aufrechterhalten und nach den bisherigen Grundsätzen weitergeführt.« Im Anhang sind dann u. a. aufgeführt die »Eisenbahn-Wohnungsgesellschaften (EWG)« und die »Eisenbahner-Baugenossenschaften (EBG)«.

was er als Abgeordneter erhalten hätte. Sechs Jahre nach der zitierten Daubertshäuser-Rede war entgegen allen Versprechungen der gesamte Bestand an Eisenbahnerwohnungen privatisiert. Das war der Ausgangspunkt für den erwähnten neuen deutschen DAX-Konzern Vonovia SE, der zuvor Deutsche Annington Immobilien SE hieß, der wiederum auf dem Unternehmen Annington Homes basiert, das ursprünglich von den japanischen Versicherungsriesen Nomura gegründet worden war.

Das mag verwirrend erscheinen; daher im Einzelnen: Im Zuge einer frühen britischen Privatisierungswelle übernahm 1996 die für diesen Zweck neu gebildete Gesellschaft Annington Homes vom britischen Verteidigungsministerium 40.000 Wohnungen. Annington Homes war eine Tochter des japanischen Versicherungskonzerns Nomura. 1998 wurden die deutschen Eisenbahner-Wohnungen noch unter der CDU/CSU-FDP-Regierung und dem damaligen Bundesverkehrsminister Matthias Wissmann an ein Konsortium um die Familie Ehlerding vergeben. Die Ehlerdings hatten den Zuschlag erhalten, nachdem sie fünf Millionen DM an die CDU gespendet hatten (die Spende war in eine Spende und einen fiktiven Kredit aufgeteilt worden, um ihren tatsächlichen Charakter als Großspende zu verbergen; Quittungen waren manipuliert worden).[23] Annington war

---

23 Neun Jahre nach dem Vorgang packten die Spender aus. Laut der Spenderfamilie Ehlerding wurde »bei der Abwicklung [...] 1998 auf Drängen der CDU getrickst, [...] um die größte Spende in der Parteigeschichte auf zwei Jahre verteilen zu können. Der für die Union tätige Spendensammler Hans Terlinden habe dazu den Vorschlag gemacht, das Geld in eine Spende und in ein Darlehen an die Partei aufzuteilen. Während die CDU den Spendenteil von 2,43 Millionen schon 1998 verbuchte, wurde das zinslose Darlehen über 2,57 Millionen Mark erst ein Jahr später in eine Spende umgewandelt und im Rechenschaftsbericht für 1999 vermerkt. Der Schilderung von Karl Ehlerding zufolge hatte das Ehepaar immer schon die gesamten fünf Millionen Mark spenden wollen. Es sei daher klar gewesen, dass das Darlehen nicht mehr zurückgefordert werde. Genau das hatten beide 2001 im Ausschuss noch bestritten, mit der Folge, dass die CDU in dieser Sache einer Strafzahlung in Millionenhöhe entging. [...] Gestützt wird die Ehlerding-Darstellung [...] durch Angaben von Jürgen Schornack, Ex-Mitarbeiter der CDU-Schatzmeisterei. Der will schon Ende 1998 nicht nur für den Spen-

damals bereits als Bieter und mit einem deutlich besseren Gebot präsent.

Als 1998 die SPD die Bundestagswahl gewonnen hatte und es zu der neuen rot-grünen Regierung kam, wurde die Ehlerding-Spende publik. Der Zuschlag an Ehlerding war mit der illegalen Spende in Frage gestellt. Nun konnte die Deutsche Annington Immobilien Gruppe, eine neu gebildete Tochter der Briten und der Japaner, den größten Teil der Eisenbahnerwohnungen übernehmen. Interessanterweise war es der SPD-Politiker Franz Müntefering, der in seiner 11-monatigen Amtszeit als Bundesminister für Verkehr, Bau- und Wohnungswesen (Oktober 1998 bis September 1999) maßgeblich zu diesem Mega-Deal beitrug. Dabei war es zweifellos hilfreich, dass Kajo Wasserhövel, der langjährige Vertraute von Franz Müntefering, für Annington als Lobbyist tätig wurde. Gezahlt wurde damals von Annington im Übrigen ein Spottpreis von (umgerechnet) 32.735 Euro je Wohnung – ein Preis, zu dem die Mieterinnen und Mieter diese Wohnungen meist gerne selbst übernommen hätten. Doch das wurde nicht gestattet. Es ging nicht um das Mieterwohl, wohl aber um die Förderung von Privatisierung und Spekulation.

Den entscheidenden Schritt zum führenden deutschen Wohnungskonzern unternahm Annington bzw. Vonovia 2015 mit der Übernahme des Konkurrenten Gagfah, was weitere 144.000 Wohnungen einbrachte. Aktuell hat Vonovia 396.000 Wohnungen im Bestand. Inzwischen nennt der Konzern als Ziel eine Million Wohnungen. Ihr Chef, Rolf Buch, wird als »deutscher Donald Trump« bezeichnet. Das mag hinsichtlich der Größenordnungen einigermaßen übertrieben sein. Die Methoden, mit denen Vonovia arbeitet und vorgeht, rechtfertigen den Vergleich aber allemal. Hunderttausende Mieterinnen und Mieter können dazu ein Klagelied anstimmen.

---

den-, sondern auch für den Darlehensanteil eine Spendenquittung unterschrieben haben. Die Quittungen – für den Darlehensanteil vordatiert auf den November 1999 – seien zuvor in der Bundesgeschäftsstelle erstellt und ihm dann zum Abzeichnen übermittelt worden.« Nach: Ehlerding belastet Union, Der Spiegel 36/2010.

Bilanziert man den Bereich Eisenbahn-Immobilien und Bahn-
privatisierung, dann kann man feststellen: Die Aussage des Magazins
Focus ein Jahr vor der Bahnreform erwies sich als prophetisch. Dort
war 1993 zu lesen: »Dürr, Führer der zukünftigen Deutschen Bahn
AG [...], gibt sich entschlossen, mit Bahnhöfen und Brachland gutes
Geld zu verdienen. Das 41.000 Kilometer lange Schienennetz ist als
Immobilie pures Gold.«[24]

Notwendige Maßnahmen im Rahmen einer Verkehrswende

Ganz offensichtlich haben die Bahnprivatisierer bereits Bahn-Immobilien im Wert von vielen Milliarden Euro verscherbelt und damit
Volksvermögen vergeudet und Bahnsubstanz zerstört. Nicht alles
wird rückgängig zu machen sein. Hier ist die Politik gefordert, auch,
um – angesichts des gewaltigen Mietwuchers, wie er in den letzten
Jahren zu beobachten ist – den sozialen Frieden zu wahren. Es ist
erstaunlich, wie sich auf diesem Gebiet in den Jahren 2018 und 2019
eine engagierte Debatte über die Notwendigkeit der Enteignung der
Wohnungskonzerne entwickelt hat und plötzlich zwei Grundgesetz-
Artikel, die jahrzehntelang in den gesellschaftlichen Debatten keine
Rolle mehr gespielt hatten, neu »entdeckt« wurde. Seither wird eine
verfassungsrechtlich abgesicherte Möglichkeit zur Vergesellschaf-
tung von Grund und Boden diskutiert.

Doch der Ausverkauf von Bahnimmobilien geht weiter. Hier
muss eingegriffen werden – der fortgesetzte Ausverkauf muss gestoppt werden. Eine Gesetzesinitiative, die sich auf den Geist des
Eisenbahnneuordnungsgesetzes beruft und in der jeder weitere Verkauf von Immobilienbesitz der Deutschen Bahn AG untersagt wird,
wäre sinnvoll. Alles Bahngelände ist auf diese Weise zu sichern. Das
gilt natürlich auch für alle Bahnhöfe, soweit sie sich noch im Besitz
der Deutschen Bahn befinden. Vorstellbar wäre ein Bundesfonds zur
Bahnhofssicherung, was mit einer Bestandsaufnahme der Bahnhöfe

---

24   Ulrich Viehöver, Bundesbahn – Das Mega-Milliarden-Ding, Focus Heft
     43/1993.

bzw. Bahnhofsgebäude und mit einem Revitalisierungsprogramm für Bahnhöfe verbunden sein sollte. Vergleichbares ist sicher auch auf Landesebene mit entsprechender Unterstützung durch den Bund vorstellbar. Zu prüfen wäre auch, ob in wichtigen Fällen Bahnhofsgebäude, die bereits verkauft wurden, wieder zurück erworben werden können oder zumindest wieder – dann in Absprache mit den neuen Eignern – in Teilen die Funktion eines Bahnhofs zurückerhalten können. Aktuell spielen die Güterbahnhöfe eine wichtige Rolle; diese werden derzeit in größerem Umfang außer Dienst gestellt und oft ebenfalls verkauft. Auch hier ist zu gewährleisten, dass es zu keinem Verkauf kommt und dass der Bestand gesichert wird. Die Güterbahnhöfe werden zukünftig voraussichtlich wieder für eine moderne, Diesel-freie und schonende City-Logistik benötigt. Das grundlegende Konzept könnte dabei sein: Transport mit der Bahn in die Stadt, dort Umladung auf Lastenräder und kleine Elektro-Fahrzeuge mit begrenzter Reichweite. Doch genau für diese Zielsetzungen werden entsprechende Flächen in der Innenstadt und an den Bahnstrecken benötigt; in Berlin z. B. entlang des Innenrings.

Elke Eckert
Vom Bahnhof zum Kulturbahnhof Biesenthal

Am 30.6.1842 wurde die Eisenbahnlinie der Berlin-Stettiner-Eisenbahn eröffnet. Biesenthal, eine kleine Stadt zwischen Bernau und Eberswalde, bekam schon nach kurzer Zeit einen kleinen Haltepunkt; eine einfache Bretterbude, weit außerhalb der Stadt. Dreißig Personen pendelten im ersten Jahr in die Hauptstadt von Biesenthal aus.

Aus der kleinen Bretterbude der ersten Jahre wurde bald ein massives Stationsgebäude, das bis in die heutige Zeit immer mehr erweitert wurde.

Im Sommer 2001 gingen die Fahrgäste ein letztes Mal durch die Bahnhofswartehalle hinaus zu den Gleisen, wo eine Schaffnerin noch vor Einstieg in den Zug die Fahrkarte kontrollierte. Danach wurde der Bahnhof geschlossen, nur die Bahnhofsgaststätte hielt noch zwei weitere Jahre durch.

Im September 2005 hing dann ein unscheinbarer Zettel am Bahnhof. Eine Telefonnummer und der Hinweis, dass ein Gebot für das Bahnhofsgebäude abgegeben werden könne. Jahrelang hatte er leer gestanden und es gab schon bei einigen Leuten Überlegungen, den Bahnhof zu kaufen – so ergriffen wir die Gelegenheit: Zwei Monate später wurde der Verein »Kultur im Bahnhof« e.V. gegründet und der Bahnhof gekauft. Silvester 2005/2006 feierten die Vereinsmitglieder in der ehemaligen Gaststätte die erste Party, umgeben von falschen Holzpaneelen an den Wänden, mit einem Schild, das für den Aufbau des Sozialismus warb und dem Geruch nach Wofasept, dem typischen Putzmittel der DDR für öffentliche Gebäude.

Die Wochenenden der nächsten Monate verbrachten wir im Bahnhof: Tapeten abreißen, den Müll entsorgen, einige wenige Erinnerungsstücke an den Bahnhof aufbewahren. Mitglieder des Vereins luden zu Geburtstagsfeiern, die ersten Bands gaben Konzerte. Im Sommer stellten wir ein großes Musikfest vor dem Bahnhof auf die Beine, Straßenmusiker aus Berlin spielten neben Bands aus der Region. Das Festival findet seitdem jedes Jahr statt. Ebenso der Kunstmarkt im Advent, der im Dezember 2006 zum ersten Mal stattfand. Hier verkaufen die Künstler*innen der Region ihre Seifen, Bücher, Töpferwaren und Gestricktes. Seit diesem ersten Jahr ist der Bahnhof auch ein Veranstaltungsort für die brandenburgische Ökofilmtour, bei der die neuesten Filme zu Umwelt und Natur gezeigt werden.

2014 wurde der Bahnhof mit Mitteln der Europäischen Union, Fördermitteln der Stadt und privaten Krediten saniert, die Fassade gedämmt, neue Fenster wurden eingebaut und die alten Öfen durch eine neue Heizung ersetzt. Die Anzahl der Veranstaltungen und Kurse im Bahnhof verdoppelte sich in kurzer Zeit, da nun der Hausmeister morgens nur noch die Heizung aufdrehen musste, statt mit Kohle mühsam die alten Öfen warm zu bekommen.

In diesem Jahr wird der »Kulturbahnhof« 14 Jahre alt. An den Wochenenden gibt es nun regelmäßig verschiedene Veranstaltungen wie Konzerte, Theater, Puppentheater, Lesungen, politische Veranstaltungen und Seminare. Seit mehreren Jahren hat sich der Barnim Slam im Bahnhof etabliert, junge Poetry-Slammer aus der Region und Berlin treten dort auf. Unter der Woche finden ein Tanzkurs statt, vier Yogakurse und Taiji, und in den Räumen trifft sich eine Krabbelgruppe.

Der Verein, mit inzwischen mehr als 70 Mitgliedern, von denen sich viele ehrenamtlich engagieren, ist eine feste Größe im Kulturleben des Landkreises. Menschen, die neu in Biesenthal sind, knüpfen im »Bahnhof« ihre ersten Kontakte und freuen sich über die entspannte Atmosphäre in den Räumen, die nicht kaputt saniert wurden, sondern noch etwas vom »alten Geist« des Bahnhofs ausstrahlen.

Manchmal verirren sich noch Reisende in den Bahnhof und wollen Fahrkarten kaufen oder die Wartezeit dort verbringen. Die Bahn hat dafür nur mit dem Nötigsten für Ersatz gesorgt: Es gibt am Bahnsteig einen kleinen Unterstand fürs das Warten bei schlechtem Wetter. Wer ortsfremd ist und die Abfahrtszeiten nicht kennt, hat das Nachsehen. Nur alle Stunde hält der Zug auf dem Weg nach Berlin, am späten Abend fahren die Züge in größerem Abstand. Es gibt keine Fahrkartenschalter mehr und der einzige Automat am Bahnsteig wurde im letzten

Jahr dreimal gesprengt. Dabei nutzen heute täglich zwischen 350 und 500 Menschen die Bahn nach Berlin oder Richtung Eberswalde.

Elke Eckert ist Vorstandsvorsitzende im Verein »Kultur im Bahnhof« e.V., zusammen mit Heribert Rustige und Helge Schwarz. Der Verein hat aktuell über 70 Mitglieder. Insgesamt 40 Veranstaltungen bietet »Der Bahnhof« 2019 an, alle werden ehrenamtlich organisiert.

Kapitel 10
Die zerstörerischen Großprojekte in Stuttgart, Hamburg-Altona und München

Hamburgs Erster Bürgermeister Peter Tschentscher erklärte: »Der Betrieb im Sackbahnhof Altona ist kompliziert, weil sich die ein- und ausfahrenden Züge alle kreuzen müssen. Sobald ein Zug Verspätung hat, können die anderen nicht rein oder raus. Viele ICE-Züge fahren deshalb schon mit Verspätung in Altona los und bringen dann den Bahnverkehr in ganz Deutschland durcheinander.« Herr Tschentscher hat die Bahnhöfe verwechselt. Kreuzen tun die Züge im Hauptbahnhof. Da blockieren sich die Züge ständig gegenseitig. In Altona hingegen überqueren einfahrende Züge auf einer Brücke das Gleisvorfeld und enden auf Gleis 5 bis 8. Dann fahren sie unter der Brücke hindurch zur Reinigung ins Betriebswerk. Auf anderen Gleisen fahren sie unter der Brücke hindurch zu den Abfahrtsgleisen 9 bis 12 und verlassen Altona auf einer zweiten Brücke. Altona ist der betrieblich flexibelste Bahnhof Hamburgs. Für den studierten Mediziner Dr. Tschentscher: Die Gleise in Altona »kreuzen« sich ebenso wenig wie Arterien und Venen. Sie führen übereinander hinweg und aneinander vorbei. Da noch eine direkte Verbindungskurve nach Norden führt, ist Altona sogar ein Bypass. Wer den herausoperiert und in die zweigleisige Strecke einen Bahnhofspfropfen setzt, auf dem sich zwangsläufig Züge kreuzen, der provoziert den Infarkt des Systems.

Joachim Holstein, Ex-Sprecher der Nachtzugtochter der
DB European Rail Service, in: Lunapark21, Extra 18/19, Jan. 2019

Die Deutsche Bahn AG plant und baut eine Reihe Großprojekte, die verkehrspolitisch kontraproduktiv sind. Sie binden Dutzende Milliarden Euro an Investitionskapital. Sie sind ein zentraler Bestandteil in dem selbstzerstörerischen Prozess der Eisenbahn in Deutschland.[1]

Drei dieser Großprojekte werden im Folgenden exemplarisch herausgegriffen: Stuttgart 21, die Zerstörung des bestehenden Kopfbahnhofs in Baden-Württembergs Landeshauptstadt und seine »Ersetzung« durch einen wesentlich kleineren Bahnhof im Untergrund. Die Verlegung des zentral gelegenen Bahnhofs Hamburg-Altona in ein Gebiet am Rande von Hamburg-Altona – ebenfalls mit einer Verkleinerung der Bahnhofskapazität und einem Abbau von Eisenbahn verbunden. Und der Abriss des funktionstüchtigen Hauptbahnhofsgebäudes in München und der Bau einer bis zu 40 Meter tiefen S-Bahn-Strecke (»2. S-Bahn-Stammstrecke«), die verkehrspolitisch sinnlos ist, aber nun auch im Zentrum von München für mehr als ein Jahrzehnt eine gewaltige Baustelle schafft.

Allein diese drei Projekte verschlingen zwischen 20 und 25 Milliarden Euro – das Vier- bis Fünffache des Investitionsvolumens, über das die Deutsche Bahn im Jahr verfügt. Oder auch: Alleine mit dieser falsch investierten Summe ließe sich die 100-prozentige Elektrifizierung des Schienennetzes finanzieren. Denkbar wäre auch, diese Summe dafür einzusetzen, das gesamte rollende Material für den Nah- und Fernverkehr um gut 25 Prozent zu erweitern und zu modernisieren.

---

1 Andere solche Großprojekte sind: (1) Die Fehmarn-Belt-Querung. Gegen diese spricht der viel zu geringe, zu erwartende Schienenverkehr und die massive Belastung der Insel Fehmarn. (2) Die Beteiligung am Brennerbasistunnel (Ausbau der Zulaufsstrecken); gegen das Vorhaben sprechen die Tatsachen, dass die bestehende Bahnstrecke über den Brenner in keiner Weise ausgelastet ist. Im Übrigen sind die gewaltigen Baukosten nicht zu rechtfertigen und verhindern den Bau vieler wesentlich wichtigerer Bauprojekte, die tatsächliche Engpässe beseitigen. (3) Der Fernbahntunnel unter der Stadt Frankfurt am Main (für den bereits bei den ersten Planungen 2018/19 knapp 4 Milliarden Euro veranschlagt werden). Auch wenn die Details für dieses Projekt noch unklar sind, sollten doch vor jeder neuen Tunnelvariante die erheblichen Potenziale zur Optimierung des bestehenden Kopfbahnhofs, vor allem im Rahmen eines Ausbaus des Gleisvorfelds, genutzt werden.

Stuttgart 21

Reutlingens Oberbürgermeister Thomas Keck meldete sich in Sachen Stuttgart 21 am 28. Juni 2019 wie folgt zu Wort: »Ich sehe in der Tat die Gefahr, dass das, was man uns bei Stuttgart 21 zugesagt hat, also eine verbesserte Anbindung an die Landeshauptstadt Stuttgart, nicht kommen wird. Das wäre für den Großraum Reutlingen-Tübingen in keiner Weise hinnehmbar.« Er erwarte nun »von der DB, dass sie dem Rechnung trägt und dass sie ihr bisheriges Konzept« [für Stuttgart 21] »kritisch hinterfragt.«[2] Und das war nur eine der vielen neuen, kritischen Stimmen, die nach fast einem Jahrzehnt Bauzeit von Stuttgart 21 zu hören waren. Der Grüne Oberbürgermeister in Tübingen, Boris Palmer, verwies darauf, dass er bereits in der von Heiner Geißler moderierten Schlichtung darauf hingewiesen habe, dass ein wünschenswerter integraler Taktfahrplan (s. Kap. 8) mit Stuttgart 21 nicht kompatibel sei. Palmer im Juni 2018 nüchtern: »Damals hat die Bahn gesagt, dass man ihn nicht brauche, und nun ist der Bahnhof zu klein.«[3] Ein SWR-Report belegte auf Basis der Zielfahrpläne für einen zukünftigen Deutschlandtakt: Stuttgart 21 verhindert einen Deutschlandtakt im Südwesten der Republik.[4]

Nun braucht man kein Bahnexperte zu sein, um zu verstehen, dass die Halbierung der Anzahl von Gleisen und Bahnsteigen, die mit dem Projekt Stuttgart 21 verbunden ist, die Leistungsfähigkeit eines Bahnhofs drastisch verringert. Wie groß dieser Kapazitätsabbau ist, hängt davon ab, wie man die Leistungsfähigkeit von Gleisen in einem Kopfbahnhof und solchen in einem Durchgangsbahnhof im Vergleich bemisst. Jedenfalls wird der mit S21 verbundene Kapazitätsabbau von den S21-Kritikern seit mehr als einem Jahrzehnt vorgetragen. Und es ist besonders grotesk, dass immer klar war: In Stuttgart wird dafür viel Geld ausgegeben, um etwas Bestehendes und

---

2   Neckar-Alb-Region fühlt sich abgehängt, SWR Aktuell vom 28. Juni 2019, unter: www.swr.de [7.7.2019].

3   Palmer und S21/D-Takt.

4   Siehe: Deutschland-Takt: Stuttgart wird abgehängt, SWR Bahnreport (17.-19.6.2019), unter: www.presseportal.de/pm/7169/4299879

Funktionierendes zu zerstören und etwas Kleineres, möglicherweise Nicht-Funktionierendes zu bauen. Insofern ist das Thema nicht neu.

Was sich Mitte 2019 jedoch deutlich veränderte, ist die Position der S21-Befürworter in dieser Frage. Diese bestritten bislang in der Öffentlichkeit relativ erfolgreich den Kapazitätsabbau. Im Zusammenhang mit dem Ja von DB und Bundesregierung zum Deutschlandtakt und mit den ersten Konkretisierungen dieses für die Bundesrepublik Deutschland geplanten Integralen Taktfahrplans musste eingestanden werden: In Stuttgart und damit in Deutschlands Südwesten wird ein Deutschlandtakt nicht realisierbar sein (s. Kapitel 8).

Das aber berührt die schwäbische Seele. Wurde Stuttgart 21 seit 1994 doch gerade damit begründet, dass mit der Verwirklichung des Großprojekts die baden-württembergische Landeshauptstadt nicht »abgehängt«, dass sie »Anschluss an die moderne Mobilität« – ja zum Teil einer »Achse Paris – Stuttgart – Bratislava« werde. Dass diese Idee einer Einbettung in ein internationales Eisenbahnnetz schon immer lächerlich war, hatten in den letzten zehn Jahren auch die S21-Befürworter, die ohnehin eher in der Luft und in der gehobenen Pkw-Mittelklasse unterwegs sind, verstanden. Dass mit S21 aber auch eine Einbettung in einen nationalen Taktfahrplan verhindert wird, das ist nun doch eine neue Erkenntnis. Aktenkundig ist nun, dass Stuttgart ausgerechnet durch das Projekt Stuttgart 21 vom Deutschlandtakt im Besonderen und von der Schienenfernverkehrswelt im Allgemeinen abgehängt wird.

Hinzu kommt eine Entwicklung, die sich ebenfalls Mitte 2019 akzentuiert: Die Kosten für das Projekt, mit dem Stuttgart letztlich abgehängt wird, explodieren. Die S21-Kosten sollten bei Planungsbeginn, 1994, nahe Null gelegen haben: Damals hieß es, die Einnahmen aus dem Geländeverkauf würden S21 finanzieren. 1995 wurden in der ersten Machbarkeitsstudie 4,807 Milliarden DM (2,46 Mrd. Euro) veranschlagt. 2011, zum Zeitpunkt der Volksabstimmung, wurden 4,526 Milliarden Euro als »Kostendeckel« und als »Sollbruchstelle« bezeichnet. Im April 2013 beschloss der Aufsichtsrat der DB eine Summe von 6,526 Milliarden Euro als neuen »maximalen S21-Kostenrahmen«. Im

Januar 2018 gestand der Aufsichtsrat Gesamtkosten in Höhe von 8,2 Milliarden Euro ein, wovon knapp 500 Millionen Euro jedoch einen Kostenpuffer darstellen sollten. Im Juni 2019 beantragte inzwischen der Vorstand der DB beim Aufsichtsrat, diesen im »Puffer« bereitgestellten Betrag in Anspruch nehmen zu können. Ein weiteres Mal gab der Aufsichtsrat für diese Kostensteigerung grünes Licht. Dabei war der Puffer 18 Monate zuvor beschlossen worden, um für längere Zeit weitere Schlagzeilen über weitere Kostenexplosionen bei S21 zu vermeiden. Selbst der bahnpolitische Sprecher der Grünen im Bundestag, Matthias Gastel, der in den letzten Jahren davon ausging, dass Stuttgart 21 zu Ende gebaut werden müsse, kritisiert vor dem Hintergrund der jüngeren Enthüllungen, dass S21 »einen zweistelligen Milliardenbetrag kostet«. Das erwartet auch der Bundesrechnungshof und davon gehen bahnunabhängige Experten spätestens seit 2017 aus.[5]

Die Kostensteigerungen sind begleitet von nicht enden wollenden verlängerten Bauzeiten. Während die DB in der Machbarkeitsstudie eine S21-Fertigstellung im Jahr 2000 behauptete, verspricht die DB Mitte 2019 offiziell eine Inbetriebnahme Ende 2025. Bei gegebenem Fortgang der Arbeiten ist selbst dann, wenn es nicht zu neuen, größeren Unterbrechungen kommt, nicht mit einer Inbetriebnahme vor 2030 zu rechnen.

Wer soll das bezahlen, wer hat all das S21-Geld? Für die Deutsche Bahn AG ist die Antwort eindeutig: Sie hat Ende 2016 die Projektpartner Land und Stadt und Region auf Übernahme eines Anteils von 65 Prozent aller bisherigen und künftigen – über 4,5 Milliarden Euro hinausgehenden – Mehrkosten verklagt. Bisher nennt die gültige Vereinbarung, die zwischen DB, Land und Stadt zur Finanzierung von S21 geschlossen wurde, diesen Betrag als Obergrenze; für darüber hinausgehende Kosten gelte die »Sprechklausel«. Diese sieht vor, dass sich im Fall solcher weiteren Kostensteigerung die Projektpartner über die Frage, wer diese Kosten zu tragen hat, abzusprechen

---

5   Siehe: Thomas Wüpper, Kosten für Stuttgart 21 steigen erneut, Stuttgarter Zeitung vom 20. Juni 2019, unter: www.stuttgarter-zeitung.de

haben. Dabei ist in keiner Weise vorgegeben, ob alle Projektpartner an den Kostensteigerungen zu beteiligen sind. Da es bei der DB-AG-Klage nicht nur um die schon eingeräumten, sondern um *alle weiteren* Kostensteigerungen geht, rüsten alle Beteiligten juristisch auf. So hat die Stadt Stuttgart beispielsweise eine Juristin allein für den Rechtsstreit mit der DB eingestellt – Kosten, die in keiner S21-Bilanz auftauchen. Würde das Stuttgarter Verwaltungsgericht zeitnah zu der Entscheidung kommen, dass die Stadt in Milliardenhöhe dabei wäre, dürfte im Stuttgarter Gemeinderat der Teufel los sein. Ähnlich bei einer Entscheidung zu Lasten der DB AG. Also einigt man sich mit Billigung des Gerichts auf *Prozessverschleppung*. Je später die Entscheidung, desto mehr Fakten könnten derweil im Sinne einer Unumkehrbarkeit geschaffen werden.

Nun ließe sich einwenden: Es gibt eine Reihe unsinniger Großprojekte, die am Ende, nachdem sie fertiggebaut waren und der vergessliche Steuerzahler mit anderen Themen belästigt worden war, doch zumindest einen Teilnutzen brachten. Das gilt beispielsweise für die Hochgeschwindigkeitsstrecken zwischen Frankfurt/M. und Köln und zwischen Berlin und München. Doch in diesem Falle gibt es eine weitere Stufe des Irrsinns: Stuttgart 21 wird nie fertig gebaut werden. So gut wie alle Beteiligten wissen: In Stuttgart werden Milliarden Euro in eine Dauerbaustelle und in eine Bauruine investiert. Dies garantieren der fehlende Brandschutz, das regelwidrige Gleisgefälle und der Anhydrit.

Brandschutz: Ähnlich wie beim Berliner Großflughafenprojekt BER verfügt Stuttgart 21 weiterhin über *keinen genehmigungsfähigen Brandschutz*. Das besondere Risiko bei einem Brandfall liegt bei S21 im geschlossenen System von Tiefbahnhof und seinen 60 Kilometern Tunnelzuführungen und der zu erwartenden Enge auf halb so vielen Bahnsteigen. Wichtige Fragen, an denen eine Inbetriebnahme am Ende scheitern dürfte, werden auf die Abnahmeprüfung verschoben, wenn der Bahnhof längst fertig gebaut ist. Zu befürchten ist, dass die Rauchabzugsflächen unterdimensioniert sind, die Bahnsteighalle schneller und stärker verrauchen wird, als angenommen,

und die Fluchtwege viel zu lang sind und gefährliche Engpässe auf-
weisen.[6]

Gleisgefälle: Weil in der engen Stuttgarter Kessellage auf der
einen Seite über eine S-Bahn-Strecke hinweg und auf der anderen
Seite unter einer U-Bahn-Strecke hindurch gebaut werden muss, ergibt sich zwangsläufig eine *Schräglage von Gleisen und Bahnsteigen:*
Sechs Meter beträgt der Höhenunterschied zwischen den Bahnsteig-
enden – eine Rekord-Gleisneigung von 15,143 Promille und damit
sechsfach über dem eigentlich laut Eisenbahnbau- und Betriebsordnung zulässigen Sollwert, weltweit einmalig bei vergleichbar großen Knoten-Bahnhöfen. Die Risiken: Züge könnten wegrollen und
auf den abschüssigen Bahnsteigen sogar Koffer und Kinderwagen,
wenn diese einen Moment unbeaufsichtigt sind. Den Nachweis, eine
ebenso große Sicherheit mit anderen Maßnahmen zu gewährleisten,
konnte die DB nicht erbringen. Im Kölner Hauptbahnhof, der auf
einzelnen Gleisen nicht mehr als ein Viertel des Gefälles von S21 hat,
rollen immer wieder Züge unkontrolliert weg.

Anhydrit: Aus gutem Grund meiden Ingenieure den *Tunnelbau
durch Anhydrit,* ein Gestein, das bei Kontakt mit Wasser unaufhaltsam
quillt. Mit fast 20 Kilometern Tunnelstrecke durch dieses Gestein über-
trifft Stuttgart 21 die Länge aller Tunnel in Europa, die in den letzten 60
Jahren durch eine solche riskante Geologie gebaut worden sind. Schon
kleinste Hebungen können zu Zugentgleisungen bzw. – rechtzeitig erkannt – zu Streckensperrungen sowie lang andauernden und kostspie-
ligen Sanierungen führen.[7] Im März 2019 wurde bekannt, dass bei

---

6   Ausführliche Dokumentation und Erläuterung auf der Website der Gruppe
     Ingenieure22: www.ingenieure22.de.

7   Mit seinem geschlossenen und stark frequentierten System aus Tiefbahn-
     höfen (neben dem Hauptbahnhof ist ein weiterer 26 Meter tief liegender
     Bahnhof am Flughafen geplant) bietet Stuttgart 21 außerdem erhebliche An-
     griffsflächen für Terrorattacken. Dies ist die Erkenntnis eines Gerichts, das
     aufgrund von Terrorwarnungen des Bundeskriminalamts hier eine »ernst-
     hafte und konkrete Gefahr« sieht. (Urteil vom 16. November.2017 – 14 K
     6356/16). Dabei stützt sich das Gericht auf aktuelle Warnhinweise des Bun-
     deskriminalamts zu geplanten Terroranschlägen auf Züge.

der Tunnelstrecke im Bereich Obertürkheim seit vielen Wochen das passiert, was angeblich nie bei den S21-Tunnelbauten passieren kann: Es dringt Wasser in großen Mengen ein. Der Tunnelbau wurde in diesem Bereich für längere Zeit eingestellt[8]. Am 21. Mai 2019 konnte man in der *Stuttgarter Zeitung* lesen: »Bei den Anwohnern des Kernerviertels [ein im Zentrum der Stadt gelegenes romantisches Viertel mit viel Altbausubstanz] schrillen die Alarmglocken. Nach der Ankündigung der Bahn, ein beim Tunnelbau für Stuttgart 21 beschädigtes Teil des Hauses Kernerstr. 30 abzureißen, sei ›Feuer unter dem Dach‹, so Frank Schweizer vom Netzwerk Kernerviertel. [...] Nach seiner Beobachtung würden seit Wochen [von der DB] im Kernerviertel täglich Messungen durchgeführt. Schweizer weist darauf hin, dass weitere Gebäudeeigentümer [...] Bauschäden melden würden.«[9]

Damit entwickelt sich Stuttgart 21 immer mehr zum Menetekel und zu einem zentralen Bestandteil der Krise des Bahnkonzerns. In Aufsichtsratskreisen heißt es nach Recherchen von Thomas Wüpper: »Für den Konzern wird die Finanzierung des Projekts jetzt zur schweren Last. Denn die bisherigen Ausgaben stammten fast komplett aus öffentlichen Mitteln, die nun aufgebraucht sind. Allein bis 2023 muss die Bahnspitze rund 3,3 Milliarden Euro für Stuttgart 21 beschaffen. In der Finanzplanung des Konzerns, die unserer Redaktion vorliegt, klafft bis dahin eine riesige Lücke von mehr als vier Milliarden Euro.«[10] Käme es zu einer Trennung von Netz und Betrieb – wie u. a. von vielen Seiten gefordert – dann befände sich just das Großprojekt Stuttgart 21 im rein staatlichen Bereich und müsste komplett auf Steuerzahlerkosten weiterverfolgt, abgewickelt oder als Bauruine verwaltet werden.[11]

8 Siehe: Christian Milankovic, So viel Wasser läuft in den Obertürkheimer Tunnel, Stuttgarter Zeitung vom 4. März 2019, unter: www.stuttgarter-zeitung.de.

9 Christian Milankovic, Bewohner des Kernerviertels fordern Bahn-Infos, Stuttgarter Zeitung vom 21. Mai 2019.

10 Thomas Wüpper, Großbaustelle Stuttgart 21 – Der Deutschen Bahn fehlen Milliarden, Tagesspiegel vom 24. März 2019, unter: www.tagesspiegel.de.

11 Es müsse, so Lutz kürzlich in einem Hintergrundgespräch, geklärt werden,

Der neue Sündenfall: Hamburg-Altona

Auf Einladung des Hamburger Finanzsenators Andreas Dressel präsentierte die Deutsche Bahn AG am 22. Mai 2019 – ähnlich wie in Stuttgart mit einem »Stresstest« im Jahr 2011 – ein Fahrplanmodell für den neu geplanten Bahnhof Altona, der nach Diebsteich verlegt werden soll, wonach es dort zukünftig keinerlei Kapazitätsprobleme geben würde. Doch die Gegner dieser Bahnhofsverlagerung hatten offensichtlich aus den Stuttgarter Erfahrungen gelernt und konnten von vornherein ihrerseits mit einer detaillierten Studie aufwarten. Der Oldenburger Mathematik-Professor Ulrich Knauer und der Nahverkehrsberater Dieter Doege hatten von der Bürgerinitiative Prellbock Altona den Auftrag für eine eigene Untersuchung zum bestehenden Bahnhof erhalten. Sie haben dabei für ein ganzes Fahrplanjahr erfasst, wann sämtliche Züge ein- und ausfuhren. Ihr Ergebnis: »Es gibt Zeiten, an denen der Bahnhof Altona mit seinen acht Gleisen vollständig belegt ist, selbst ohne die allgegenwärtigen Verspätungen.« Dabei fahre heute noch ein Drittel des Zugverkehrs an Altona vorbei, der künftig auch in Diebsteich halten solle. »Zu behaupten, dass der geplante Bahnhof Diebsteich mit seinen nur sechs Gleisen den Bahnhof Altona zukunftssicher ersetzen könnte, ist unserer Meinung nach fahrlässig und basiert auf falschen Voraussetzungen«, urteilen die Experten. Sie sehen die Gefahr, dass der neue Bahnhof schon bei geringen Verspätungen verstopfen könnte.[12]

Das Projekt der Verlegung des Knotenbahnhofs Hamburg-Altona

---

ob der Bund »Teil der Lösung sein will«. Ohne den Bund, der ja schließlich alleiniger Eigentümer der Bahn AG sei, hält Lutz die Finanzierung der bisher offiziell eingestandenen ungedeckten Kosten von fast vier Milliarden Euro für »nicht möglich«. Nach: Stuttgarter Zeitung vom 14. August 2018.

12   Marc Widmann, Ist dieser neue Bahnhof zu klein geplant?, Die Zeit vom 11. Juni 2019, unter: www.zeit.de; Im Übrigen sind Doege und Knauer der Meinung, »dass Diebsteich dringend für einen viergleisigen S-Bahn-Knoten gebraucht wird«, um den Hamburger Westen schneller und günstiger zu erschließen als mit der geplanten U 5. Vorgesehen sind am neuen Bahnhof aber nur zwei S-Bahn-Gleise. Denn die Fläche dort ist begrenzt. Selbst für einen größeren Busbahnhof fehlt der Platz.

weist viele Parallelen mit dem S21-Vorhaben auf[13]: Seit 1990 betreibt die DB Planungen für eine Verlegung des Kopfbahnhofs Altona mit seinen Regional- und Fernzügen. Und viele Jahre lang schien es so, als könne der Bahnkonzern seine diesbezüglichen Planungen einigermaßen geräuschlos und gedeckt von scheinbaren Mehrheiten in den zuständigen kommunalen Parlamenten durchziehen. Seit Mitte 2018 hat sich die Lage deutlich verändert.

Das Planfeststellungsverfahren für einen neuen Durchgangsbahnhof am Diebsteich, der einige Kilometer vom jetzigen Bahnhof entfernt liegt, endete im Dezember 2017. Gegen den Planfeststellungsbeschluss hatte u. a. der VCD (Verkehrsclub Deutschland) Nord eine Klage sowie einen Eilantrag eingereicht. Im August 2018 hat das Oberverwaltungsgericht (OVG) Hamburg dem Eilantrag des VCD stattgegeben.[14] Danach mussten alle vorbereitenden Arbeiten für den neuen Bahnhof gestoppt werden.

Die Planung für Diebsteich bedeutet ebenso wie Stuttgart 21 einen Abbau der allgemeinen Kapazität des Bahnhofs. Dazu kämen bei der Verlegung des Bahnhofs Altona nach Diebsteich eine Zerstörung des Autoreisezugs und eine Gefährdung der ÖBB-Nachtzüge, für die die Automitnahme ebenfalls eine wichtige Einnahmequelle ist. Und tatsächlich war für diese Gerichtsentscheidung der Wegfall der Verladeeinrichtung für Autoreisezüge in Altona ausschlaggebend. Im Urteil des Oberverwaltungsgerichts heißt es dazu: »Der Planfeststellungsbeschluss sieht keinen gleichwertigen Ersatz vor und stellt einen rechtzeitigen Ersatz auch weder zeitlich noch inhaltlich sicher. [...] Davon abgesehen kann ohne Kenntnis des künftigen Standorts einer neuen Verladeeinrichtung für Autoreisezüge die der Planung zugrunde liegende Variantenabschätzung

---

13   Vgl. ausführlich auch den Artikel von Heike Sudmann, Altona. Es geht um den Kopf, der erstmals veröffentlicht wurde in: Lunapark21, Extra 18/19, Januar 2019, S. 48f.

14   Oberverwaltungsgericht Hamburg: Eilantrag gegen die Verlegung des Fernbahnhofs Hamburg-Altona erfolgreich. Pressemitteilung vom 22. August 2018, unter: www.justiz.hamburg.de.

(zugunsten einer Ersetzung des Kopfbahnhofs) nicht sachgerecht vorgenommen werden.« Das hat für den Stopp bereits genügt; über viele weitere Einwände gegen das Projekt hat das Gericht dabei noch gar nicht entschieden.

Das Projekt Altona/Diebsteich ist also bahntechnisch kontraproduktiv und zerstörerisch. Dabei wurden bislang die Auswirkungen für den Schienenverkehr aus dem Norden und nach Norden noch kaum beachtet. Diesen Zusammenhang beleuchtete Eberhard Happe, der unter anderem auch bei Prellbock Altona aktiv ist, wie folgt: »Schleswig-Holstein ist außer über die wenig leistungsfähigen eingleisigen Strecken über Herrnburg, Büchen, Bad Segeberg, Güter-Umgehungsbahn nur über die hochbelastete zweigleisige sogenannte Verbindungsbahn zum Hauptbahnhof mit dem übrigen Bundesgebiet verbunden. Störungen auf der Verbindungsbahn müssen Schleswig-Holstein unweigerlich vom Bahnverkehr in Deutschland abkoppeln. Nur mit einem im heutigen Umfang betriebsbereiten Bahnhof Altona lassen sich die fatalen Folgen für Schleswig-Holstein dadurch mildern, dass die Reisenden aller Züge mit Zielrichtung Hamburg in den bestehenden Fahrplanlagen unbehindert bis Altona verkehren können und dort einen zuverlässigen von der Witterung unbeeinflussten Übergang zur S-Bahn und zum Busterminal mit insgesamt 18 Buslinien finden, um so mit geringstem Zeitverzug ihre Anschlusszüge und ihre Reiseziele innerhalb Hamburgs zu erreichen.«[15]

Die Verlegung des Fernbahnhofs Hamburg-Altona bedeutet konkret, dass ein wichtiger Bahnhof seine zentrale Rolle für Kommunikation und Verkehr in einem gewachsenen Ensemble verliert, es gewissermaßen zu einer »Entbettung« kommt. Der Bahnhof Altona gehört zu den 20 größten Bahnhöfen in Deutschland. Alle Gleise des Fern- und Regionalbahnhofs sind ebenerdig und somit barrierefrei zu erreichen. 130.000 Reisende frequentieren den Bahnhof täglich,

---

15 Siehe: Erstaunliche Parallelen zwischen Stuttgart 21 und Altona/Diebsteich. Interview mit Eberhard Happe auf der Website der BI Prellbock, unter: http://prellbock-altona.de.

die meisten – ca. 117.000 – nutzen eine der fünf S-Bahn-Linien.[16]
In einem Umkreis von einem Kilometer befinden sich gut 2.600 Be-
triebe. Der Bahnhof Altona liegt also mitten im Leben. Im direkten
Einzugsbereich wohnen 50.000 Menschen, im mittelbaren Umfeld
sind es rund 100.000 Menschen, die zu Fuß oder mit dem Rad den
Bahnhof bequem erreichen können. Viele Pendlerinnen und Pendler
aus dem Regionalverkehr wie auch Fernreisende haben ihren Ziel-
oder Startpunkt in unmittelbarer Nähe des Bahnhofs Altona bzw. ein
paar Busstationen entfernt.

An der heutigen S-Bahn-Haltestelle Diebsteich, wo der neue Bahnhof entstehen soll, sieht die Welt komplett anders aus: In fußläufiger
Entfernung leben dort lediglich rund 5.000 Menschen. Ein großer
Friedhof, Kleingärten sowie ein Industrie- und Gewerbegebiet grenzen an den Bahnhof. Restaurants und Einzelhandelsgeschäfte sind
rar. Derzeit gibt es dort zwei S-Bahn-Linien sowie eine Buslinie. Sechs
Fern- und Regionalgleise sollen neben den zwei vorhandenen S-Bahn-
Gleisen errichtet werden. Alle Gleise sind nur über Treppen oder Auf-
züge zu erreichen. Eine Autoverladung wird es nicht geben.[17]

Wie in Stuttgart heißt es seitens der DB AG, der Kopfbahnhof
Altona sei nicht effizient, weil hier wichtige (Fahr-)Zeit verloren gehe
und Verspätungen oder Engpässe an anderer Stelle entstünden. Das
ist schon deswegen nicht zutreffend, weil die meisten Züge in Altona
beginnen oder enden und die wenigen durchfahrenden InterCity-
Züge den Bahnhof schlichtweg umfahren. Unabhängige Bahnfach-
leute dokumentieren: Gerade die Engpässe am Hamburger Hauptbahnhof und die dortigen Verspätungen können für den Verkehr aus
und in Richtung Norden am Kopfbahnhof Altona gut aufgefangen

---

16   Wie viele Reisende den Fern- und Regionalverkehr nutzen, kann oder will
     die DB nicht sagen. Die Busanlage am Bahnhof Altona verzeichnet täglich
     57.200 Fahrgäste, davon 31.900 Umsteigerinnen und Umsteiger zwischen
     allen vorhandenen Bus- und Bahnlinien.

17   »Die DB AG erwartet durchschnittlich 20.400 Fahrgäste (Fernbahn, Regio-
     nalbahn, S-Bahn), davon 13.000 Umsteiger (zwischen Fernbahn, Regional-
     bahn, S-Bahn und Bus) und 6600 Ein- und Aussteiger.« Bürgerschaftsdruck-
     sache 21/9926, S. 3, unter www.buergerschaft-hh.de.

werden. Ein wichtiges Argument in der Diskussion war lange Zeit die Entlastung des völlig überbelasteten Hamburger Hauptbahnhofs. Mittlerweile geben auch die DB und der Hamburger Senat zu, dass der geplante Durchgangsbahnhof zu keiner Entlastung führen werde. Das Gegenteil trifft zu. Die entlastende Funktion, die Hamburg-Altona bislang für den Hamburger Hauptbahnhof hat, wird entfallen; das erhebliche Chaos, das bereits im Hamburger Hauptbahnhof herrscht, wird zunehmen.

Es geht, wie bei Stuttgart 21, um Bodenverwertung, um »Immobilienentwicklung« und Grundstücksspekulation. 14 Hektar Bahngelände sollen durch die Verlegung des Fern- und Regionalbahnhofs Altona frei werden. Für 40 Millionen Euro kaufte die Stadt Hamburg diese Grundstücke von der Bahn – auch dies eine Parallele zu Stuttgart 21.[18] Auf den Bahnflächen will die Stadt 1.900 Wohnungen bauen, was nur möglich sei, wenn das extrem laute, fast 100 Jahre alte Bahnviadukt für die Ferngleise durch die Verlegung des Bahnhofs überflüssig werde. Die Alternative, die Ferngleisverbindung zu sanieren und am Rande des geplanten Wohngebietes neben den S-Bahn-Gleisen verlaufen zu lassen, wird von der Stadt mit fadenscheinigen Begründungen abgelehnt. Und noch eine weitere Parallele zu Stuttgart 21: Der Bund der Steuerzahler warnt vor Kostensteigerungen – u. a. durch die Verzögerung der weiteren Planung.

Der (fast) klammheimliche Abriss des Münchner Hauptbahnhofs – es droht ein München 21

Am 6. Mai 2019 wurde in der drittgrößten deutschen Stadt, München, die Schalterhalle des Hauptbahnhofs geschlossen. Gab es einen Bombenalarm? Durchbrach ein ICE den Prellbock aufgrund von

---

18   Weshalb die Stadt dafür zahlen muss, bleibt ein Rätsel. Denn Ende des 19. Jahrhunderts hat die damals selbständige Stadt Altona der Bahn diese Flächen kostenlos zur Verfügung gestellt, um die öffentliche Beförderung von Personen und Gütern zu gewährleisten. Jetzt kauft die öffentliche Hand quasi ihre eigenen Grundstücke zurück und darf zu allem Überfluss auch noch den Rückbau der Gleisanlagen und die Bodensanierung bezahlen.

Bremsversagen? Oder fehlte es als Resultat einer Grippewelle schlicht an Personal für eine ausreichende Besetzung der Schalter der Deutschen Bahn AG?

Nichts von alledem. Zumal es sich nicht um eine kurzzeitige Schließung des Bahnhofs handelt. Vielmehr sollen die Schalterhalle und der gesamte Bahnhof auf mehr als ein Jahrzehnt geschlossen bleiben. Mehr noch: Der Hauptbahnhof soll in Gänze abgerissen werden. Gebaut werden sollen ein neues, 30 Meter hohes Bahnhofsgebäude und eine neue S-Bahn, die »Zweite S-Bahn-Stammstrecke«, die bis zu 40 Meter tief im Untergrund verlaufen soll. Dabei sind alle diese Pläne hoch umstritten und verkehrspolitisch kontraproduktiv. Vieles spricht dafür, dass die Deutsche Bahn hier ein weiteres zerstörerisches Großprojekt durchboxt, das Parallelen zu Stuttgart und Hamburg-Altona aufweist. Doch der Reihe nach.

Die Deutsche Bahn als Eigentümerin gab dem Vorgang der Absperrung des Bahnhofsgebäudes am 6. Mai sogar noch einen feierlichen Anstrich; die Münchner Tageszeitung *tz* berichtete wie folgt: »So ganz ohne Brimborium verabschiedet die Deutsche Bahn sich nicht von ihrem alten Empfangsgebäude: Bevor am heutigen Montag, 6. Mai, um 12 Uhr die Türen zur Schalterhalle des Münchner Hauptbahnhofs verriegelt werden, spielt die ›Gamsgetier-Musi‹ um halb zwölf ein letztes Ständchen.«

Das wirkt ausgesprochen zynisch. Es sei denn, man bewertet den Münchner Hauptbahnhof als eine höchst unwirtliche und eines Abrisses würdige Stätte. Vergleichbar ging man im Übrigen vor knapp einem Jahrzehnt in Stuttgart vor. Der damalige baden-württembergische Ministerpräsident (und heutige EU-Kommissar) Günther Oettinger hatte im Rahmen der Stuttgart-21-Debatte die Seitenflügel des Stuttgarter Hauptbahnhofs – des »Bonatz-Baus« – als »Hüttengruscht« – etwa: »Hütten-Gerümpel« – bezeichnet. Damit wurde der Abriss der denkmalgeschützten Flügelbauwerke gerechtfertigt. Darauf wird zurückzukommen sein.

Tatsächlich konnte man Vergleichbares in der größten deutschen Tageszeitung, in der *Süddeutschen Zeitung*, über den Münchner

Hauptbahnhof lesen. Dort hieß es: »Die »Aufenthaltsqualität in der Schalterhalle (hielt) sich in Grenzen. Für die meisten hieß es nur: schnell durch! Doch das ist nun vorbei. Die Halle weicht einer riesigen Baustelle, die einige Einschränkungen mit sich bringen wird.« Im Folgenden wird die Leserschaft dann aufgeklärt, dass »die Bauarbeiten für das neue Empfangsgebäude [...] bis 2028 dauern« würden. Der *SZ*-Autor, Andreas Schubert, ist sich hinsichtlich des Endes der Bauarbeiten nicht wirklich sicher; er ruft eine Bahn-Verantwortliche in den Zeugenstand. Die »Bahnhofschefin Mareike Schoppe« habe »wiederholt betont, dass vom Jahr 2030 an der Hauptbahnhof München frei von größeren Baustellen sein soll.«[19] Also elf Jahre Großbaustelle – wohlgemerkt gemäß Planung zum Baubeginn.

Nun ist der Münchner Hauptbahnhof zweifelsohne nicht mit den beeindruckenden Bahnhofs-Kathedralen von Frankfurt am Main, Leipzig oder gar mit dem Gare du Nord oder dem Gare de Lyon in Paris vergleichbar. Es handelt sich jedoch um einen interessanten, relativ hellen Zweckbau, der seit langem keine Schmuddel-Ecken mehr aufweist, in dem es Dutzende wohl sortierte Geschäfte, mehrere Restaurants, eine Fachbuchhandlung, Warteräume, eine Lounge, eine großräumige Halle für Information und Ticket-Verkauf gibt. Oder eben gab.

Und just so hat die Deutsche Bahn diesen Bahnhof ja auch selbst beschrieben. In dem Buch »Bahnhofsguide«, ausgestattet mit Vorworten des langjährigen, damaligen Bahnchefs Heinz Dürr und des damaligen Bundesverkehrsministers Matthias Wissmann, heißt es: »Wer bis dato die Eisenbahn [...] für ein nostalgisches Verkehrsmittel gehalten haben sollte, muss sich in München mit einer anderen, einer verflixt jung gebliebenen Eisenbahn konfrontieren lassen. Der alte Staatsmief ist verflogen. *Liften durch Lüften.* Für die Therapie zeichnet ein Architekturteam unter Leitung von Rouge E. Fahr verantwortlich. Der Meister hat in den 80er Jahren den etwas altväterlichen Münchner Hauptbahnhof in ein stahl- und glasblinkendes

---

19 Süddeutsche Zeitung vom 7. Mai 2019.

Dienstleistungszentrum verwandelt. [...] Inzwischen hat die fachlich versierte Presse das neue Münchner Bahnhofsdesign hochge-
lobt. [...] Die neue Galerie bescherte ihr nicht nur eine zweite Ebene
[...], sondern auch einen recht ›wunderfitzigen‹ Laufsteg, von dem
aus man das Treiben in der Schalterhalle und in der Bahnsteighalle
beobachten kann. [...] Der Münchner Hauptbahnhof wirkt schon
heute wie ein *Theater der Lebensfreude*, allerdings ein Theater für je-
dermann, ein Theater ohne Dünkel, ein demokratischer Laufsteg, der
an die große Zeit der Passagen und Flaneure erinnert.«[20]

All das soll jetzt abgerissen werden. Und wofür das alles? Gibt
es in Bälde einen verspielten Hundertwasser-Bahnhof, der Aussicht
hat, in das UNESCO-Weltkulturerbe aufgenommen zu werden? Das
ist nicht der Fall. Einmal abgesehen davon, dass zumindest größere
Teile des (noch) bestehende Hauptbahnhofs längst unter Denkmal-
schutz stehen – und dennoch abgerissen werden sollen. Bislang ist
nur klar, dass das neue Bahnhofsgebäude rund 35 Meter und sieben
Stockwerke hoch sein soll, dass es ein Service-Center, Gastronomie
und – natürlich! – Büros beinhalten soll. Die Deutsche Bahn will auf
diese Weise »einen Teil der Baukosten wieder hereinholen«. Offensichtlich geht es um ein Projekt, wie wir dies aus anderen Städten
kennen. Aus Gleiswelten mit Geschäftsanschluss sollen Geschäfts-
welten mit Gleisanschluss werden.

Und wie verhält es sich mit dem Projekt »Zweite Stammstrecke«?
Schließlich soll, so die *Süddeutsche Zeitung*, »dort, wo die Schalterhalle steht, unterirdisch das Zugangsgebäude für die neue, zweite
S-Bahn-Stammstrecke gebaut werden.« Die »Zweite S-Bahn-Stammstrecke« soll die chronisch überlastete S-Bahn-Stammstrecke unter
Münchens Zentrum durch einen Bypass entlasten. Dazu wird ein
zweiter Tunnel auf sieben Kilometer Länge parallel zur bestehenden
Strecke gegraben. Er muss die Stadt in Bergwerkstiefe unter den bestehenden U- und S-Bahnen unterqueren.

---

20   Bahnhofsguide Deutschland, herausgegeben von Helmut Frei, Vorworte von
     Matthias Wissmann – Bundesminister für Verkehr – und Heinz Dürr, Vor-
     standsvorsitzender Deutsche Bahn, ohne Jahr (ca. 1995), S. 264.

Es sind *fünf Aspekte*, die nahelegen, dass hier ein weiteres unnützes, wenn nicht zerstörerisches, in jedem Fall ein sündhaft teures Großprojekt geplant ist. Es könnte sich zu einem München 21 entwickeln.[21]

Wird die Kapazität erweitert? Nein! Das Gegenteil ist der Fall! // Die Zweite S-Bahn-Stammstrecke wird in der Öffentlichkeit als eine Kapazitätserweiterung dargestellt. Und natürlich erwarten Münchens Bürgerinnen und Bürger, mit einer »zweiten Röhre« würde sich die Kapazität verdoppeln. Das ist jedoch bereits aufgrund der begrenzten Zulaufstrecken nicht möglich. Mehr noch: Am Ende kommt es zu einem Rückbau von Kapazität. Wie das? Als Ersatz für die heute 30 S-Bahn-Züge pro Stunde und Richtung werden auf der ersten (alten) Stammstrecke zukünftig nur 21 S-Bahnen je Stunde verkehren. Im Tunnel der 2. Stammstrecke können dann lediglich 15 Züge pro Stunde fahren. Letztere werden nach vorliegenden Planungen aber im Zentrum von bisher neun Stationen nur noch drei Stationen anfahren. Es kommt aus bautechnischen und aus Kostengründen zu dieser deutlichen Haltestellen-Reduktion. Daraus ergibt sich ein Minus von 13 Prozent hinsichtlich der bedienten Halte.[22]

Bringt die Zweite S-Bahn-Stammstrecke einen Netzeffekt oder einen anderen qualitativen Vorteil in verkehrspolitischer Hinsicht? Nein! Das Gegenteil ist der Fall! // Ausgerechnet im IT-Zeitalter, in dem Vernetzung und Netzdenken angesagt sind, produzieren die

---

21   Im Folgenden orientiere ich mich bei der Darstellung der Zweiten S-Bahn-Stammstrecke an dem Fachaufsatz von Dr. Christoph Engelhardt, Nichts gelernt! Mit Münchens 2. S-Bahn-Stammstrecke wiederholt sich das Desaster von Stuttgart 21, in: Lunapark21, Extra 18/19, Januar 2019, S. 40ff. Siehe ergänzend in derselben Publikation den Beitrag von Prof. Dr. Wolfgang Hesse, Ringausbau vor Tieftunnel-Korridor, S. 45ff.

22   Rechnung wie folgt: Heute verkehren 30 Züge über 9 Stationen, was 270 Halten entspricht. Zukünftig verkehren auf der ersten Stammstrecke 21 Züge mit 9 Halten = 189 Halte und auf der 2. S-Bahn-Stammstrecke 15 Züge mit 3 Halten = 45 Halte. 189 + 45 = 234 Halte. 234 von 270 entspricht 86,7 Prozent. Es kommt zu einem Abbau der Halte von 13 Prozent.

Planer der Deutschen Bahn AG eine unnötige Konzentration im
Zentrum. Sie schaffen mit der Zweiten S-Bahn-Stammstrecke gewissermaßen eine weitere Bolzstrecke »auf eingefahrenen Gleisen«.
Die Zweite Stammstrecke schadet dem Münchner S-Bahn-Netz, weil
sie dauerhaft noch mehr Fahrgäste ins Zentrum lenkt oder unter
dem City-Zentrum hindurch zu schleusen versucht. Sie schafft selbst
keine neuen Verknüpfungen. Das bietet nur das preiswertere Alternativprojekt, der Teilausbau des existierenden Bahn-Südrings. Hier
würden mit drei teils neuen Bahnhöfen sämtliche U-Bahn-Linien
und die südliche Innenstadt angeschlossen und der Anfang einer
entlastenden Ringstruktur geschaffen. Dieses Zusatzangebot bringt
tatsächlich Fahrzeitverkürzungen.

   *Bietet die Zweite S-Bahn-Strecke den Fahrgästen einen besseren
ÖPNV-Komfort? Nein! Das Gegenteil ist der Fall! Unter anderem muss
in Zukunft deutlich öfter umgestiegen werden! //* Die Stationen der
neuen S-Bahn liegen in bis zu 41 Metern Tiefe. Das entspricht 13
Stockwerken. Es wird endlose Ab- und Aufstiege geben. Jeder Fahrgast weiß, dass bei den Großbahnhöfen der Deutschen Bahn AG
immer mindestens fünf Prozent der Rolltreppen »außer Betrieb«
sind. In solchen Fällen muntert auch das Maulwurfs-Maskottchen,
das bundesweit für all diesen Rolltreppen- (und Umleitungs-) Un-
bill herhalten muss, die Fahrgäste nicht auf. Wobei es noch einen
großen Unterschied macht, ob es um eine nicht funktionierende
Rolltreppe in einem maximal zweistöckigen Gebäude – wie dem
alten Münchner Hauptbahnhof – geht oder um S-Bahnstationen in
40 Metern Tiefe. Ein weiterer Komfort-Verlust: Die fehlenden Stationen der Zweiten Stammstrecke erzwingen häufige, teils sehr weite
Umstiege.

   *Die Zweite S-Bahn-Stammstrecke ist mit erheblichen Risiken ver-
bunden – sei es in der Bauzeit, sei es während des Betriebs //* Bei der
Zweiten S-Bahn-Stammstrecke beschleunigt die Rauchabsaugung
im Fall eines Brandes in den Tunneln den Brand dermaßen, dass
die Reisenden im Ernstfall nicht mehr rechtzeitig evakuiert werden
können. In den Zulauftunneln sind die wesentliche Parameter so

ausgelegt, dass sie mit hohen Risiken verbunden sind, so dass damit Fahrten im S-Bahn-Tunnel rund 6-mal riskanter sind als solche etwa im Citytunnel in Leipzig (der im Übrigen ebenfalls mit erheblichen Kosten- und Bauzeitüberschreitungen verbunden war). Die zweite S-Bahn-Stammstrecke durchschneidet den sogenannten »Lastkegel« der Frauenkirche, das heißt, er gefährdet deren Standfestigkeit. Zur Beruhigung wird argumentiert, bisher (bevor überhaupt gebohrt wurde) seien die Türme noch nicht abgerutscht und alles würde genauestens überwacht (so dass man wenigstens zuschauen kann, wenn es passiert).

Die Zweite S-Bahn-Stammstrecke erweist sich bereits vor Baubeginn als Fass ohne Boden // Im Jahr 2001 wurde das Projekt Zweite S-Bahn-Stammstrecke mit Kosten in Höhe von 600 Millionen Euro in der Öffentlichkeit und den dafür zuständigen Gremien vorgestellt. Das erschien durchaus als teuer; erwartet wurde damals von vielen ein negativer »Nutzen-Kosten-Faktor« (ein Faktor von unter 1). Es begann das sattsam bekannte Spiel: Nachdem die Grundsatzentscheidung pro Zweite Stammstrecke gefallen war, explodierten die offiziell eingestandenen Kosten. Sie stiegen zunächst auf 1,5 Milliarden Euro, wenig später auf 1,8 Milliarden, dann auf 2,3 Milliarden Euro. Aktuell – wohlgemerkt: weit vor Baubeginn! – wird von Kosten in Höhe von 3,8 Milliarden Euro ausgegangen. Trotz dieser immensen Kostensteigerungen werden die Nutzen-Kosten-Werte immer noch und beschönigend mit »knapp über 1« angegeben. Und das, obgleich bei dem Projekt aus Sparzwang immer mehr Stationen und Verknüpfungen aufgegeben worden waren. Dabei konnte im Detail nachgewiesen werden, dass der Nutzen-Kosten-Faktor überhöht wiedergegeben wird, dass diesem erhebliche Fehlannahmen zugrunde liegen: Risiken und Erschwernisse beim Umsteigen wurden ausgeblendet, Unterhaltskosten zu niedrig angesetzt und von der Zweiten Stammstrecke unabhängige Effekte eingerechnet.[23]

---

23   Vieregg-Rössler GmbH: »Implausibilitäten bei der aktuellen Standardisierten Bewertung der Zweiten S-Bahn-Stammstrecke in München und weiterer Klärungsbedarf« (München, den 28.2.2017).

In den Kosten-, Nutzen- und Risikokategorien sticht das Alternativprojekt Südring die Zweite S-Bahn-Stammstrecke aus. Bei deutlich weniger Kosten bringt sie ein echtes Leistungsplus, bietet mehr Komfort und kaum bzw. unkritische Risiken. Um es deutlich zu sagen: Diese Alternative ist schlicht ... zu preiswert!

Doch nicht genug des Widersinns. Im Mai 2018 platzte eine kleine Bombe. Aufgrund bautechnischer Schwierigkeiten am Münchner Hauptbahnhof war keine der ins Auge gefassten Baufirmen bereit, die geplanten Arbeiten für die Zweite S-Bahn-Stammstrecke auszuführen.[24] Darauf reagierte im Juli die Deutsche Bahn mit einer beschönigenden Erklärung, den Bauplan »optimieren« zu wollen – u. a. mit der Verlegung der geplanten, über 40 Meter tiefen Station um weitere 80 (in Worten: achtzig!) Meter stadtauswärts. Dazu sollen außerdem Vorkehrungen für eine später zu bauende, kreuzende und ebenfalls umstrittene U-Bahn-Linie (»U 9«) getroffen werden.[25] Die Deutsche Bahn AG geht davon aus, dass es im Fall des Scheiterns der vorliegenden – genehmigten – Pläne und im Fall der erst in Aussicht gestellten gravierende Planänderung *keines neuen Planfeststellungsverfahrens bedarf*. Die Aufsichtsbehörde, das Eisenbahn-Bundesamt (EBA), hat sich dieser ausgesprochen kühnen Auffassung angeschlossen. Womit ein weiteres Mal deutlich gemacht wird, wie unhaltbar die Konstruktion einer Aufsichtsbehörde ist, für die das Bundesverkehrsministerium – ausgerechnet seit vielen Jahren in CSU-Hand – weisungsbefugt ist.

Die oben dargestellten Negativposten der Zweiten S-Bahn-Stammstrecke sollten ausreichen, um das gesamte Projekt auf den Prüfstand zu stellen. Ein Blick nach Stuttgart, wo zwei Jahrzehnte lang behauptet wurde, Stuttgart 21 brächte eine Kapazitätserweiterung und wo es heute kaum noch jemanden gibt, der Vergleichbares

---

24   Siehe: Probleme am Hauptbahnhof: Bahn muss 2. Stammstrecke umplanen,
      Münchner Merkur vom 16. Mai 2018, unter: www.merkur.de

25   Siehe dazu auch: Wolfgang Hesse, Schwabing-Wies'n-Tram und Nahver-
      kehrs-Offensive statt U 9 – Mehr ÖV für weniger Geld!, in: Münchner Fo-
      rum – Standpunkte 5, 2018, S. 26-30, unter https://muenchner-forum.de.

kundtun würde, sollte in München alle roten Lampen aufleuchten lassen. In jedem Fall muss der zuletzt angeführte Aspekt, wonach die jahrelang verfolgte Planung für die Zweite S-Bahn-Stammstrecke inzwischen auch von den Planern als nicht durchführbar dargestellt wird, als deutliches Anzeichen für eine wenig ausgereifte Gesamt- und Detailplanung verstanden und zum Anlass genommen werden, einen sofortigen Baustopp vorzunehmen und ein Moratorium für eine gründliche Planrevision und eine Überprüfung des Gesamtprojekts zu nutzen.

Stattdessen kam es am 6. Mai 2019 zur Sperrung des Münchner Hauptbahnhofs. Im Sommer 2019 wurde mit den Abrissarbeiten beim Bahnhofsgebäude begonnen. Das erinnert fatal an die Vorgehensweise bei Stuttgart 21: Lange vor dem eigentlichen Baubeginn von Stuttgart 21, am 13. August 2010 – symbolträchtig am Tag des Baus der Berliner Mauer! – begannen in Stuttgart die Bagger mit dem Abriss des Hauptbahnhof-Nordflügels. Es ging um die Schaffung vollendeter Tatsachen. In Stuttgart erleben wir nun seit mehr als fünf Jahren, welche gewaltigen Umwege und Mühen Tag für Tag 300.000 Menschen als Folge der Stuttgart-21-Bauarbeiten auf sich nehmen müssen. Dieser vor allem für Menschen mit Behinderung untragbare Zustand wird noch ein Jahrzehnt lang zu dulden sein, wenn das S21-Projekt nicht gestoppt wird. In München kommt es nun, wie es die *Süddeutsche Zeitung* vom 7. Mai 2019 beschönigend nennt, zu »einigen Einschränkungen«. Hiervon sind täglich 400.000 Reisende betroffen. Und schon heute weiß die zitierte Chefin des Hauptbahnhofs, dass das mehr als ein Jahrzehnt lang so sein wird. Wobei es in Stuttgart und in München auch um die Zerstörung bestehender, funktionierender und mit dem Geld von Fahrgästen und Steuerzahlenden finanzierter großer Gebäude geht.

Eine Besonderheit sei noch vermerkt: Adrian Zielke, der ehemalige außenpolitische Ressortleiter der (die Medienlandschaft in der baden-württembergischen Landeshauptstadt dominierenden) *Stuttgarter Zeitung* erklärte kurz vor seinem Ruhestand: »Ohne Zustimmung der Stuttgarter Zeitung zu diesem Projekt würde

[...] Stuttgart 21 nie gebaut werden.«[26] Der Bahnexperte Christoph Engelhardt sieht einen Zusammenhang zwischen den beiden Großprojekten auch beim Umgang der Medien mit denselben, und konstatiert: »Stuttgart 21 und die Zweite Stammstrecke werden zu regionalen Themen degradiert. In München schirmt die *Süddeutsche Zeitung* ihre Leser zuverlässig von kritischen Informationen zum örtlichen Großprojekt ab.«[27] Beide Blätter gehören zu ein und demselben Unternehmen, zur Südwestdeutschen Medienholding (SWMH).

Trotzt der fatalen medialen Abschottung und der Politik der vollendeten Tatsachen entwickelte sich in München – ähnlich wie in Stuttgart und in Hamburg – erkennbarer Widerstand gegen den Bahnhofsabriss und gegen das Projekt Zweite S-Bahn-Stammstrecke.[28]

Maßnahmen im Rahmen einer Verkehrswende

Die drei angeführten Großprojekte müssen gestoppt werden – und sie können gestoppt werden. Selbst bei dem am weitesten fortgeschrittenen Projekt, bei Stuttgart 21, ist erst rund ein Drittel der offiziellen Bausumme tatsächlich verbaut. Grundsätzlich gilt für

---

26   Siehe: Hans Peter Schütz, Medien und Stuttgart 21 – Fahrt auf dem schwäbischen Filz, stern online vom 7. Oktober 2010. Ausführlich zum medialen Filz, der Stuttgart 21 propagierte und zum Hintergrund des Medienkonzerns SWMH siehe: Winfried Wolf, abgrundtief + bodenlos. Stuttgart 21, sein absehbares Scheitern und die Kultur des Widerstands, 3. Auflage, Köln 2019, S. 154ff.

27   Christoph Engelhardt, a. a. O., in: Lunapark21, Extra 18/19, Januar 2019, S. 44.

28   In diesem Zusammenhang engagiert sich der Verkehrsclub Deutschland (VCD), der einen Antrag vor dem Bayerischen Verwaltungsgerichtshof angekündigt hat, dafür, den Abriss und die Großbaustelle am Hauptbahnhof zu stoppen. Des Weiteren hat die Münchner Bürgerinitiative AKU (Initiative Münchner Architektur und Kultur) einen Antrag beim Bayerischen Verfassungsgerichtshof (BVerfGH) wegen Verletzung der Denkmalschutzbelange gestellt. Das »Münchner Forum« (Diskussionsforum für Entwicklungsfragen) versandte am 26. April einen Offenen Brief an den bayerischen Ministerpräsidenten, an den Münchner Oberbürgermeister und an den Bahnchef, in dem u. a. ein sofortiger Baustopp gefordert wird.

unwirtschaftliche Projekte – und verkehrspolitisch kontraproduktive und zerstörerische Projekte sind zugleich unwirtschaftliche –, dass sie nach rationaler, also betriebswirtschaftlicher Beurteilung zu jedem Zeitpunkt einzustellen sind. Produzieren sie doch ab dem Tag ihrer Vollendung und mit der Inbetriebnahme Jahr für Jahr Verluste. Es war ausgerechnet der erste Chef der Deutschen Bahn, der Stuttgart 21 attestierte, dass es für den eigentlichen Bahnverkehr keine Vorteile brächte und es faktisch um ein Immobiliengeschäft gehe. Dürr sagte 1996: »Ja, notwendig, können wir sagen, ist es [Stuttgart 21] eigentlich gar nicht. Nur, es ist eine Weiterentwicklung, es ist ein Fortschritt, dass wir eben Gleisanlagen, die für den Reisenden nicht mehr erforderlich sind, aufgeben und die den Städten zur Verfügung stellen, um hier, äh, Entwicklungen für die Stadt zu machen.«[29]

Und für alle hier beschriebenen Großprojekte gilt überdies: Das dort verbaute Geld fehlt überall im Schienennetz, wo es wirkliche Engpässe gibt und Sanierungen der bestehenden Infrastruktur dringend notwendig sind (vgl. Kap. 3). So verhindern diese Großprojekte auch noch an vielen anderen Stellen einen besseren Bahnverkehr. Umgekehrt gilt: Werden diese Projekte gestoppt, dann verfügt die Bahn bzw. der Bund umgehend über einen größeren zweistelligen Milliarden Euro-Betrag, der für den Neustart in Sachen Schiene Deutschland eingesetzt werden kann.

---

29   Interview vom 15. September 1996 im damaligen Radiosender SWF 1.

Tom Adler
Der anhaltende Widerstand gegen Stuttgart 21

Vor 10 Jahren, am 26. Oktober 2009, stellten sich vier engagierte Stuttgart-21-Gegner mit Protestplakaten vor den Nordflügel
des Stuttgarter Hauptbahnhofs. Die Frage, ob diese Aktions-
form einer regelmäßigen wöchentliche Demo taugen könnte,
um die bereits damals über zehn Jahre andauernden Proteste
gegen das Tunnelbahnhofsprojekt zu verstärken, hat die Praxis schnell beantwortet. Die Montagsdemo gegen Bahn-, Park-
und Stadtzerstörung wuchs exponentiell, binnen weniger Monate demonstrierten jede Woche Zehntausende. Der Protest
gegen Stuttgart 21 wurde für mehrere Jahre zu *dem* politischen
Konfliktthema in der Stadt und weit darüber hinaus. Er wurde
eine Projektionsfläche und ein Sammelpunkt für Unzufriedenheit und für die Unzufriedenen, die zuvor meist nur vereinzelt
ihre Frustration über 60 Jahre CDU-dominierte Politik artiku-
liert hatten.

Nur die Grünen, die bis 2011 Teil des Widerstands waren, konnten daraus politisches Kapital schlagen. Die Proteste
mündeten in einen Regierungswechsel im Land. Die Grünen
sind seither dominierende Kraft der Landesregierung und in
der Stadt. Sie stellen den OB, Bürgermeister und die stärkste
Rathausfraktion. Doch die mit Rückenwind der Massenbe-
wegung erreichten Positionen wurden und werden von ihnen
nicht genutzt, um den Widerstand gegen den Tunnelbahnhof
zu stärken und den Kopfbahnhof zu erhalten. Schritt für Schritt
setzten sich Landes- und Stadt-Grüne vom Stuttgart-21-Protest
ab. Sie sind inzwischen entschiedene Befürworter des Projekts.
Der Machterhalt in ihren Koalitionen mit den Tunnel-Parteien
SPD und CDU war wichtiger.

Die erwähnte Funktion des S21-Protestes als Projektionsfläche für alle Unzufriedenheiten mit dem schwarzen Filz verlor mit der grünen Regierungsübernahme an Bedeutung. Der ›gefühlte Baufortschritt‹ beim Anblick des Tunnelbahnhofslochs und seiner Betonmassen ließ subjektiv bei vielen die Hoffnung auf Baustopp und Umstieg schwinden. Wie das im Übrigen bei allen außerparlamentarischen Bewegungen, die Auf- und Abschwünge kennen, der Fall ist, ist auch der Protest gegen S21 heute deutlich verkleinert. Aber schmälert es die Wichtigkeit der Friedensbewegung, weil sie derzeit nicht mehr Hunderttausende auf die Straße bringt wie in den 80er Jahren? Keineswegs!

Und es schmälert die Bedeutung der Bewegung gegen S21 nicht, dass sie heute keine großen Massen, aber nach wie vor, jeden Montag, bald zum 500. Mal, hunderte und zu besonderen Anlässen mehrere Tausend auf die Straße bringt. Sie hat dazu als Rückgrat eine ständige Mahnwache gegenüber dem Stuttgarter Hauptbahnhof, die seit neun Jahren ehrenamtlich organisiert und als unübersehbarer Protest und Informationsumschlagplatz betrieben wird. 24 Stunden am Tag, 7 Tage die Woche, 365 Tage im Jahr. Und die S21-Gegner*innen verfügen über ein Netz hochqualifizierter Fachleute, die den Nebelwerfern von Stadt, Bahn und Land fachlich jederzeit Paroli bieten können, von der Leistungsfähigkeitsfrage bis zum Brandschutz.

Nach wie vor hält mindestens die Hälfte der Stuttgarter den Tunnelbahnhof für ein kropfüberflüssiges, ja schädliches Projekt. Und die ständige Präsenz des S21-Protests hat daran einen nicht zu unterschätzenden Anteil. Dass die Stadt die Mahnwache mit ihrem festen Zelt an einem so prominenten Platz als permanente politische Versammlung nicht unterbinden kann, belegt, dass die Bewegung in Stuttgart ein politischer Faktor ist, mit dem gerechnet werden muss.

Die Bewegung gegen S21 hat sich zur großen, humanistischen, sozial-ökologischen Volkshochschule unter freiem

Himmel entwickelt. Sie vernetzt ihren Protest mit den Bewegungen für die Verkehrswende, das Recht auf Stadt und gegen unnütze schädliche internationale Großprojekte und für den Klimaschutz. Stuttgart 21 als nachgewiesener Klimaskandal war von Anfang an – verstärkt seit 2017 – ein wichtiges Thema auf Veranstaltungen und Kundgebungen. Naheliegend, dass der Schulterschluss mit den Fridays for Future gesucht und immer wieder – gegen den Widerstand grüner »Influencer« im Fridays-Umfeld – auch hergestellt werden kann. »Stuttgart 21 ist überall«, und auch Stuttgart 21-Gegner*innen sind überall: von den Demos der Fridays for Future bis zum Hambacher Forst, von den Friedensaktionen bis zu den Demos gegen Rechte und gegen neue Polizeigesetze. Dies zeigt, wie sehr ihr alter Demoslogan verinnerlicht ist: »Ihr werdet uns nicht los – wir euch schon!«

Tom Adler ist im Stuttgarter Stadtrat, dort Vorsitzender der Fraktion LINKE SÖS PIRATEN TIERSCHUTZ. Und er ist Mitglied im S21-Demo-Organisationsteam.

Kapitel 11
Die sprichwörtliche Sicherheit im Schienenverkehr wird gefährdet

Genau an dieser Stelle an den Gleisen in der Nähe des Bahnhofs Erlangen starb Timo Hanke am 3. November 2013 im Alter von 19 Jahren. Timos Mutter, Anika Buhl-Hanke, kennt sogar die Uhrzeit, als ihr Sohn starb: 5.09 Uhr. Ein Seitenaufprall. [...] Ihr Sohn war zu nah an den Gleisen unterwegs und wurde vom Fahrtwind unter den Zug gesogen. Aber das ist nicht das einzige, was sie verkraften muss. Buhl-Hanke soll nun Schmerzensgeld an den Lokführer zahlen, und das Bundeseisenbahn-Vermögen fordert Schadenersatz.

Elena Adam, Was ein Leben wert ist.
Ein junger Mann stirbt, als er an einem Bahngleis entlangläuft.[1]

Statistisch gesehen ist die Bahn – gemeinsam mit dem Flugzeug – das sicherste Verkehrsmittel. Das Risiko eines Unfalls ist auf die gleiche Kilometerzahl bezogen in der Bahn über hundertmal geringer als im Auto[2], insbesondere aufgrund der über viele Jahrzehnte entwickelten Leit- und Sicherungstechnik. Doch ohne Zweifel könnte die Bahn noch sicherer sein, wenn nicht an einigen Stellen wirtschaftliche Erwägungen als wichtiger eingestuft würden. Vor allem aber hat es die Deutsche Bahn in den vergangenen 25 Jahren versäumt, die bestehenden und weitgehend bekannten Sicherheitslücken zu schließen.

1   In: Süddeutsche Zeitung vom 14. Februar 2015.

2   Vergleich der Allianz pro Schiene, Stand 2019, unter: www.allianz-pro-schiene.de/themen/sicherheit/daten-fakten/

Die Eisenbahnkatastrophe von Eschede vom 3. Juni 1998 mit 101 Toten und vielen Schwerverletzten liegt zwar gut zwei Jahrzehnte zurück.[3] Doch immer noch gibt es hier zwei bedenkliche Aspekte: Erstens leugnet die Deutsche Bahn AG bis heute eine *konkrete* Verantwortung für das Geschehen.[4] Zweitens gab es nach Eschede neue schwere Unfälle im Schienenverkehr bzw. auf Bahnhöfen, die wieder eine wesentliche Ursache in der verantwortungslosen Haltung der Bahnspitze in Sachen Sicherheit, vor allem in Form von Sparen bei der Sicherheit, haben.

Eschede und die Folgen bis zum heutigen Tag

Das folgenschwerste Eisenbahnunglück in der Bundesrepublik Deutschland wurde juristisch nicht angemessen aufgearbeitet. Die Deutsche Bahn hatte – wie vom Anwalt der Eschede-Opfer, Reiner Geulen, dargelegt – von vornherein eine Strategie zur Paralyse des Gerichtsverfahrens betrieben. Mit Erfolg: Der Eschede-Prozess wurde nach acht Monaten Verhandlungen im Mai 2003 mit einem lächerlichen Vergleich eingestellt; die eigentlich Verantwortlichen wurden

---

3   Es handelte es sich um das größte Unglück in der deutschen Eisenbahngeschichte. Beim ICE 884 »Wilhelm Conrad Röntgen« brach auf der Fahrt von München nach Hamburg sechs Kilometer vor Eschede ein Radreifen, ein auf Gummi gelagerter Stahlring. Dieser verhakte sich in einer Weiche, die er dadurch unter dem ICE umstellte. Der ICE entgleiste. Die hinteren Wagen prallten gegen den Pfeiler einer Straßenbrücke, die einstürzte und Teile des Zugs unter sich begrub.

4   Am 3. Juni 2013 hielt Rüdiger Grube in Eschede eine Rede, in der er u. a. sagte, man habe nach Recht, Gesetz und entsprechend dem Stand der Technik gehandelt. Kurz zuvor äußerte er in einem Interview: »Juristisch ist alles geklärt: Die Radreifen-Technologie war zugelassen und durfte eingesetzt werden.« (Frankfurter Allgemeine Zeitung vom 25. Mai 2013). Der aktuelle Bahnchef Richard Lutz setzte am 3. Juni 2018, dem 20. Jahrestag der Eschede-Katastrophe, erstmals einen anderen Akzent, als er vor Ort sagte: »Die Erinnerung daran [an Eschede] ist ständige Mahnung, dass Sicherheit Vorrang vor allem anderen haben muss.« Alle Menschen, die damals im Unglückszug saßen, hätten sich der Bahn anvertraut. »Und wir müssen dazu stehen, dass wir dieser Verantwortung an diesem Tag nicht gerecht geworden sind.« (Tagesspiegel vom 4. Juni 2018).

von vornherein erst gar nicht vor Gericht gestellt. Damit wurde ein fatales Signal mit dem Tenor gesetzt: Was im Bereich Schiene passiert, könne von außen nicht seriös beurteilt werden. Das sei bei Debatten über mögliche strafrechtlichen Konsequenzen zu berücksichtigen. Der Schienenverkehr ist ein weitgehend in sich geschlossenes System – und dies ausgerechnet nach der Aufgabe der Staatsbahn. Wenn es eine Verantwortung bei Unfällen im Bereich Schiene gibt, dann wird auf die Beschäftigten ganz unten verwiesen. Durchgesetzt hat sich der Grundsatz: »menschliches Versagen« als zentrale Ursache für Eisenbahnunfälle. Dabei geht es in Wirklichkeit oft einerseits um das Versagen der Verantwortlichen an der Spitze des Konzerns und andererseits um ein System-Versagen.

Bei der Eschede-Eisenbahnkatastrophe haben die Verantwortlichen im Bahnkonzern in mindestens *drei Bereichen* gegen elementare Sicherheitsaspekte verstoßen:

Es gab *erstens* die eigenmächtige Entscheidung »von oben« zur Umrüstung aller Räder des ICE 1 auf einen Radtyp, der für Hochgeschwindigkeitsverkehr absolut ungeeignet war. Dieser Zug hatte, wie *alle* Hochgeschwindigkeitszüge in der gesamten Schienenwelt, bei seiner ersten Inbetriebnahme 1991 zunächst Monobloc-Räder. Es handelt sich dabei um aus einem Stück gefertigte – geschmiedete – Räder. 1992 erfolgte die Umrüstung. Der Anlass war ein Komfortproblem, nämlich das häufige Vibrieren der Züge. Dieses Problem wurde faktisch als höherrangig eingestuft als die Sicherheit. Die Maxime, Sicherheit hat höchste Priorität, wurde ausgehebelt.[5]

---

5   Beim ICE 1 kam es nach einigen Jahren des Einsatzes zu Unrundheiten an den Monobloc-Rädern, was zu einem unruhigen Lauf führte. Roland Heinisch, Mitglied im Bahnvorstand, verfasste 1992 die – dann beschlossene – Vorlage für den Bahnvorstand zur Umrüstung der ICE 1 auf die beschriebene Radkonstruktion. Sie wird vor allem bei Straßenbahnen und bei langsamer verkehrenden Zügen verwandt. Gegen den Einsatz dieser Radkonstruktion gab es bahnintern Einwände des für die Sicherheit Verantwortlichen. Der betreffende Beamte wurde unter Druck gesetzt und stellte schließlich seine Bedenken zurück. Wir haben es hier mit einer Problematik zu tun, wie wir sie auch von der aktuellen Sicherheitsbehörde, dem Eisenbahn-Bundesamt (EBA), kennen: Da diese Behörde eine dem Bundesverkehrsministerium

Die neue Radkonstruktion bestand aus einer Radscheibe mit einem Radreifen und einer dazwischenliegenden Hartgummieinlage. Dieser Radtyp war ursächlich für das Unglück. Er wurde nie zuvor von anderen Eisenbahnen bei Hochgeschwindigkeitszügen eingesetzt – und auch nie danach. Bereits vier Wochen nach der Eschede-Katastrophe befanden sich alle ICE 1 wieder im Einsatz. Klammheimlich waren inzwischen alle Räder der gesamten Flotte auf Monobloc-Räder umgerüstet, also rück-umgerüstet worden. Und: Die Deutsche Bahn AG, die bis heute weiterhin behauptet, der Eschede-ICE-Radtyp sei »grundsätzlich« für den Hochgeschwindigkeitsverkehr geeignet – hat nach dem Eisenbahnunglück nie mehr diese Radkonstruktion in einem Zug eingesetzt. Deutlicher kann es eigentlich nicht sein. Doch das Gericht wollte das so nicht erkennen.

Zweitens wurden detaillierte Warnungen ignoriert. Der Bahn lagen ein Jahr vor der Eschede-Katastrophe Berichte vor, die Anlass zu Alarm gaben: ICE-Räder mit unterschiedlicher Nutzungsdauer waren Anfang 1997 von der Kasseler Thyssen-Tochter für Messtechnik und Qualität untersucht worden; die Ergebnisse waren derart katastrophal, dass ein sofortiges Verbot ihres Einsatzes notwendig gewesen wäre.[6] Das heißt, die Deutsche Bahn AG und die Bundesregierung als Auftraggeberin dieser Untersuchung verfügten ein Jahr *vor* der Eschede-Katastrophe über Prüfberichte zu den in Einsatz befindli-

---

zugeordnete Behörde und nicht unabhängig ist, besteht immer die Gefahr, dass unter Druck und dem Verweis auf Wirtschaftlichkeit Sicherheitsaspekte zurückgestellt werden. Bericht nach: Spiegel 24/1998.

6   Die Prüfberichte lagen im Mai 1997 der DB und der Bundesregierung (sie waren vom Bundesforschungsministerium in Auftrag gegeben worden) vor. Danach wiesen die ICE-Radsätze, teils im Neuzustand, teils mit Laufleistungen von etwa 60.000 km (= nur 2 Monate alt) durchweg Macken auf. »Keines der Räder«, rügten die Kasseler, »war im Neuzustand rund«. Bei Rädern, die bereits zwischen Waggon und Schiene malträtiert worden waren, zeigten die Präzisionsabmessungen »Abflachungen«, die dem Rad »die Form einer Nockenwelle« verliehen. Räder mit Laufleistungen von mehr als 300.000 Kilometern (was einem Einsatz von 1,5 bis 2 Jahren entspricht), wurden erst gar nicht geprüft. »Sie wurden uns«, wie die Kasseler notierten, trotz Zusagen der Bahn »zur Messung nicht zur Verfügung gestellt«.

chen ICE-Radsätzen. Die Berichte dokumentieren einen Zustand, der allen Sicherheitsstandards Hohn sprach. Dennoch wurde nicht gehandelt. Doch das Gericht verschloss später auch vor diesen Tatsachen die Augen.

Drittens wurden kurz vor dem Unglück konkrete Prüfungen des ICE-Unglücksrads mit Werten, die jeden weiteren Einsatz hätten verbieten müssen, ignoriert. Auf den Computer-Datensätzen der letzten Überprüfung des Unglücks-ICE »Wilhelm Conrad Röntgen«, die die Ergebnisse der Überprüfung des Zug am Tag zuvor im Münchner ICE-Werk dokumentieren, »annoncierten die Messgeräte« exakt an dem Rad, das dann den Unfall ausgelöst hat, »eine sogenannte Unrundung erheblichen Ausmaßes«. Eine nicht ganz so starke, aber auch den Grenzwert überschreitende »Unrundung« wurde bereits zwei Tage zuvor registriert – und ebenfalls schriftlich festgehalten. Diese Kontrollergebnisse hätten auch nach dem Regelwerk der DB zwingend dazu führen müssen, dass der entsprechende Wagen oder das Radgestell sofort aus dem Verkehr gezogen werden. Das fand auch deshalb nicht statt, weil generell die Ergebnisse der Radsatzdiagnoseanlage in vielen Fällen aus Wirtschaftlichkeitserwägungen nicht ernst genommen wurden.[7] Auch hier herrschte offensichtlich der Grundsatz: Wirtschaftlichkeit geht vor Sicherheit.

Bilanz: Die Eisenbahnkatastrophe von Eschede haben der Vorstand der Bundesbahn (in der Phase der Entscheidung des Radsatzwechsels 1992/93) und der Vorstand der Deutschen Bahn AG (hinsichtlich des Ignorierens vieler Warnungen) zu verantworten. Dabei gab es in der Person des Technikvorstands Roland Heinisch eine personelle Kontinuität (Heinisch war bis August 2007 Mitglied im DB-AG-Vorstand). Indem die Spitze der Deutschen Bahn AG diese Verantwortung bis heute im Wesentlichen leugnet, macht sie deutlich: Betriebswirtschaftlichen Aspekte können in der DB-Praxis durchaus Vorrang vor der Sicherheit haben. Die Deutsche Bahn deckt damit

---

7   Eine ausführliche Analyse der Eschede-Katastrophe findet sich bei Knierim/ Wolf, Bitte umsteigen! 20 Jahre Bahnreform, Stuttgart 2014, S. 52ff; Zitate nach: Der Spiegel 39/1998.

grundsätzlich eine »Philosophie«, die die Sicherheit im Schienenverkehr schwächen muss.

Eschede ist kein Einzelfall. In einer unvollständigen Darstellung zum Thema Sicherheit im aktuellen deutschen Schienenverkehr können unterschiedliche *Typen von Eisenbahnunfällen* identifiziert werden, die mit der Priorität Betriebswirtschaftlichkeit vor Sicherheit in Verbindung stehen.

Veraltete Sicherungstechnik – Hordorf 2011 und Bad Aibling 2016

Am 29. Januar 2011 kam es auf der eingleisigen Hauptstrecke Magdeburg – Halberstadt bei Hordorf zu einem folgenschweren Zugunglück, bei dem ein Güterzug und ein Personenzug kollidierten und zehn Menschen getötet wurden. Bei der Untersuchung des Unglücks wurde in den Vordergrund gestellt, dass der Lokführer das Vor- und das Hauptsignal der Überleitstelle Hordorf missachtet hatte, womit »menschliches Versagen« und »Augenblicksversagen« als Unglücksursache genannt und schließlich auch gerichtlich geahndet wurden. Allerdings hatte die Richterin im Hordorf-Prozess in ihrer Urteilsbegründung auch dargelegt, dass eigentlich der Bund als Angeklagter hätte geladen werden müssen. Dieser Hinweis hatte erhebliche Wirkung und dokumentiert, dass eine aufmerksame Justiz der Deutschen Bahn durchaus Beine machen kann.[8]

Über 15 Jahre hinweg lässt sich dokumentieren, wie DB AG und Bund die Installation des Sicherungssystems Punktförmige Zugbeeinflussung (PZB), das den Unfall durch eine Zwangsbremsung an dem roten Signal verhindert hätte, hinauszögerten.

Nach einem Zugunglück in Kleinfurra (Nordthüringen) im Juni 1996 – zwei Regionalbahnen fuhren aufeinander; zwei Men-

---

8   Nur wenige Tage nach Verkündung des Urteils, mit Fahrplanwechsel im Dezember 2012, erging eine Änderung der Fahrdienstvorschrift für Züge auf Strecken ohne PZB bzw. bei Ausfall der PZB-Fahrzeugeinrichtung, wonach auf solchen Strecken bzw. bei einem solchen Vorkommnis nur noch maximal Tempo 50 gefahren werden darf.

schen wurden getötet – entschied 1997 das Bundesverkehrsministerium, dass insbesondere die Schienenstrecken in den neuen Bundesländern mit PZB nachzurüsten seien. Es gab jedoch keine exakte
Zeitvorgabe, bis wann diese Nachrüstung vollzogen werden müsste,
und keine zusätzlichen Sicherungsmaßnahmen für die Zeit, bis die
Nachrüstung umgesetzt sein würde. Im Oktober 2000 verpflichtete
sich die Bahn, 1500 km Haupt- und 10.000 km Nebenstrecken mit
PZB auszustatten. Im Zeitraum 2000 bis 2008 gab es einen acht Jahre andauernden Streit zwischen DB AG, Eisenbahn-Bundesamt und
Bundesverkehrsministerium über die Frage, wer die Kosten für die
PZB-Nachrüstung zu tragen habe.[9] Erst im April 2008 legte die Bahn
eine »Gesamtkonzeption« zur flächendeckenden PZB-Ausrüstung
vor. Im Juni 2008 genehmigte das EBA diese »Gesamtkonzeption«.
Die Strecke, auf der sich das Hordorf-Unglück ereignete, war in diesem Ausrüstungsprogramm enthalten. Damit kamen die Nachrüs-
tungsarbeiten für die Getöteten und Schwerverletzten um wenige
Monate zu spät.

Insgesamt gab es seit Gründung der Deutschen Bahn AG mehr
als ein Dutzend schwerer Eisenbahnunfälle, die bei einem rechtzeitigen Einbau der vorhandenen und im Übrigen nicht teuren Sicher-
heitstechnik verhindert worden wären.[10]

---

9   »Der auf den Börsengang fixierte Konzern wollte nicht selber zahlen und
      beantragte beim Eisenbahn-Bundesamt, die nötigen Mittel aus dem Bundes-
      haushalt freizugeben.« (Quelle: Der Spiegel 6/2011).

10.   Eine unvollständige Auflistung: Zugunglück vom 27.9.2001 in Enzisweiler
      im Allgäu; Zusammenprall zweier Züge, viele Verletzte. Die Infrastruktur
      war mit PZB ausgerüstet, einer der Züge jedoch nicht (Schwäbische Zeitung
      vom 26.3.2002). // Am 18. Februar 1999 prallten ein IC und ein Regional-
      zug im Bahnhof Immenstadt zusammen; zwei Menschen wurden getötet.
      Im Jahr zuvor waren mehrere Weichen ausgewechselt, dabei aber vergessen
      worden, die mitgelieferte Sicherungstechnik einzubauen (Lindauer Zeitung
      vom 18.2.1999). // Im März 1999 stießen in Erfurt zwei Regionalzüge zu-
      sammen, 13 Personen wurden verletzt. Der Lokführer hatte ein Haltesig-
      nal überfahren; es fehlte PZB oder vergleichbare Sicherungstechnik (Süd-
      deutsche Zeitung vom 10.3.1999). // Im Oktober 1995 stießen in Werdau
      in Sachsen ein IR und ein Nahverkehrszug zusammen; ein Mensch wurde
      getötet, 16 Personen verletzt. Erneut war die vordergründige Ursache das

Am 9. Februar 2016 kam es im bayerischen Bad Aibling zu einem schweren Eisenbahnunfall mit zwölf Toten und 89 Verletzten. Im Mittelpunkt der Berichterstattung zu diesem Unfall stand von vornherein der Fahrdienstleiter. Dieser hatte zwei Meridian-Regionalzüge, die in entgegengesetzter Richtung fuhren, aufs gleiche Gleis geschickt. Der Traunsteiner Oberstaatsanwalt urteilte direkt nach dem Unglück: »Was wir momentan haben, ist ein furchtbares Einzelversagen.«[11] In den Medien-Berichten wurde dann immer ins Zentrum gestellt, dass der besagte Fahrdienstleiter während seiner Arbeit »auf seinem Handy gespielt« habe. Die Vorverurteilung war perfekt. Eine angemessene Verteidigung des Fahrdienstleiters war damit außerordentlich erschwert. Der Mann wurde schließlich zu dreieinhalb Jahren Haft verurteilt. Doch bereits im Prozess tauchte eine Reihe von Aspekten auf, mit denen belegt wurde, dass die auf dieser Strecke zum Einsatz gelangte Sicherungstechnik veraltet war.[12] Das Gericht berücksichtigte diese Fakten jedoch nicht. Das wurde dadurch begünstigt, dass auch die Verteidiger des Fahrdienstleiters diese Argumentation nicht aufgriffen. Es handelte sich um Anwälte der Kanzlei

---

Nichtbeachten eines Haltesignals durch einen Lokführer, doch es fehlte die Sicherungstechnik (Neues Deutschland vom 17. Oktober 1995). // Im Dezember 1995 kam es in Garmisch-Partenkirchen zum Frontalzusammenstoß eines Eilzugs mit dem verglasten Ausflugstriebwagen der DB AG; ein Toter, 57 Verletzte; der Lokführer des Eilzugs hatte ein Haltesignal überfahren; es fehlte PZB oder vergleichbare Sicherungstechnik (Quelle: Frankfurter Allgemeine Zeitung vom 13. Dezember 1995).

11   Zitiert bei: Rüdiger Köhn, Ein fatales Sondersignal, in: Frankfurter Allgemeine Zeitung vom 17. Februar 2016.

12   In dem gut recherchierten Prozessbericht des Journalisten Stefan Aschauer-Hundt zum Eisenbahnunglück in Bad Aibling heißt es in der Lokalzeitung Sauerländischer Beobachter vom 24. November 2016: Im Prozess »präsentierte Rüdiger Muschweck [= Leiter der Eisenbahnuntersuchungsstelle des Bundes für den Bereich Deutschland Südost] die Verfügung der […] Deutschen Bundesbahn von 1984, wonach beim Vorhandensein von mehr als einem Blockabschnitt zwischen zwei Zugmeldestellen (hier gegeben) die ›Erlaubnisabhängigkeit‹ nachzurüsten sei, sowie der Bundesbahndirektion München dafür Mittel zur Verfügung stünden. Diese Nachrüstung ist seit 1984 unterblieben: die Schalteinrichtung fehlt.«

Feigen / Graf in Köln, die zuvor in größerem Umfang für die Deutsche Bahn AG tätig waren und weiterhin für die DB tätig sind.[13] – Gemeinhin nennt man dies Parteienverrat. Die Verteidigung zeigte kein Interesse, sich mit der unzureichenden Sicherungstechnik vor Ort vertraut zu machen. Die Verteidigerin Ulrike Thole sprach naiv davon, dass der Stelltisch des Stellwerkers in ihren Augen »wie ein Weihnachtsbaum blinke«.

Durchweg wurde im Prozess das Handy-Spiel in den Vordergrund gestellt. Doch dies diente dazu, von den Sicherheitslücken abzulenken. Belegt wurde schließlich, dass der Stellwerker gut fünf Minuten vor dem Unfall das aktive Handyspiel beendet hatte. Die Verteidigung akzeptierte auch den Urteilsspruch (mit dreieinhalb Jahren Haft) und legte keine Revision ein. Der zweite Verteidiger des Angeklagten, Thilo Pfordte, erklärte sogar, das Urteil sei »nach dem Verlauf des Verfahrens zu erwarten« gewesen.[14]. Auf harten Fakten und teilweise unglaublichen Vorkommnissen, die den Angeklagten hätten entlasten können, wurden von dieser Seite nicht beharrt. Um nur drei zu nennen: (1) Wie konnte es passieren, dass das Telefon, von dem der Notruf durch den Stellwerker abgesetzt wurde (ein Notruf, der die beiden Lokführer nie erreichte), von den Verantwortlichen der Deutschen Bahn AG entfernt und nach Frankfurt/M. in die Zentrale der Netz AG verbracht worden war? Im Klartext: Ein Beweismittel wurde von Verantwortlichen der Deutschen Bahn, offensichtlich aus dem Bereich DB Netz, aus einem versiegelten Tatort, dem Büro des Fahrdienstleiters, entfernt. Warum blieb der Telefonapparat längere Zeit verschollen? Warum gelangte er erst vier Wochen später zur Kripo Rosenheim? Warum wurde er dort nicht untersucht, sondern in die Asservatenkammer verbracht? (2) Wie ist

---

13   Die genannte Rechtsanwälte Partnergesellschaft mbH Hanns W. Feigen und Dr. Walther Graf ist u. a. für die Deutsche Bahn AG aktiv, wenn das Aktionsbündnis gegen S21 gegen die Top-Leute der DB Anzeige wegen Untreue erstattet, siehe: http://stuttgart21.strafvereitelung.de/announcement/1149-2/ [17.7.2019]

14   Benjamin Schulz, Tödliche Ablenkung, Spiegel online vom 5. Dezember 2016.

es zu bewerten, dass zwei Stunden nach dem Unfall von dem Vorgesetzten des Stellwerkers die Unfallzeit willkürlich und verbotener-
weise ins Zugmeldebuch nachgetragen wurde? (3) Und wie kann
es sein, dass der Untersuchungsleiter Rüdiger Muschweck von der
Eisenbahnunfall-Untersuchungsstelle Südostbayern acht Monate
nach dem Unglück vor Gericht erklären konnte, die Behörde sei sich
nicht ganz sicher, um welche Blocktechnik es sich im vorliegenden
Falle gehandelt habe?[15]

Erst knapp zwei Jahre nach dem Urteilsspruch, Ende 2018, wurde
der Bericht der Bundesstelle für Eisenbahnunfalluntersuchung zum
Bad-Aibling-Unglück vorgelegt. In diesem werden deutlich andere
Akzente gesetzt. Festgehalten wird: Es gab eine Reihe technischer
und organisatorischer Mängel, welche die Fehler des Fahrdienstleiters begünstigt hatten. Insbesondere hätte in dem alten Stellwerk
auch nach dem Regelwerk der Bundesbahn bzw. der Deutschen Bahn
seit mindestens zwei Jahrzehnten eine spezifische technische Kom-
ponente (»Erlaubnisabhängigkeit«) eingebaut werden müssen, die
die tödliche Kollision verhindert hätte. Wobei sich auch bei diesem
entscheidenden Detail der Zielkonflikt widerspiegelt, der das Thema Sicherheit im Schienenverkehr so gut wie immer kennzeichnet.
In der ursprünglichen Fassung des Berichts stand die Formulierung,
wonach diese notwendige Nachrüstung »die Kollision mit hoher Sicherheit verhindert hätte«. Diese Berichtsfassung wurde der Deutschen Bahn AG vorgelegt. Auf deren Einsprüche hin wurde die Formulierung abgeändert, sodass dort nun im Endbericht zu lesen ist:
Eine Nachrüstung hätte »zur sicheren Seite gewirkt und einen entsprechenden Beitrag zur Vermeidung des Unfalls geliefert«.[16] Wobei

---

15 Zu diesem Zeitpunkt wurde in den einschlägigen Eisenbahnerforen längst
    dargelegt, dass dort ein »Zentralblock ZB 65, Bauart Siemens« verbaut wor-
    den war. Dagegen wurde im Gerichtsverfahren davon ausgegangen, dass es
    sich um »Selbstblocktechnik« gehandelt habe. Auf diese Weise konnte dem
    Fahrdienstleiter die volle Schuld zugeschrieben werden.

16 Zitiert nach: Matthias Köpf, Die Bahn trägt eine Mitschuld am Zugunglück
    von Bad Aibling, Süddeutsche Zeitung vom 16. November 2018.

die Verpflichtung, die »Erlaubnisabhängigkeit« nachzurüsten, aus dem Jahr 1984 stammt.

Immerhin wird in dem Bad-Aibling-Bericht die Notwendigkeit unterstrichen, dass die Deutsche Bahn »verbindliche Regeln zur Nachrüstung von Bestandsstellwerken« aufstellen müsse. Erneut gibt es jedoch auch hier keine klare Verpflichtung, diese Nachrüstungen in einem angemessenen, also kurzen, Zeitraum zu realisieren. Laut Angaben von DB Netz ist weiterhin fast die Hälfte aller Stellwerke in Deutschland mit Technik aus den 1970er Jahre ausgerüstet – also Schalttafeln mit Drucktasten, Relais und Glühlampen. Weitere knapp 40 Prozent seien noch älter. Wobei von den wenigen digitalisierten Stellwerken anteilig weit mehr Streckenkilometer gesteuert werden.

Wir befinden uns in einer Gesellschaft, in der über »autonomes Fahren« im Autoverkehr debattiert wird und in der die Bahn-Verantwortlichen und die Herren im Bundesverkehrsministerium es in keiner Rede versäumen, von der »digitalen Schiene« zu raunen. In dem Bereich aber, in dem der Verkehr immerhin bereits auf Schienen gesteuert wird und auf einzelnen Verbindungen sicheres autonomes Fahren noch am ehesten möglich sein könnte (siehe die autonom fahrenden U-Bahnen in Nürnberg und in Paris) und in dem mit relativ einfachem technischen Aufwand und begrenztem finanziellen Aufwand man das Sicherheitsniveau qualitativ erhöhen könnte, wird eine stark veraltete Technik eingesetzt, die schwere Unfälle nicht nur möglich macht, sondern das Zustandekommen solcher Unfälle – zumal im Zeitalter verschlechterter Ausbildungsstandards und größeren Alltagsstresses – geradezu provoziert. In einem Leserbrief zu dem Bad-Aibling-Unglück heißt es zutreffend: »Man muss den Verantwortlichen der Deutschen Bahn zwei Fragen stellen [...]: Frage eins. Wie ist es möglich, dass ein Sicherheitssystem, das menschliches Versagen verhindern soll, durch eben dieses mittels eines falschen Knopfdrucks außer Kraft gesetzt werden kann? Frage zwei. Wie ist es möglich, dass eine Bahnstrecke im 21. Jahrhundert immer noch eingleisig ist, auf der in beiden Richtungen am Tag zwischen 5 und 23 Uhr sage und schreibe 90 Personenzüge unterwegs sind?«[17]

Unfälle auf Bahnhöfen
aufgrund der Sogwirkung von durchfahrenden Zügen

Am 6. Dezember 2010 wurde die 15-jährige Cathrin P. von ihrer Mutter zum Bahnhof Wünsdorf südlich von Berlin gebracht. Sie ging über einen vereisten Trampelpfad – einen anderen Weg gibt es nicht – zum nicht geräumten Mittelbahnsteig, der an dieser Stelle nur 1,90 Meter breit ist. Ihr Zug hatte Verspätung. Ein anderer Zug raste durch den Bahnhof. Das Mädchen erschrak und trat zurück. Ein Gegenzug erfasste die Jugendliche. Caroline wurde getötet. Laut Staatsanwaltschaft gab es keinen Verstoß der Bahn gegen Sicherheitsvorschriften.[18]

Am 16. Mai 2018 wurden in Unterschleißheim in Bayern zwei Männer vom Sog eines vorbeifahrenden Regionalexpress-Zuges erfasst und schwer verletzt (einer von ihnen verlor ein Bein). An der Unglücksstelle war der Bahnsteig wegen Bauarbeiten nur einen Meter breit. Anfang Mai desselben Jahres rissen in Rosenheim die Luftwirbel eines Güterzugs einen Kinderwagen mit, der völlig zerfetzt wurde. Zum Glück hatte die Mutter ihr Baby kurz zuvor auf den Arm genommen.[19]

Am 14. Juli 2011 teilte der Parlamentarische Staatssekretär Enak Ferlemann in einer Antwort auf eine entsprechende Frage mit: Es habe zwischen 1. Januar 2001 und dem 31. Dezember 2010 insgesamt 56 Unfälle gegeben, »in denen Personen, die sich auf Bahnsteigen aufhielten, durch durchfahrende Züge zu Schaden kamen, ohne dass eine Selbstmordabsicht oder Fremdeinwirken durch andere Personen eindeutig als Ursache festgestellt wurde. [...] Bei diesen Unfällen

---

17   Leserbrief von Renate Seitz, Süddeutsche Zeitung vom 23. Februar 2016.

18   ARD – rbb-Fernsehen vom 13. Januar 2011, Sendung »Lebensgefahr – Todesfalle Bahnhof«.

19   Berichte zu Unterschleißheim und Rosenheim nach: Münchner Merkur vom 17. Mai 2018.

wurden 18 Personen getötet, 24 Personen schwer verletzt und 14 Personen leicht verletzt«. Das sind fast zwei Getötete und mehr als zwei Schwerverletzte pro Jahr.[20]

Dennoch verschlechtern sich die Rahmenbedingungen, in denen diese Unfälle stattfinden. Mitte 2014 teilte die Deutsche Bahn AG mit, dass sie zukünftig darauf verzichtet, die Wartenden auf den Bahnsteigen per Lautsprecherdurchsage vor durchfahrenden Zügen zu warnen. Der Grund: Die Bahn wolle die Anwohner rund um die Stationen »vor Lärmbelästigungen schützen«. Ein Sprecher von PRO BAHN Hessen äußerte hingegen: »Die Bahn sucht doch regelmäßig nach Möglichkeiten, Geld einzusparen.«[21]

Im Übrigen erleben wir hier eine typische Kombination verschiedener zerstörerischer Aspekte der Bahnprivatisierung, die in den beschriebenen, abgesenkten Sicherheitsstandard münden: Bahnhöfe werden aufgegeben, es gibt kein oder viel zu wenig Aufsichtspersonal auf Bahnsteigen; Bahnsteige werden oft nicht von Schnee, Eis und Bauschutt geräumt; es gibt auf vielen Bahnhöfen Baustellen, die von Sub-Sub-Unternehmen unverantwortlich eingerichtet sind, und aufgrund des schlechten Zustands der Infrastruktur werden oft schnelle Güterzüge und ICE auf Nebenstrecken umgeleitet, wo sie mit hohen Geschwindigkeiten Bahnhöfe passieren.

Unfälle aufgrund mangelhafter Wartung von Zügen – das Beispiel Dierdorf 2018

Am frühen Freitagmorgen, den 12. Oktober 2018, war der ICE 511 von Köln mit Ziel München auf der Schnellfahrstrecke in Richtung Frankfurt/M. unterwegs. Die Fahrt endete abrupt wegen eines ein-

---

20 Bundestags-Drucksache 17/6589, S. 63. Dabei muss berücksichtigt werden, dass mit der Fragestellung möglicherweise die tatsächliche Zahl der Opfer zu niedrig genannt wird, da nur nach »durchfahrenden« Zügen gefragt wurde und die Begriffe »Selbstmordabsichten« und »Fremdeinwirkung« gelegentlich interpretationswürdig sind.

21 Jutta Rippengather, Schluss mit Warnansagen. Die Bahn verzichtet auf ihre Lautsprecher-Hinweise, bevor Züge durchfahren, Frankfurter Rundschau vom 7. Juni 2014.

getretenen Brandereignisses am Trafowagen in Dierdorf vor Montabaur. Einem Bundespolizisten im Zug sowie Fahrgästen, die als Feuerwehrleute und Mitglieder eines Rettungsdienstes auf dem Weg zur Arbeit waren, ist es zu verdanken, dass nach der rasanten Ausbreitung des Feuers schnell reagiert wurde. Nach Betätigung der Notbremse durch den Bundespolizisten, was dem Lokführer gemeldet wurde, wurde der ICE durch den Lokführer außerhalb eines Tunnels um 6.23 Uhr sicher zum Halt gebracht. Inzwischen war am vorletzten Wagen ein Vollbrand ausgebrochen. Der Zug mit mehr als 500 Fahrgästen konnte in Eigeninitiative der Betroffenen evakuiert werden. Das war nicht erlaubt, rettete aber Leben.

Die Feuerwehr traf zwar bereits um 6.40 Uhr am Einsatzort ein. Sie durfte jedoch ohne den Notfallmanager der DB nicht tätig werden. Der DB-Verantwortliche für diese Art Unfälle traf erst um 7.05 Uhr ein. Schließlich konnte gegen 7.15 Uhr mit den Löscharbeiten begonnen werden. Inzwischen war viel Zeit vergangen. Der Vollbrand hatte auch auf den Wagen 33, den Stromrichterwagen, übergegriffen.

Der Dierdorf-ICE-Unfall, dessen Ursachen Mitte 2019 noch nicht endgültig aufgeklärt sind, erlaubt bereits heute interessante Erkenntnisse beim Thema gefährdete Sicherheit im Schienenverkehr.

Ein ICE kann brennen – in jedem Vierteljahr gibt es einen ICE-Brand // Einer der Feuerwehreinsatzleiter in Dierdorf, Werner Böcking, äußerte in einer ersten Auswertung des Unglücks: »Es hieß immer, ein solches Szenario« – einen brennenden ICE – »kann es eigentlich gar nicht geben. Denn in dem Zug sei kaum etwas Brennbares vorhanden, außer den Gepäckstücken der Passagiere.« In diesem Punkt sei man eines Besseren belehrt worden. »Das Ding stand im Vollbrand. Selbst die Aluminium-Karosserie war zerschmolzen.«[22] Erst nach dem Dierdorf-Unfall wurde bekannt: Seit 2008 hat es 39-mal in ICE der Deutschen Bahn gebrannt. Die DB behauptet

---

22 Oliver Nieder, Warum der ICE-Brand im Westerwald glimpflich ausging, SWR Aktuell, Sendung vom 19. Oktober 2018, unter: www.swr.de.

zwar, es habe sich dabei meist »um Papierbrände in Mülleimern durch glimmende Zigaretten« oder um »Brandstiftung in Toiletten« gehandelt. Das muss bezweifelt werden, denn in 36 der insgesamt 39 Fälle musste der betroffene Zug ganz oder teilweise evakuiert werden.[23]

Senkung der Ausbildungsstandards bei den Lokführern // Die Lokführer (und die Bundespolizei) wurden früher von der Bahn im »Erden« eines Zuges – in Maßnahmen zur Ableitung von elektrischen Strömen in den Erdboden bzw. das Erdreich – ausgebildet. Das wird inzwischen nicht mehr gemacht – aus Kostengründen. Es ist ausschließlich Aufgabe des Netzbetreibers und der wenigen Berufsfeuerwehren, die mit Erdungsstangen ausgerüstet sind. Früher gab es auf den Lokomotiven auch Erdungsstangen. Damit konnte vor Ort sofort geerdet werden. Inzwischen bringt der Notfallmanager in seinen Einsatzfahrzeug die Erdungsstangen mit.

Unzureichendes Notfallmanagement der DB // Das Problem, dass auf den Notfallmanager gewartet werden muss, birgt enorme Gefahren. Denn erst wenn bestätigt ist, dass der Zugverkehr eingestellt, die Strecke gesperrt und die Fahrleitung abgeschaltet und »bahngeerdet« ist, darf die Feuerwehr zur Menschenrettung übergehen. In Dierdorf hatten die Rettungskräfte zwar bereits nach elf Minuten den brennenden ICE erreicht. Die Feuerwehrleute standen dann jedoch rund 30 Minuten löschbereit, doch zur Untätigkeit verdammt vor dem »Brandereignis«. Erst 40 Minuten nach der Alarmierung war der Notfallmanager vor Ort. Die Oberleitung war zwar bereits abgeschaltet, aber noch nicht geerdet. Bis zur Erdung durften die Einsatzkräfte wegen des Eigenschutzes nicht mit dem Löschen beginnen. Der bereits zitierte Böcking: »Ich habe mir versucht vorzustellen, wie meine Leute reagiert hätten, wenn in dem brennenden Waggon noch Passagiere gewesen wären, die vielleicht um Hilfe geschrien hätten.«

---

23 Bahn-Notfallmanagement unzureichend, SWR Aktuell vom 6. November 2018, unter: www.swr.de.

Die Evakuierung der Fahrgäste durch Fahrgäste mit Kompetenz und Mut war im vorliegenden Fall glücklich verlaufen. Sie rettete Menschenleben. Dennoch gab es dafür keine Befugnis – und keine Gewährleistung, dass es z. B. auf der Strecke keinen Zugverkehr gab.

Brandursache »anspruchsvolle« Strecke, die mit nicht voll funktionstüchtigen ICE befahren wird // Die Strecke, auf der der ICE verkehrte, gilt als extrem »anspruchsvoll«: Bei der Abfahrt des Zuges in Siegburg/Bonn beschleunigte der Doppelzug bis auf 300 km/h, und dies auf über 40 Streckenkilometern mit einer durchgehenden Steigung von 40 Promille, um die Höhenmeter ins Siebengebirge zu überwinden. Dabei wird die Höchstleistung des Zuges angefordert, sodass die Trafos, die Stromrichter und die Fahrmotoren stark und lange belastet werden. Auf dieser Strecke selbst gab es 2006, 2014 und 2017 je einen Brand in einem ICE. Der Bahnexperte Professor Markus Hecht von der TU Berlin äußerte: »Die Leistungsanforderung ist dort derart hoch, gleichzeitig gibt es zu wenig Fahrzeuge. In der Folge werden Züge mit Schäden auf die Strecke geschickt.«[24] Nicht ganz zufällig wurde nach dem Dierdorf-ICE-Brand bekannt: Nur ein Fünftel aller ICE, die verkehren, sind »voll funktionsfähig«. Auch wenn es sich dabei oft um Mängel handelt, die nicht sicherheitsrelevant sind, so ist diese beschämende Bilanz doch von erheblicher Bedeutung. Zumal die DB in einer Antwort auf diesen Befund erklärte, in diese Statistik gehe auch ein, »wenn eine Wagentür defekt ist.« Als ob eine Wagentür, die sich nicht öffnen lässt, nicht auch sicherheitsrelevant werden kann.[25]

Und hier ist wieder eines der »Eschede-Phänomene«: Der Druck auf die DB und vor allem auf die Beschäftigten »ganz unten«, hier: die Bahner im Bereich der Instandhaltung, ist enorm, auch Fahrzeuge mit Schäden, die möglicherweise sicherheitsrelevant sind, für den Einsatz freizugeben.

---

24   Zitat Hecht nach: SWR-Beitrag Bahn-Notfallmanagement unzureichend, a. a. O.

25   Mängel bei der Bahn – Nur jeder fünfte ICE »voll funktionsfähig«, ARD-Tagesschau vom 7. Juli 2019, unter: www.tagesschau.de.

Schaltet die DB elementare Sicherheitseinrichtungen ab? // Im Zusammenhang mit dem Dierdorf-ICE-Brand geriet wiederholt eine zentrale Schutzeinrichtung mit der Bezeichnung »Buchholz-Relais« in den Blickpunkt. Es handelt sich hier um die einzige Schutzeinrichtung, die den Trafo in den ICE 3 vor Bränden schützen soll. Der bereits zitierte Markus Hecht äußerte: Die vorliegenden Zeugenaussagen »deuten ganz stark auf eine Explosion im Kühlkreislauf des Transformators hin. So etwas tritt auf, wenn das Buchholz-Relais nicht funktioniert«.[26]

Erst im Zusammenhang mit dem Dierdorf-ICE-Brand wurde bekannt: Bei ICE-Zügen wird genau dieses sicherheitsrelevante Buchholz-Relais »gelegentlich überbrückt«, also ausgeschaltet. Die DB gestand diesen Tatbestand ein – erklärte jedoch, dies sei bislang »nur bei den ICE-1- und den ICE-2-Zügen erfolgt«. Und eben »nur gelegentlich«. Daher könne, so Bahnvorstand Berthold Huber, »eine Überbrückung des Buchholz-Relais als Brandauslöser [beim Dierdorf-ICE-Brand] ausgeschlossen werden«.[27] Selbst wenn das zutreffen sollte (in einem TV-Beitrag von »Report Mainz« erklärte ein Lokführer, dass es auch beim ICE 3 schon mehrfach solche Überbrückungen gegeben habe), was ist das für ein Eingeständnis! Die Spitze der Deutschen Bahn gesteht, dass sie »gelegentlich« ICE verkehren lässt, in denen eine für die Sicherheit zentrale Schutzeinrichtung ausgeschaltet – »überbrückt« – wurde.

Wobei auch hier wichtig ist zu erwähnen: Das Buchholz-Relais ist eine veraltete Technik zum Schutz vor Trafo-Bränden. Aus einer

---

26   Zitiert im SWR-Beitrag Bahn-Notfallmanagement unzureichend, a. a. O. Das Buchholz-Schutzrelais wurde im Jahre 1923 von Max Buchholz zum Patent angemeldet und 1925 erstmalig bei einem Transformator der Firma Siemens eingesetzt. Es handelt sich um ein Gerät zur Erkennung innerer Fehler ölgekühlter Transformatoren. Der Einbau erfolgt in die Verbindungsleitung zwischen Ölwanne und Ausdehnungsgefäß. Es erfasst die Fehlerauswirkung Gasentstehung, Ölverlust und erhöhte Ölströmung. Siehe ausführlicher: https://www.vde-leipzig-halle.de/de/facharbeit-regional/ets/objekt-des-monats/buchholzschutzrelais.

27   Zitiert im SWR-Beitrag Bahn-Notfallmanagement unzureichend, a. a. O.

Analyse des Dierdorf-ICE-Brandes: »Informiert man sich bei Ener-
gieversorgungsunternehmen – also außerhalb des Bereichs Bahn –
nach Sicherheitseinrichtungen bei Trafos, dann findet man in VDE-
Vorschriften Hinweise auf Trafoanlagen, die auch bei ausgeschalteten
(oder nicht funktionierenden) Buchholzschutzrelais zusätzlich über
Temperaturfühler verfügen, die im Fall der Überhitzung des Trafos
diesen abschalten.«[28]

Die Maxime des Bahnkonzerns »Betriebswirtschaftlichkeit geht
vor«, kombiniert mit dem Fehlen wirklich unabhängiger Instanzen,
die der Maxime »Sicherheit ist die oberste Maxime« zur Geltung verhelfen, ist hochgefährlich, im vorliegenden Fall brandgefährlich.

Walter Kripgans (2000) und Thomas Kahrst (2013/14), zwei unglaubliche Fälle

Walter Kripgans war einer der Chefermittler des Eisenbahn-Bun-
desamtes (EBA) beim ICE-Unglück von Eschede. Der Regierungs-
oberamtsrat hielt am 7. Juli 2000 im Rahmen eines Symposiums der
Hamburger Landesfeuerwehrschule einen nicht öffentlichen Vortrag
über gravierende Sicherheitsmängel und ihre Vertuschung durch die
Deutsche Bahn. Er führte u. a. aus: »Es gibt Fälle, wo Führungskräfte der DB unter dem Mantel der Verschwiegenheit mich persönlich
gebeten haben, verwaltungsrechtliche Maßnahmen aufgrund von
Mängeln einzuleiten, die in ihrem eigenen Zuständigkeitsbereich
liegen, weil sie nur so erreichen können, dass ihnen von ihren Vorgesetzten Geld zur Beseitigung der Mängel bewilligt wird.« Der damalige Bahnchef Hartmut Mehdorn schrieb einen Brief an den damaligen EBA-Chef Horst Stuchly. Stuchly ließ Kripgans strafversetzen
und faktisch kaltstellen. In einem devoten Schreiben an Mehdorn
meldete Stuchly Vollzug.[29]

Thomas Kahrst[30] wurde im November 2000 beauftragt, eine Se-

---

28   Das Brandereignis von Dierdorf, in: Lunapark21, Extra 18/19, Jan. 2019, S. 80.

29   Bericht Report Mainz (ZDF) vom 20. November 2000.

30   Name von Süddeutsche Zeitung Magazin geändert, siehe folgende Fußnote.

rie von schweren Stromunfällen bei der Deutschen Bahn zu beenden. Innerhalb von nur zweieinhalb Jahren waren drei Handwerker externer Firmen bei von der DB beauftragten Arbeiten gestorben, vier weitere Männer wurden schwer verletzt. Kahrst schrieb eine verbindliche Arbeitsanweisung (Kennziffer UN01-03-07-28AAN01). Sie war im April 2012 fertig erstellt. In dieser wurde u. a. festgehalten, dass elektrotechnische Laien von Fremdfirmen bei entsprechenden Arbeiten im Bahnbereich einen Mindestabstand von drei Metern zum Gefahrbereich (vor allem zu einer Oberleitung) einhalten müssen. Kahrst wurde daraufhin von seinen Vorgesetzten gestoppt. Explizit heiß es, damit seien »finanzielle Nachteile für unser Unternehmen zu erwarten«. Es kam zu weiteren Todesfällen – Kahrst zählte »fünf Tote und acht Schwerverletzte allein zwischen 2008 und 2012«. Auf einer Betriebsversammlung im Juni 2012 versuchte der Beamte vergeblich, den Vorstand der Netz AG für sein Vorhaben zu gewinnen. Am 16. Juli 2012 wurden auf dem S-Bahnhof Hannover-Nordstadt zwei weitere Arbeitskräfte bei Arbeiten auf einem Dach in der Nähe einer Oberleitung getötet. Kahrst sandte eine Rundmail an alle, die mit der Angelegenheit Arbeitsanweisung »Arbeiten in der Nähe von elektrischen Anlagen« betraut waren. Die Folgen für Kahrst: Unter einem Vorwand die »Freistellung bis auf Weiteres« und bald darauf die Verpflichtung, den Dienst wieder aufzunehmen in einem »Büro, das zugleich Materiallager ist: kein Rechner, kein Telefon.« Kahrst wandte sich nun direkt an den damaligen Bahnchef Rüdiger Grube. Er erhielt keine Antwort. Kahrst meldete sich bei der Polizei in Hannover, um zu dem Stromunglück auszusagen. Nun nahmen zwei Führungskräfte der DB Kontakt zur Polizei auf. Einer erklärte laut Polizeivermerk, Kahrst sei ein »schwieriger Kollege« und »als Zeuge eher ungeeignet«. Kahrst konnte bei den Ermittlungsbehörden nicht aussagen; sein Reiseantrag ging erst vier Tage nach der geplanten Anhörung zurück an ihn; das »genehmigt« war dreifach durchgestrichen. Die Staatsanwaltschaft Hannover stellte ihre Ermittlungen ein.

Wenige Tage nach dem Tod der beiden Arbeiter in Hannover –

und zwei Tage nach der Freistellung von Kahrst – unterschrieben Kahrsts Vorgesetzte die von Kahrst ausgearbeitete Anweisung. Sie trat am 1. August 2012 in Kraft.[31]

Maßnahmen im Rahmen einer Verkehrswende

Die Grundsätze »Sicherheit ist die oberste Maxime« und »Bei Sicherheit darf nicht gespart werden« können nur dann umgesetzt werden, wenn die für Sicherheit verantwortlichen Strukturen und Personen unabhängig von DB und Bundesverkehrsministerium (BMVI) sind. Daher wird unbedingt ein wirklich unabhängiges Eisenbahnbundesamt benötigt, das auch unbequeme Anweisungen mit möglicherweise teuren Konsequenzen durchsetzen kann. Dies betrifft insbesondere auch Genehmigungen, denn das Eisenbahnbundesamt war es auch, das die sechsfach überhöhte Gleisneigung in Stuttgart (siehe voriges Kapitel) genehmigt hat. Die Bundesstelle für Eisenbahnunfalluntersuchung ist formell eine unabhängige Behörde. Sie wurde allerdings erst 2017 eingerichtet. Sie ist weiterhin, wie im Fall Bad Aibling dokumentiert, empfänglich für politische Einflussnahme und wird erst den Beweis antreten müssen, dass sie tatsächlich im vollen Umfang unabhängig arbeitet und ausschließlich der Sicherheit im Schienenverkehr verpflichtet ist.

Darüber hinaus muss grundsätzlich das Personal in den Bereichen Sicherheit beim Eisenbahn-Bundesamt und bei der Bundesstelle für Eisenbahnunfalluntersuchung sowie bei der Instandhaltung im Bereich der DB deutlich vergrößert werden.

---

31   Bericht und Zitate nach der achtseitigen, ausgezeichneten Arbeit von Bastian Obermayer, Der Tod kommt von oben, Süddeutsche Zeitung Magazin vom 11. Juli 2014.

Anonym [ein erfahrener Lokführer]
Sicherheitsmängel im Bahnbetrieb

Nach der Bildung der Deutschen Bahn AG haben der Bund als Eigentümer und der Gesetzgeber dem Netzbetreiber und den Eisenbahnverkehrsunternehmen zu viele Freiheiten gelassen. Die Paragrafen 2 und 4 im Allgemeinen Eisenbahngesetz (AEG) regeln, dass der Infrastrukturbetreiber (in der Regel die DB Netz AG) und die Eisenbahnverkehrsunternehmen (inzwischen mehr als 380) selbst für ihre Sicherheit verantwortlich sind.

In meinen 25 Jahren Berufserfahrung als Lokführer habe ich immer wieder sicherheitsrelevante Ereignisse erlebt, die im Zusammenhang mit Kosteneinsparungen infolge der Bahnprivatisierung standen. An anderer Stelle haben solche Zustände zu schweren Unfällen geführt.

Nach der Inbetriebnahme elektronischer Stellwerke musste das Eisenbahnbundesamt mehrfach behördlich eingreifen, nachdem mehrere Lokführer gefährliche Zustände gemeldet hatten. Es ist immer wieder bestürzend zu sehen, wie die DB Netz AG sich selbst kontrolliert, selbst überwacht und sich selbst alles genehmigt – woraus immer wieder erhebliche Risiken resultieren. Ein Planer für elektronische Stellwerke berichtete mir, dass spezifische Sicherheitslücken an bis zu sieben Planprüfern vorbeigegangen sind, die diese gravierenden Lücken eigentlich hätten sehen müssen. Vor dem Hintergrund von immer neuen Fast-Unfällen und tatsächlichen Unglücken müsste es jedem Verantwortlichen bei DB und EBA klar sein, dass diese Art »Eigenkontrolle« ein verallgemeinertes Sicherheitsrisiko darstellt.

Ein Beispiel für »Sparen an Sicherheit« ist das schwere Eisenbahnunglück von Bad Aibling vom 9. Februar 2016, das zwölf Menschen das Leben kostete. Seit 1984 lag für das in Bad Aibling eingesetzte Stellwerk (Typ Spurplandrucktastenstellwerk Sp Dr 60 Siemens) eine Verfügung der Bundesbahn zur Nachrüstung vor. Danach hätte ein »Erlaubnisempfangsmelder« (ein wichtiges Bauteil, das die Erlaubnis eines Zuges auf eingleisigen Strecken anzeigt) eingebaut werden müssen. Damit wäre das Unglück verhindert worden. Mehr als drei Jahrzehnte lang wurde die Verfügung ignoriert – aus Kostengründen.

Die Sicherheit im Bahnverkehr hängt auch mit der Lokführer-Ausbildung zusammen. Diese liegt seit der Bahnreform ganz in der Hand der Eisenbahnverkehrsunternehmen. Diese prüfen auch ihre Lokführer selbst; eine unabhängige Prüfung wie im Straßenverkehr gibt es nicht. Grundlage dafür ist, dass die Verkehrsunternehmen nach Paragraf 4 AEG selbst für ihre Sicherheit verantwortlich sind. Vor dem Hintergrund des enormen Personalmangels bei allen Eisenbahnverkehrsunternehmen können dann Personen, die für den Beruf des Lokführers nicht über die ausreichenden Kenntnisse und Fähigkeiten verfügen, eine dieser – nicht von unabhängiger Seite durchgeführten – Prüfungen bestehen. Inzwischen werden bei der Bahn sogar Menschen ohne technische Vorbildung in neun Monaten zu Lokführern ausgebildet (»Neun-Monats-Kinder«).

Bei dem schweren Zugunglück in Brühl vom 6. Februar 2000 mit neun Toten und über 100 Verletzten trafen drei schwerwiegende sicherheitsrelevante Fehler im Gesamtsystem zusammen. *Erstens* hatte der Lokführer eine Lokführerprüfung zunächst bei der DB nicht bestanden, eine solche dann bei einem privaten Eisenbahnunternehmen gewissermaßen nachgeholt. Er konnte dann wieder zur DB wechseln, ohne dass er dort ausreichend für eine Praxis geschult worden wäre, die er nun im Bereich DB zu absolvieren hatte. *Zweitens* lagen dem Lokführer sich widersprechende Angaben zu der zulässigen

Geschwindigkeit in dem Baustellenbereich vor, in dem sich dann das Unglück ereignete (LA und Bau- und Betriebsordnung widersprachen sich). *Drittens* hätte die Installation einer einfachen Geschwindigkeitsprüfeinrichtung den schweren Unfall verhindert. Bei der Gerichtsverhandlung wurde bekannt, dass die Personalakte des Lokführers verschwunden war. Ähnlich sieht es bei den Fahrdienstleitern aus, die heute nur noch 4 Monate in einer Schnellausbildung zum Bediener eines Stellwerkes gemacht werden. Fahrdienstleiter müssten eine längere und breitere Ausbildung erhalten, um wirklich in allen Situationen richtig reagieren zu können.

Sicherheitsrelevante Bereiche bei der Bahn dürfen nicht unter Kostenvorbehalt stehen, denn sonst kann es immer wieder zu schweren Unfällen kommen.

Der Autor arbeitet als Lokführer und Ausbilder und ist seit vielen Jahren im deutschen Schienennetz unterwegs; um berufliche Nachteile zu vermeiden, möchte der Kommentator anonym bleiben.

Kapitel 12
Auf dem Rücken der Beschäftigten

Wer am Wochenende mit der Deutschen Bahn beispielsweise von Cottbus nach Dresden (RE 15) oder von Cottbus nach Leipzig (RE 10) fahren wollte, konnte Pech haben. Die Deutsche Bahn ließ in der Lausitz 45 Zugverbindungen ausfallen. Einer der Gründe: Personalmangel.

Lausitz Nachrichten vom 8. Juli 2019

Ich bin Lokführer aus Leidenschaft seit fast dreißig Jahren, der schon sehr lange über den mittlerweile besorgniserregenden Zustand der Bahn entsetzt ist [...] Ich habe die Fahrberechtigung für dreißig verschiedene Baureihen [...] und etwa 1,5 Millionen Kilometer hinter mir. Inzwischen hab ich viel zu oft eine Sechs-Tage-Woche mit bis zu 55 Stunden Arbeitszeit. Mehr als 400 Überstunden (andere haben bis zu 700), die ich vor mir herschiebe, sind das Ergebnis [...] jahrlanger verfehlter Personalpolitik. [...] Der Konzern ist in zahllose Gesellschaften aufgespalten. [...] Die Bundesbahn war ein über lange Zeit gewachsenes Unternehmen, wohl strukturiert, und hat größtenteils funktioniert. Damals fuhren unsere Züge relativ pünktlich [...] Ich kann mich nicht daran erinnern, dass je ein Zug ausgefallen wäre.

Ein Lokführer, Kaputte Bahn, in: FAZ vom 15. März 2019[1]

---

1   Am Ende des umfangreichen Textes steht als redaktionelle Anmerkung: »Der Lokführer hat die vollständige Version seines Briefes an die interne Zeitschrift »Die Welt«, verschiedene Rundfunk- und Printmedien und den Verkehrsausschuss des Deutschen Bundestages verschickt. Die Linken-Abgeordnete Sabine Leidig hat sich angemeldet, um ihn bei seiner Arbeit zu begleiten. Sein Vorgesetzter hat ihm versichert, dass [...] ihm keine disziplinarische Maßnahmen drohen.« Anzufügen ist, dass der Lokführer Beamter ist. Im Mai 2019 waren noch 4528 von insgesamt 20.366 Lokomotivführern Beamte.

Als Bahnchef Richard Lutz Anfang September 2018 seinen Brandbrief an die Führungskräfte im Bahnkonzern adressierte (und an die
Medien durchsickern ließ), in dem er unter anderem die Nichtein-
haltung von Qualitätszielen kritisierte, löste er ungewollt einen Bu-
merang-Effekt aus. Mitarbeiterinnen und Mitarbeiter ließen ihrem
Frust gegen »die da oben« freien Lauf. Der Chef der Eisenbahn- und
Verkehrsgewerkschaft (EVG), Alexander Kirchner, monierte: »Mittlerweile hat sich das ganze Unternehmen daran gewöhnt, permanent
unpünktlich zu sein und mit kaputten Toiletten und Speisewagen
durch die Gegend zu fahren.« Claus Weselsky von der Gewerkschaft
Deutscher Lokomotivführer (GDL) kritisierte: »Der Brief von Herrn
Lutz hat nicht nur Missmut, sondern auch Gelächter ausgelöst. Es ist
ja schön, dass die höchste Stelle im Konzern nun erkannt hat, dass
der Betrieb nicht läuft.«[2]

Der Eindruck, dass selbst der »Brandbrief« eine mit leeren Worten
gefüllte Blase sei, hat sich seither bestätigt. Lutz glaubte, drei Wochen
nach der Fast-Katastrophe von Dierdorf über das Thema mit den Worten »Lieber ein Brandbrief als ein Brand-ICE« flachsen zu können.[3]
Die einzige konkrete in dem »Brandbrief« aufgeführte Maßnahme, die
auch in allen Kommentaren zitiert wurde, nämlich eine »qualifizierte
Ausgabensteuerung«, wurde bereits im Frühjahr 2019 wieder klammheimlich kassiert. Die Maßnahmen, die in den zehn Monaten nach Publikation des Dokuments bis Sommer 2019 ergriffen wurden, erwiesen
sich dann eher als ein Ausdruck struktureller Hilflosigkeit. Offiziell
heißt es, es gebe seither eine kreative Beschäftigungsoffensive. »Bahn
stellt 24.000 Mitarbeiter ein« – »Kopfgeld für Lokführer« – »Die Bahn
trägt ihre DNA in die junge Generation und setzt auf den Greta-Thun-
berg-Effekt« – so nur drei typische von Dutzenden Schlagzeilen.[4]

---

2   Zitiert bei: Christian Schlesiger, Aufstand von unten, Wirtschaftswoche vom
     14. September 2019.

3   Aussage vor dem Internationalen Club Frankfurter Wirtschaftsjournalisten
     (ICFW), nach: Frankfurter Allgemeine Zeitung vom 31. Oktober 2018.

4   Handelsblatt vom 15. November 2018; Frankfurter Allgemeine Zeitung vom
     16. November 2018; Frankfurter Allgemeine Zeitung vom 17. Mai 2019.

Die Art und Weise, wie die DB seither neue Arbeitskräfte sucht, wirkt
wenig überzeugend. Zu den »ungewöhnlichen Rekrutierungsmetho-
den« gehören »Bewerber-Castings auf Bahnhöfen«. Der Bahn-Perso-
nalvorstand Martin Seiler beschrieb diese wie folgt: »Wir stellen dafür
in einem großen Bahnhof einen Waggon auf, und die Leute kommen.
[…] In München sind an zwei Tagen 200 Leute gekommen – und wir
haben schon vor Ort 70 vorläufige Einstellungszusagen ausgesprochen. Das hätten wir sonst so schnell nicht geschafft.«[5]

Komisch nur, dass es fast exakt die gleiche Operation bereits vor
gut einem Jahr gab. Damals führte die DB ein »riesiges Job-Casting«,
einen »Bewerbungsmarathon« in sieben deutschen Großstädten
durch. Personalvorstand war damals allerdings ein anderer, er hieß
Ulrich Weber. Der Herr wusste: »Niemand will in Zeiten, in denen
alles online mit einem Klick bestellt werden kann, lange warten.«
Und klar doch – die DB war damals bereits digital voll gut drauf.
Weber: »Deshalb führen wir Ende des Jahren [2017!] auch eine neue
Bewerbungssoftware ein, mit der man immer weiß, wie gerade der
Stand ist.«[6] Dennoch wusste die Deutsche Bahn ein Jahr später
nicht richtig, »wie gerade der Stand ist« – weshalb besagter »Brand-
brief« fällig wurde. Wenn dann im Sommer 2019 erneut hunderte
Züge aufgrund von »Personalmangel« ausfallen, dann deutet das da-
rauf hin, dass es sich nicht um ein konjunkturelles, sondern um ein
strukturelles Problem handelt.

Die Bahnreform sollte den Bahnbeschäftigten eine gute und si-
chere Zukunft bieten. Heinz Dürr postulierte 1993: »Das Ziel lautet,
den Eisenbahnerinnen und Eisenbahnern eine langfristige […] Perspektive zu geben sowie das Unternehmen für Mitarbeiter attraktiv zu
machen.«[7] Propagiert wurde weniger Hierarchie und mehr Verantwortung an der Basis: »Wir werden in der Deutschen Bahn eine fla-

---

5   Frankfurter Allgemeine Zeitung vom 17. Mai 2019.

6   Nikolas Doll, Speeddating bei der Bahn – Einstellung am gleichen Tag, Welt
     am Sonntag vom 22. Oktober 2017.

7   Geschäftsbericht 1992 (»Deutsche Bahnen«), veröffentlicht im Mai 1993;
     Dürrs Statement auf der Bilanzpressekonferenz vom 26. Mai 1994.

che Organisation und vor allem entscheidungsberechtigte Führungs-
ebenen haben. Das bedeutet: Mehr Kompetenz vor Ort […], weniger
Vermerke, mehr Miteinander. Weg vom Kästchendenken, hin zum
Denken in Unternehmen.«[8]

Tatsächlich wurde die Belegschaft mehr als halbiert. Die Zahl der
»Führungskräfte« hat sich gleichzeitig vervielfacht. Der Stress bei der
Arbeit hat sich massiv erhöht. Gleichzeitig wurden die Hierarchien
immer steiler. Bereits im »Brandbrief« steht schwarz auf weiß, die
Kosten in der Verwaltung des Bahnkonzerns hätten sich »seit 2015
um einen deutlichen dreistelligen Millionenbetrag erhöht«. EVG-
Chef Kirchner berichtete jüngst: »Allein im Bereich Personenverkehr ist in den vergangenen sieben Jahren die Verwaltung um über
100 Prozent auf 3300 Mitarbeiter gewachsen.«[9]

Wobei es sich um einen Prozess von Zersetzung, Hierarchisie-
rung und Durchsetzung des Konzerns mit BWL-Leuten und Juristen
handelt, ein Prozess, der nun ein Vierteljahrhundert währt. Der Begriff »Eisenbahnerfamilie«, mit dem Richard Lutz wieder kokettiert,
wird von den Beschäftigten nur noch als Hohn empfunden.[10] Die
Auseinanderentwicklung zwischen oben und unten wird in der Tabelle auf der folgenden Seite dokumentiert.

Der Umsatz des Weltkonzerns hat sich im Zeitraum 1994 bis 2018
verdreifacht (auf das Niveau 298 %). Der gesamte Personalaufwand –
also bereits einschließlich der Häuptlings-Gehälter und der Boni der
»Führungskräfte«, was die wesentliche Aussage deutlich abschwächt –
stieg nur um das 1,7fache (auf Niveau 175 %). Etwas größer war der
nominelle Anstieg der jährlichen Bruttolöhne (sie stiegen im Vergleich

---

8   In: Die Deutschen Bahnen 1992, S. 8f.

9   Zitiert bei: Marcus Balser, Die letzte Chance, Süddeutsche Zeitung vom
      12. Januar 2019.

10   »Wissen Sie, dass ich aus einer Eisenbahnerfamilie stamme? Mein Vater war
      Ausbilder im Ausbesserungswerk Kaiserslautern, mein Mutter Büroange-
      stellte [bei der Bahn], mein Cousin bis vor wenigen Jahren Lokführer bei
      Regio. Eisenbahn – also schon ganz früh Teil meines Lebens.« Richard Lutz,
      DB Welt, Juni 2018.

	1994	1997	2002	2018	Niveau 2018 (zu 1994)
Umsatz (in Mio. €)	14.793	15.577	18.685	44.024	298 %
Personalaufwand (in Mio. €)	9.898	8.663	8.387	17.301	175 %
Jährliche Bruttolöhne je Beschäftigten absolut (einschl. Arbeitgeberanteile)	27.827	31.221	37.315	54.666	197 %
Vorstandsbezüge DB AG (in tausend €)	3.200	4.100	6.459	7.698	241 %
davon der Bahnchef (in tausend €)	300	...	1.800	2.045	682 %
Aufsichtsrat DB AG Bezüge gesamt (in tausend €)	...	210	232	865	412 %

Tab. 5: Umsatz, Beschäftigung, Lohneinkommen und Vergütung von Vorstand und Aufsichtsrat im Bahnkonzern 1994-2018; Basis: Jeweilige Geschäftsberichte Deutsche Bahn, zuletzt Geschäftsbericht 2018. Bei den Einkommen des Vorstands gab es 2018 eine »Zuführung zu den Versorgungsansprüchen in Höhe von gesamt 1,2 Millionen Euro, die hier mit eingerechnet wurde. Bei dem Einkommen des Vorstandsvorsitzenden betrug diese »Zuführung« 236 Millionen Euro, was ebenfalls mit eingerechnet wurde.

zu 1994, auf ein Niveau von 197 Prozent; die Bruttolöhne liegen also nominell doppelt so hoch wie vor 25 Jahren[11]). Die Beschäftigtenzahl liegt bei Niveau 89 – oder um gut 10 Prozent niedriger als 1994. Die Bezüge des Vorstands (als Kollektiv) lagen 2018 beim 2,4fachen des 1994er Wertes. Wobei es 1994 noch 14 Vorstandsmitglieder waren; 2018 waren es nur noch sechs; die Steigerung pro Vorstandsmitglied fiel also mehr als doppelt so hoch aus. Die Bezüge des Bahnchefs Richard Lutz lagen 2018 beim 6,8fachen dessen, was Heinz Dürr 1994 erhalten hatte. Hartmut Mehdorn erhielt am Ende seiner Amtszeit als Bahnchef, im Jahr 2008, mit gut drei Millionen Euro sogar mehr als das Zehnfache des Dürr'schen Jahreseinkommens.

---

11   Nach Abzug der Inflation dürfte der Anstieg bei rund 30 Prozent liegen. Berücksichtigt man das genannte Anwachsen des Wasserkopfes bleibt von dieser Erhöhung der Arbeitseinkommen der einfachen Bahnbeschäftigten wenig übrig.

Es handelt sich hier immer um die Zahlen für den *Weltkonzern*. Dabei hat sich der Bahnkonzern in den vergangenen 25 Jahren radikal verändert; dies wird im folgenden Kapitel ausführlich beschrieben. Was diese Veränderung für die Situation der Beschäftigten bedeutet, dokumentiert die Tabelle 6 (s. nächste Seite).

Auf Basis dieser Tabelle kann man auf fünf Ebenen die ernüchternde Geschichte des Bahnkonzerns seit der formellen Privatisierung 1994 herausfiltern:

Erstens. Die häufigen Schlagzeilen aus der jüngeren Zeit, der Bahnkonzern habe inzwischen eine »Rekordbeschäftigung«, sind schlicht falsch. Im Konzern Deutsche Bahn AG, dessen Aktivitäten sich damals zu mehr als 95 Prozent auf das Inland beschränkten, arbeiteten am 31. Dezember 1994 mit 364.960 Beschäftigten deutlich mehr Menschen als im April 2019 im Weltkonzern DB AG gezählt werden. Wobei es 1993 noch ein paar Zehntausend mehr Menschen waren, die bei Reichsbahn und Bundesbahn Beschäftigung gefunden hatten. Dem stehen heute nur noch 137.430 Beschäftigte im inländischen Schienenverkehr der DB gegenüber.[12]

Zweitens. Der radikalste Abbau fand im Bereich »Produktiver Sektor Schiene« statt; in diesem Sektor wurde die Beschäftigtenzahl mehr als halbiert. Es gab einen deutlichen Abbau der Beschäftigtenzahlen in den Bereichen Schienengüterverkehr (auf das Niveau 71 %), Nahverkehr (auf 65 %) und Fernverkehr (54 %). Dabei bezieht sich dies jeweils auf den Vergleich mit 1999. Die Zahlen für 1994 können hier nicht herangezogen werden, weil in den entsprechenden Zahlen der Bereich Lokführer (»Traktion«) und die Werke noch nicht mit enthalten sind. Selbst die hier wiedergegebenen Zahlen beschönigen das Bild, denn sie enthalten jeweils auch diejenigen Be-

---

12 Wenn man ein Bild des gesamten Schienenverkehrs haben will, dann muss man die rund 6000 Beschäftigten der anderen (Nicht-DB) Bahnunternehmen im Schienenpersonennahverkehr und die rund 15.000 Beschäftigten bei den Schienengüterverkehrsunternehmen, die nicht zur DB zählen, hinzurechnen. Allerdings müssten dann als Bezug auch die deutlich höheren Leistungen im SPNV und im Schienengüterverkehr genannt werden.

Segment	1994 Ära Dürr + Ludewig	1999	2000 Ära Mehdorn	2009	2010 Ära Grube	2016	2017 Ära Lutz	2019	Niveau 2018 ggü. 1994
	Beschäftigte in absoluten Zahlen								
Nahverkehr	14.877	55.605	52.769	37.640	38.017	36.008	35.651	36.254	65%[e]
Fernverkehr	22.010	31.510	30.293	15.043	15.270	16.326	15.993	16.869	54%[e]
Schienengüterverkehr	37.881[a]	40.995	38.555	34.145	32.618	29.671	28.257	29.008	71%[e]
Traktion[c]	41.920	-	-	-	-	-	-	-	-
Bahnhöfe	6.397[b]	5.593	5.015	4.601	4.636	5.093	5.463	5.939	93%
Fahrweg/Netz	143.646[d]	57.629	53.554	40.354	39.849	45.710	47.096	49.360	86%[e]
Werke	58.471	-	-	-	-	-	-	-	-
Produktiver Sektor Schiene	325.202	191.332	180.186	131.783	130.390	132.808	132.460	137.430	43%
Logistik/Schenker	-	-	-	57.134	58.671	68.388	71.888	76.277	134%
Arriva	-	-	-	-	36.454	54.150	54.650	53.594	147%
Sonstige	(20.457)	44.342	39.663	24.460	25.131	51.022	51.937	54.569	123%[e]
Gesamter Konzern	364.960	256.076	234.507	239.382	276.319	306.368	310.935	321.871	88%

Tab. 6: Entwicklung der Beschäftigung in ausgewählten Bereichen der Deutschen Bahn AG 1994-2019 (April); Basisdaten nach: Daten und Fakten, herausgegeben von der Deutschen Bahn AG, 1995ff. Angaben für April 2019: Monatsbericht Personal April 2019. Anmerkungen: a) Ladungsverkehr und Stückgutverkehr; b) Zahl für 1995; c) »Traktion« = der Bereich, in dem alle Triebfahrzeugführer zusammengefasst sind; d) 1994 Netz und Bahnbau; jeweils immer mit dem Bereich Energie; e) Niveau gegenüber 1999

schäftigten, die im produktiven Sektor Schiene *im Ausland* arbeiten. Ein Beispiel: Im Schienengüterverkehr der DB, bei DB Cargo, werden aktuell 29.008 Beschäftigte ausgewiesen. Das Niveau liegt damit um knapp 30 Prozent unter dem von 1994. Tatsächlich sind aktuell nur 15.952 Vollzeitarbeitskräfte bei DB Cargo *Deutschland* beschäftigt. Zu DB Cargo zählen aber auch 2.226 Beschäftigte in Großbritannien, 1.164 in Spanien (Transfesa), 4.046 in Polen (DB Cargo Polska) usw. Wenn wir, was uns notwendig erscheint, als »Kerngeschäft Schiene« den Eisenbahnverkehr innerhalb der Bundesrepublik Deutschland, ergänzt um wenige direkt grenzüberschreitende Aktivitäten, definieren, dann gibt es also heute noch wesentlich weniger DB-Beschäftigte in diesem »Produktiven Sektor Schiene Deutschland« als hier ausgewiesen, möglicherweise weniger als 100.000. Die verfügbaren Statistiken liefern hierzu keine exakten Zahlen.[13]

Drittens. 1994 gab es noch einige Sektoren, die den *Gesamtzusammenhalt* des Konzerns zum Ausdruck brachten, also das, was der eingangs zitierte Lokführer als »wohl strukturiertes Unternehmen« bezeichnete. Das gilt für die Bereiche Traktion und Werke. Im Bereich Traktion waren *alle* Triebfahrzeuge und *alle* Triebfahrzeugführer zusammengefasst. Es gab damals daher die Möglichkeit von Loks und Lokführern für flexible Einsätze in den unterschiedlichen Bereichen Nahverkehr, Fernverkehr und Güterverkehr. Mitte der 1990er Jahre wurde die Traktion aufgespalten; die Fahrzeuge und die Lokomotivführer wurden den drei genannten Bereichen zugeordnet. Ein flexibler Einsatz über die Bereichsgrenzen hinweg ist inzwischen meist nicht mehr möglich (bzw. dies ist mit kaum kompatiblen Schnittstellen in den Strukturen und komplexen wechselseitigen Verrechnungen verbunden). Vergleichbares galt für den Bereich Werke.

---

13   Im Monatsbericht Personal gibt es zwar eine Statistik, wie viele Bahnbeschäftigte im Ausland arbeiten (und hier in welchen Ländern). Doch bei den Bereichen »Fernverkehr«, »Regio«, Cargo« usw. gibt es keine Aufschlüsselung, wie viele der dort genannten Beschäftigten im Inland und wie viele im Ausland tätig sind. Die oben wiedergegebene Aufschlüsselung für den Schienengüterverkehr entnahmen wir dem »Monatsgespräch des Besonderen Hauptpersonalrates – Vortrag von Dr. Ursula Bienert, vom 19. Juni 2019.

Auch dieser war in Reichsbahn- und Bundesbahnzeiten und in den ersten Jahren der DB AG bereichsübergreifend existent. Bald darauf erfolgte auch hier eine entsprechende Auf- und Zuteilung. 1994 gab es auch noch einen großen Bereich Bahnbau (hier unter »Fahrweg/Netz« subsumiert[14]). Dieser Bereich wurde später weitgehend komplett aus dem Bahnkonzern an neue oder bereits bestehende Fremdfirmen ausgegliedert.

Viertens. Es kam vor allem in der Ära Mehdorn zu einem massiven Ausbau der nicht zur Schiene zählenden Logistik (Schenker Logistics) und – dann in der Ära Grube nochmals verstärkt – zum Ausbau des Auslandsengagements (vor allem mit Arriva). Allein bei Arriva und bei Schenker sind heute fast ebenso viele Arbeitskräfte beschäftigt wie im »produktiven Sektor Schiene« (siehe Tabelle 6).

Fünftens. Die Unterteilung der Tabelle in die unterschiedlichen Amtsperioden der Bahnchefs verdeutlicht, wie brutal in der Ära Dürr und in der Ära Mehdorn der Beschäftigtenabbau im produktiven Sektor Schiene war.[15] Unter Grube gab es eine Stabilisierung der Beschäftigtenzahlen auf sehr niedrigem Niveau (bzw. es ergab sich bereits ein erstes kleines Plus). Dieser Kurs setzt sich unter Lutz fort. Doch gemessen an dem Kahlschlag, den es in den Jahren 1994 bis 2010 gab, ist dieser leichte Anstieg der Beschäftigtenzahlen im »Produktiven Sektor Schiene« absolut unzureichend.

Der Einwand, die DB stehe ja inzwischen »im Wettbewerb«; die Nicht-DB-Bahnen hätten schließlich in den Bereichen Nahverkehr und Schienengüterverkehr große Anteile erobert, weswegen ein Abbau der Beschäftigtenzahlen im Bereich DB nachvollziehbar sei, ist nicht stichhaltig. Denn die Verkehrsleistungen der DB-Bereiche Nahverkehr, Fernverkehr und Güterverkehr wurden, wie mehrfach in den

---

14   1994 zählten zum Netz 118.958 Beschäftigte und zum Bahnbau 24.688 Beschäftigte.

15   Eine getrennte »Ära Ludewig« auszuweisen ist aufgrund der kurzen Zeitspanne, in der Johannes Ludewig Bahnchef sein durfte, nicht möglich. Es sei aber ausdrücklich vermerkt, dass es unter Ludewig so gut wie keinen Abbau der Beschäftigten in den genannten Bereichen gab.

vorausgegangenen Kapiteln dargelegt, massiv gesteigert. Wir haben also selbst dann, wenn wir »nur« den Blick auf die DB werfen, es mit den folgenden auseinanderlaufenden Vorgänge zu tun: Bei deutlich steigenden Verkehrsleistungen kam es zu einem sehr deutlich reduzierten Einsatz von Personal. Ein Teil davon kann auf Produktivitätssteigerungen durch den Einsatz moderner Technik zurückgeführt werden. Allerdings sind viele dieser Maßnahmen zur Steigerung der Effizienz problematisch – beispielsweise, wenn Fahrkartenautomaten mit der Schließung von Schaltern und mit Personalabbau verbunden sind. Sicher ist: Die Ergebnisse für die Mitarbeitenden sind Stress im Job, Unzufriedenheit mit dem Arbeitgeber, fortgesetzte Ausfälle von Zügen, nicht erbrachte Leistungen, verärgerte Fahrgäste und frustrierte Kunden. 2018 konnten 5300 bestellte Güterzüge nicht gefahren werden – es fehlten Waggons und vor allem Personal.[16] Und mehrfach konnte die Landeshauptstadt Mainz über Tage nicht mehr von Zügen angefahren werden, weil qualifizierte Fahrdienstleiter in dem entsprechenden Stellwerk fehlten.[17]

Es geht nicht um ein paar hundert Leute zu wenig. Es fehlen im Inland schlicht Zehntausende Arbeitskräfte im »Produktiven Sektor Schiene«, wenn ein zufriedenstellender Bahnbetrieb gewährleistet werden soll. Ganz zu schweigen von dem Ziel der Bundesregierung, den Personenfernverkehr zu verdoppeln und im Schienenpersonennahverkehr und Schienengüterverkehr erhebliche Steigerungen der Transportleistungen zu erzielen. Wenn wir nur das Niveau von 1999, bei dem es bereits den erheblichen Belegschaftsabbau in der Ära Dürr gegeben hatte, heranziehen, dann fehlen fast 55.000 Vollarbeitsplätze. »An allen Ecken und Enden fehlt Personal«, so ein aktueller Bericht.[18] Dies trifft in besonderem Maß für die Bereiche Zugpersonal,

---

16 Güterverkehr – Drohende Abschreibung, Handelsblatt vom 18. Juni 2019.

17 Bahn fehlt Stellwerk-Personal in ganz Deutschland, Spiegel Online vom 12. August 2013; Bahnchaos nach Krankheitsfall, Frankfurter Neue Presse vom 29. April 2019.

18 Kerstin Schwenn, Kopfgeld für Lokführer, Frankfurter Allgemeine Zeitung vom 16. November 2018.

Lokführer, Fahrdienstleiter, Wagenmeister und IT-Spezialisten zu. Unter anderem fehlen mehr als 1500 Fahrdienstleiter, ebenso viele Lokführer und noch mehr qualifizierte Arbeitskräfte im Bereich des Zugbegleitpersonals. Hinzu kommt die äußerst kritische demografische Struktur der Bahnbelegschaften. Im Bereich von DB Cargo gibt es z. B. 8.700 Beschäftigte, die älter als 55 Jahre sind. Das entspricht 43 Prozent aller DB Cargo-Arbeitskräften. Auf die DB kommt also eine Lawine von altersbedingten Abgängen zu.

Vor diesem Hintergrund ist es zwar verständlich, dass die Bahn-Oberen jetzt das Thema »Beschäftigung« bzw. Personalnot entdecken. Doch der Umgang mit der Problematik ist völlig unzureichend. In den Vorständen befindet sich weit und breit niemand, der reinen Wein einschenkt und der die gesamte Dramatik der Lage deutlich machen würde. Die gegenwärtigen Maßnahmen zu einem Beschäftigungsaufbau sind viel zu kurzatmig, zu hektisch, nicht auf lange Sicht angelegt. Orientiert wird auf Lückenfüllerei und Job-Hopping. Bahnchef Lutz hielt es für originell, als er Ende 2018 sagte: »Jeder, der nicht bei drei auf den Bäumen ist, wird eingestellt.«[19] Tatsächlich kommt in diesem Spruch die geringe Wertschätzung zum Ausdruck, die die hochbezahlten DB-Manager den »lieben Mitarbeiterinnen und lieben Mitarbeitern« entgegenbringen. Parallel kommt es zu weiteren Prozessen der Dequalifizierung und der Arbeitsverdichtung. Wenn z. B. die DB plant, die Zugbegleiter mit Körperkameras (Bodycams) auszustatten, damit sie künftig Aufgaben von Polizei und Sicherheitskräften übernehmen. Die ohnehin angewachsene Gewaltbereitschaft gegenüber dem Zugbegleitpersonal dürfte bei einer solchen Entwicklung weiter gesteigert werden, zumal Zugbegleiter derzeit fast ausschließlich einzeln und nicht in Doppelbesetzung unterwegs sind. Was wird wohl passieren, wenn eine junge, 1,60 Meter große Zugbegleiterin sich einer Gruppe alkoholisierter Fußballfans nähert… und die Kamera einschaltet? Im Fernverkehr läuft Mitte 2019 ein Projekt mit dem Begriff »Rollenkonzept«; Zugbegleiter sollen vor al-

---

19   Zitiert in: Frankfurter Allgemeine Zeitung vom 16. November 2018.

lem »gute Gastgeber« sein. Der Zugbegleiter Olaf Stier äußerte dazu: »Tag für Tag und Schicht für Schicht bin ich Zeuge der verheerenden Auswirkungen, die die Ankündigung dieser Maßnahme hat. Wir sind total verunsichert und keiner weiß mehr, woran wir eigentlich sind. Offenbar hat sich der Arbeitgeber entschieden, unser Berufsbild total umzukrempeln. Auf tollen Veranstaltungen wird uns beigebracht, was es heißt, ein guter Gastgeber zu sein und noch freundlicher zu lächeln. Alles soll anders und noch besser werden, wenn erst einmal das Rollenkonzept kommt. Aber was ist das Konzept denn eigentlich? […] Behalte ich meine jetzige Funktion? […] Muss ich weiterhin Fahrkarten kontrollieren? Oder soll ich künftig nur noch lächeln, Kaffee servieren und gleichzeitig schauen, ob jeder Reisende sich selbst eingecheckt hat?«[20]

Am Ende seiner Amtszeit hat der damalige Bahnchef Rüdiger Grube behauptet, in wenigen Jahren gebe es keine Lokführer mehr, man werde dann »autonom fahren«. Das war Unfug und der Versuch einer stillen Rache an den Lokführern, denen Grube den erfolgreichen Streik nie verzieh. Aktuell ist die Rede davon, man werde die »Schiene digitalisieren«. Auch das ist Unfug und lenkt von den wirklichen Aufgaben – im analogen wie digitalen Bereich – ab. Das elektronische Einchecken der Reisenden ist ein ähnlicher Schnickschnack, mit dem unterstellt wird, die klassischen Aufgaben des Zugbegleitpersonals würden ins Cyberspace ausgelagert. In Wirklichkeit ist es die digitalisierte Hilflosigkeit, die das Top-Management der Deutsche Bahn AG auszeichnet. Typisch für diese Situation ist, dass dieses Spitzenpersonal, das von Eisenbahn keine oder sehr wenig Ahnung hat, sich extrem teure Hilfe bei denen sucht, die davon noch weniger Ahnung haben. Allein in den Jahren 2012 bis 2018 gab die Deutsche Bahn AG fast zwei Milliarden Euro für »Beratung« aus. Und so lautete dann im *Handelsblatt* auch eine Schlagzeile »McKin-

---

20   Olaf Stier, Zugbegleiter DB Fernverkehr, Ein Armutszeugnis für den Arbeitgeber – Das Rollenkonzept bei DB Fernverkehr, GDL-Magazin VORAUS, Juni 2019.

sey statt Mitarbeiter«.[21] Wobei die Ausgaben für Beratung von Jahr zu Jahr stiegen; sie lagen 2018 um mehr als 70 Prozent über dem 2012er Niveau.[22]

Maßnahmen im Rahmen einer Verkehrswende

Notwendig ist eine Gesamtbilanz der Situation der Beschäftigung. Darauf aufbauend muss es darum gehen, ein langfristiges Konzept zum Wiederaufbau der Beschäftigung im »Produktiven Sektor Schiene« zu entwickeln, zu finanzieren und umzusetzen. Dafür sollten Sofortmaßnahmen und Zwischenschritte definiert werden. Gleichzeitig müssen die Berufsbilder der einzelnen Bahntätigkeiten insbesondere mit Blick auf die technische Entwicklung neu geklärt werden. Die Prozesse der Dequalifizierung sind rückgängig zu machen.

Notwendig ist die Wiederherstellung einer grundlegenden Identifikation der Bahnbeschäftigten mit ihrem Unternehmen – und zwar eine Identifikation auf der Basis von Überzeugung. Die Wasserköpfe, die sich in mehr als zwei Jahrzehnten gebildet haben, müssen abgebaut werden. Auf diese Weise wären viele hundert Millionen Euro im Jahr zusätzlich verfügbar. Zusammen mit den erforderlichen massiven Einsparungen im Bereich Beratung durch Externe könnte bereits nach zwei bis drei Jahren weit mehr als eine Milliarde Euro zusätzlich für die Beschäftigten im produktiven Bereich eingesetzt werden.

---

21 Handelsblatt vom 14. September 2018.

22 Die Beratungskosten, einschließlich der Kosten für die Abschlussprüfer, lagen 2012 bei 207 Mio. Euro. In den nächsten Jahren wie folgt: 2013: 207 Mio.; 2014: 231 Mio.; 2015: 265 Mio.; 2016: 309 Mio.; 2017: 345 Mio.; 2018: 360 Mio. Handelsblatt vom 16. September 2018 und Geschäftsbericht Deutsche Bahn 2018.

Claus Weselsky
Mehr Respekt für das Zugpersonal

Trotz Brandbrief, Wow-Effekt und Schienenbündnis – der Bahn geht es nicht gut. Viel zu lange hat sie den falschen Kurs verfolgt. Der Sündenfall liegt ein Vierteljahrhundert zurück: 1994 wollte der Bund mit der Privatisierung eine schlanke Börsenbahn und die Nichteisenbahner der DB setzten den Rotstift an. Selbst nach der Absage an den Aktienmarkt sollten statt der dringend notwendigen Investitionen lieber Dividenden fließen. Es folgte ein Sanierungsprogramm nach dem anderen. Insgesamt wurden mehr als 1.500 Bahnhöfe mitsamt den zugehörigen Gleisen abgebaut, jede zweite Weiche eingespart. Das DB-Netz schrumpfte um rund 7.000 auf 33.400 Kilometer. Der Fokus lag stets auf Hochgeschwindigkeitsstrecken und Luxusbahnhöfen. Die Kosten dieser »Leuchttürme« sind immens, ihr Nutzen gering. Zehn Milliarden schwer lastet schließlich »Stuttgart 21« über allem. So wurde die DB fast kaputtgespart.

Vor allem aber wurde das Personal in Deutschland auf 200.000 fast halbiert. Derzeit fehlen allein 1.200 Lokomotivführer, die 11.000, die in den nächsten zehn Jahren in Ruhestand gehen, noch nicht einmal eingerechnet. Viel zu lange wurden Zugpersonal abgebaut, zu wenig ausgebildet und die Arbeitsbedingungen verschlechtert. Zudem verschreckte die Ankündigung, Züge autonom fahren zu lassen, auch noch reihenweise potenzielle Lokomotivführer. Mittlerweile werben die Bahnen mit hohen Provisionen sich das Personal gegenseitig ab.

Von der Personalnot sind alle Eisenbahnverkehrsunternehmen gleichermaßen betroffen, nicht nur die DB. Doch im Gegensatz zu den Wettbewerbsbahnen weist das Verhältnis des Marktführers zum Zugpersonal einige Besonderheiten oder

vielmehr Absonderlichkeiten auf. Denn statt dem fahrenden
Personal, also den Mitarbeitern, die den Betrieb rund um die
Uhr am Laufen halten, mit Zuneigung, zumindest aber mit Respekt zu begegnen, tat man jahrelang das exakte Gegenteil. Ob
Ergänzungstarifverträge, Lohndumping oder versuchte Tarif-
flucht durch Unternehmensgründungen auf der grünen Wiese
– die DB ließ nichts unversucht, um die eigenen Beschäftigten
finanziell klein zu halten und die stolzen Berufe systematisch
zu demontieren.

Das Versäumnis, rechtzeitig neue Arbeitskräfte auszubil-
den und einzustellen, war an sich schon hochgradig unprofes-
sionell. Aber darüber hinaus wurde darin eine tiefgreifende,
fast sprachlos machende Missachtung gegenüber den eigenen
Beschäftigten sichtbar. Offenbar schätzte man bei der DB die
Arbeit der Menschen in und am Zug, mithin das Kerngeschäft
der Eisenbahn, so gering, dass man glaubte auf die entsprechenden Mitarbeiter keinerlei Rücksichten nehmen zu müssen.
Es droht Personalnot? Dann sollen die Lokomotivführer und
Zugbegleiter doch einfach mehr arbeiten – so lautete offenbar
die konzerninterne Devise. Dazu gesellte sich die oft unverhoh-
lene Herablassung einiger Führungskräfte gegenüber dem »ge-
meinen Fußvolk«.

Zwischenzeitlich hat die DB dazugelernt, es findet erkennbar ein Umdenken statt. Das ist gut so. Die Unkultur der Ge-
ringschätzung muss endgültig der Vergangenheit angehören,
wenn die Bahn die vor ihr liegenden Herausforderungen erfolgreich bewältigen will. Mit einer stets anwachsenden Schar
von Verwaltungsangestellten, deren einzige Sorge Statistiken,
Power-Point-Präsentationen und das fällige Sabbatical sind, ist
das jedenfalls nicht zu schaffen.

Was ist also zu tun? Die großen Linien sind klar: Die Benachteiligung der Schiene gegenüber der Straße muss ein Ende

haben. Im Zuge einer Bahnreform II müssen die Infrastruktur-einheiten zu einer gemeinnützigen Gesellschaft zusammen-gefasst, der Deutschlandtakt in der Fläche umgesetzt werden. Vor allem aber muss der chronische Personalmangel beseitigt werden. Durch hervorragende Tarifverträge hat die GDL die Entgelt- und Arbeitsbedingungen erheblich verbessert. Es ist nun an der DB, Respekt zu zeigen und anzuerkennen, dass sie mit den Mitarbeitern des Zugpersonals über das Beste verfügt, was ein Unternehmen haben kann: Menschen, die ihre Arbeit mit Engagement, Sachverstand und hoher sozialer Kompetenz verrichten. Sie zu umwerben, wertzuschätzen und dauerhaft zu halten, sollte die DB sich auf die Fahnen schreiben. Dann hat die Eisenbahn eine Zukunft.

Claus Weselsky ist Bundesvorsitzender der Gewerkschaft Deutscher Lokomotivführer (GDL)

Kapitel 13

Ungebremste Abwärtsspirale – der Güterverkehr

Bei DB Cargo wird wieder der Einzelwagenverkehr in Frage gestellt. […] Mehrere tausend Arbeitsplätze bei Cargo sind in Gefahr. In Zeiten, in denen die Schiene so viel politischen Zuspruch erhält wie schon lange nicht mehr, wäre es ökologischer Wahnsinn, Pläne zu verfolgen, die den Einzelwagenverkehr zusammenstreichen. Am Freitag, dem 20. September 2019 […] finden im gesamten Bundesgebiet zahlreiche Demonstrationen der Fridays-For-Future (FFF) Bewegung statt. Die DB-Cargo-Betriebsräte rufen alle Mitarbeiterinnen und Mitarbeiter auf, an der Demo teilzunehmen, um […] für den klimafreundlichen Schienengüterverkehr zu demonstrieren.

DB Cargo AG, Gesamtbetriebsrat, Jörg Hensel, Sept. 2019 [Flugblatt]

Man muss sich bewusst sein: Will man eine Bahn als öffentliche Dienstleistung? Das ist die Vorgabe an die SBB. Wir bezahlen keine Dividende. Unsere Dividende ist ein Beitrag an die Lebensqualität in der Schweiz. Das ist […] komplett anders als in Deutschland.

Andreas Meyer, Vorsitzender der Geschäftsleitung
der Schweizerischen Bundesbahnen (SBB)[1]

Jahr für Jahr werden immer mehr Güter durch Deutschland und Europa transportiert, was mit Blick auf Klima und die Belastungen für Umwelt und Menschen eine sehr fragwürdige Entwicklung ist.

---

1   Interview in: Frankfurter Allgemeine Zeitung vom 26. Juni 2019.

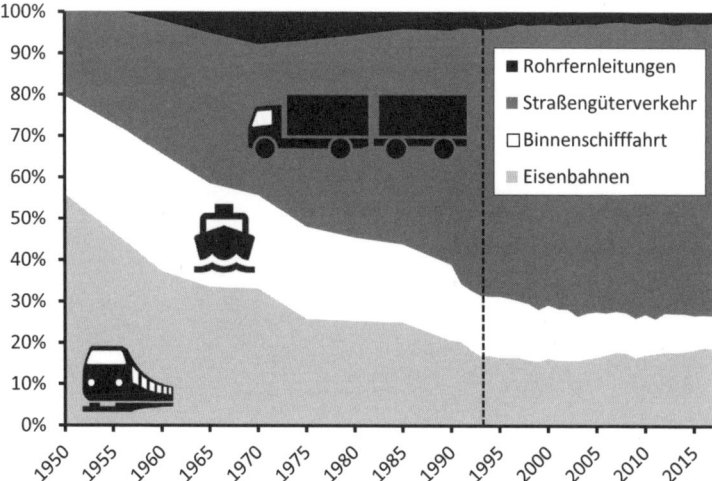

Abb. 5: Die Entwicklung des Verkehrsmarkts (Modal Split, bezogen auf die Verkehrsleistung) im Güterverkehr. Seit der Bahnreform (gestrichelte vertikale Linie) stagniert die Verteilung der Verkehrsträger weitgehend; mehr als zwei Drittel der Transporte werden auf der Straße abgewickelt. Quelle der Daten: »Verkehr in Zahlen«, jährlich herausgegeben vom BMVI (bzw. den Vorgängerministerien).

Seit vielen Jahren sind sich eigentlich alle darin einig, dass ein größerer Anteil dieser Transporte auf die Bahn verlagert werden müsse. Zum Zeitpunkt der Bahnreform herrschte allgemeine Euphorie, dass dies auch gelingen würde. So ging der Bundesverkehrswegeplan aus dem Jahr 1992 von einer immensen Steigerung der Transportleistung auf der Schiene aus; tatsächlich wurde aber knapp 20 Jahre später nur wenig mehr als die Hälfte des damals Erwarteten erreicht.[2] Die Transportleistung nahm zwar zu, aber der Markt**anteil** der Bahn am gesamten Güterverkehr stagniert bei knapp 18 Prozent (vgl. Kap. 2). Das heißt, dass die Transportleistungen insgesamt wachsen, aber die Schiene im Rahmen dieses wachsenden Transports gerade mal ihren

---

2   Ursprünglich wurden 194 Mrd. Tonnenkilometer für das Jahr 2010 erwartet, vgl. »Großprojekte auf Abstellgleis, Eisenbahn-Revue International, Heft 9, Jg. 1999, S. 338. Real wurden im Jahr 2010 nur 107,3 Mrd. Tonnenkilometer an Transportleistung auf der Schiene erreicht, vgl. »Verkehr in Zahlen«, a. a. O.

Anteil verteidigen kann. Wenn alles wächst, kann dies nicht gut für die Umwelt, das Klima und die Menschen sein – letztere sind z. B. immer mehr von Schienenlärm betroffen.

Der Grund für diese problematische Entwicklung ist zum einen wie weiter oben dargestellt der verzerrte Verkehrsmarkt, der insbesondere den Lkw-Transport stark begünstigt, und zwar mit einer viel zu niedrigen Autobahnmaut, dem Dieselsteuerprivileg und einer geringen Kontrolldichte, die Verstöße gegen Gewichtsgrenzen von Lkw und gegen die Arbeitsbedingungen der Fahrer zum Alltagsgeschäft werden lässt (vgl. Kap. 1). Der zweite wichtige Grund für diese Entwicklung ist jedoch eine verfehlte Strategie der DB AG als dem – bislang – wichtigsten Betreiber von Güterverkehr. Auch im Güterverkehr wurde jahrelang alles nur noch unter dem Aspekt der Kosten betrachtet und gleichzeitig eine Weiterentwicklung der Geschäftsfelder und Abläufe weitgehend verschlafen.

Ständige Rückzugsstrategie

Die DB AG legte immer mehr Güterbahnhöfe still und konzentrierte sich zunehmend auf bestimmte Arten von Gütern, während sie andere Bereiche einfach dem Lkw überließ. Diese Rückzugsstrategie begann mit dem Programm »Marktorientiertes Angebot Cargo« (MORA C) im Jahr 2001 unter dem damaligen Bahnchef Hartmut Mehdorn. Kern des Programms war die Kündigung aller Gleisanschlüsse, deren Bedienung – so die Argumentation der DB AG – höhere Kosten als Einnahmen verursachte und damit als nicht wirtschaftlich angesehen wurde. MORA C umfasste auch einen kompletten Ausstieg aus dem Stückgutverkehr und einen Abbau vieler kleinerer Rangierbahnhöfe für den Einzelwagenverkehr. Allein zwischen 2000 und 2003 wurden fast 1000 Güterverkehrsstellen geschlossen.[3] Viele Gütertransporte wurden durch dieses Programm

---

3   Die Zahl der Güterverkehrsstellen wurde von 2402 (2000) auf 1442 (2003) reduziert. Vgl. Maximilian Meyer: Die gescheiterte Bahnreform – Ursachen – Folgen – Alternativen. Darmstadt 2011, S. 72.; Hans-Joachim Ritzau / Jörn Pachl et al., Die Bahnreform – eine kritische Sichtung. Pürgen 2003, S. 194ff.

schlichtweg dem Lkw-Verkehr überlassen; seitdem macht die Bahn hier gar kein Angebot mehr.

Bei diesen Rationalisierungsprogrammen kam in den 1990er Jahren auch die traditionelle Zusammenarbeit zwischen der Deutschen Bahn und der Deutschen Post unter die Räder, nachdem beide Konzerne gerade in Aktiengesellschaften umgewandelt worden waren. Post und Bahn hatten bereits in den 1920er und 1930er Jahren einen Service geboten, der die Ankunft so gut wie jeder Sendung innerhalb eines Tages im gesamten damaligen Reichsgebiet garantierte – was in den 1990er Jahren dann wieder als neue Errungenschaft propagiert wurde. Nun hieß es plötzlich von Seiten der Post: Die Bahn schaffe das nicht (mehr), sei »unflexibel«. Tatsächlich waren bis dahin jede Nacht Postzüge und sogar bis zu 200 Stundenkilometer schnelle Post-InterCitys quer durch das Land gefahren, in denen die Briefe und Pakete während der Fahrt sortiert wurden. Doch der schnelle Bahnpostverkehr wurde ab 1994 drastisch eingeschränkt und am 30. Mai 1997 komplett eingestellt. Die Deutsche Post begründete dies damit, dass die DB ihr keine derart regelmäßigen Fahrplantrassen angeboten habe, dass die Briefe und Pakete zuverlässig über Nacht ihren Zielort erreichen konnten. Seitdem findet der Transport der Briefe ausschließlich mit Lkw und teilweise sogar mit Flugzeugen statt. Dementsprechend gibt es heute Dutzende Postzentren, die nicht mehr in der Nähe der Bahnhöfe, sondern direkt an Autobahnen und Schnellstraßen platziert sind. Das schließt eine Rückkehr der Transporte auf die Schiene für lange Zeit aus. Immerhin findet inzwischen ein kleiner Teil des Pakettransports wieder auf der Schiene statt: Sogenannte Parcel-InterCitys transportieren über Nacht auf einigen wichtigen Verbindungen Pakete in Containern.

Seit der Bahnreform wurde auch ein großer Teil der Gleisanschlüsse, die Firmen eine direkte Beladung von Bahnwaggons auf ihrem Gelände ermöglichen, gekündigt: 82 Prozent dieser Gleisanschlüsse sind seitdem abgebaut worden (vgl. Abb. 2 auf Seite 44). Ein Bundesprogramm, das eigentlich den Neubau von Gleisanschlüssen fördern soll, hat so gut wie keinen Effekt: Nicht einmal 1,5 Prozent im Verhältnis zu den abgebauten Gleisanschlüssen konnten neu geschaffen oder wieder hergestellt werden.[4] Dadurch haben die meisten Unternehmen bereits rein technisch überhaupt keine Möglichkeit mehr, Güter per Bahn transportieren zu lassen; zumindest wären teure Umladevorgänge notwendig, die den Transport mit der Bahn extrem unattraktiv machen. Der Großteil der Unternehmen setzt daher auf die Beförderung per Straße anstelle der Schiene – auf Lkw anstelle der Eisenbahn.

Die Deutsche Bahn AG, aber auch die meisten privaten Güterbahngesellschaften konzentrieren sich in erster Linie auf die Großkunden, die viele Güter auf einmal über lange Strecken transportieren lassen – wie z. B. Autos der großen Hersteller zum Exportterminal nach Bremerhaven oder angeblich »bahnaffine« Massengüter wie Stahl oder Kohle. Andere Transporte hat die Bahn in Deutschland hingegen weitgehend aufgegeben.

Eine große Lücke lässt die Bahn vor allem im regionalen Güterverkehr: Insbesondere die DB AG, aber auch die anderen Schienengüterverkehrsunternehmen führen so gut wie keinen Güterverkehr auf kürzeren Strecken mehr durch, obwohl ein erheblicher Anteil des Güterverkehrs im regionalen Bereich stattfindet. Dieser Verkehr weist jedoch nach den Maßstäben der Deutschen Bahn und auch vieler Wettbewerber zu geringe Gewinnmargen auf. Offensichtlich verfolgt die DB somit im Personenfernverkehr und im Güterverkehr eine ähnliche Strategie, die eine Konzentration auf lukrative Langstreckenverkehre und einen Rückzug aus der Fläche beinhaltet. Verkehrspolitisch eine fatale Entwicklung, wie auch der Verkehrswissenschaftler Heiner Monheim bemängelt: »Damit sind regionale Güterbahnverkehre fast völlig verschwunden, die Güterbahn bedient

---

4   Während es vor der Bahnreform im Jahr 1993 in Deutschland noch 13.026
     Privatgleisanschlüsse gab, wurde diese auf 2351 im Jahr 2018 verringert
     (-82 %); Quelle dazu sowie zur Gleisanschlussförderung: Antwort der Bundesregierung auf die Kleine Anfrage der Linksfraktion im Bundestag, Bundestags-Drucksache 19/9305.

nur noch die Hauptachsen über die großen Distanzen und überlässt den Rest kampflos der Straße.«[5]

Aktuell droht sogar noch ein weiterer Abbau des Schienengüterverkehrs, und zwar beim Einzelwagenverkehr, also dem Transport einzelner Eisenbahnwagen vom Sender zum Empfänger. Dieser ist aus Sicht der DB AG, die ihn als einziges Unternehmen in Deutschland betreibt, nicht mehr lukrativ. Da einzelne Wagen rangiert und – teilweise mehrfach – zu Güterzügen zusammengestellt werden müssen, ist dieser Bereich besonders arbeitsintensiv, und die Prozesse haben sich hier über die letzten Jahrzehnte auch kaum weiterentwickelt. Der Wettbewerb zwischen verschiedenen Bahnunternehmen macht das Geschäft noch schwieriger, da diese Sparte nur bei einem bestimmten Aufkommen von Wagen überhaupt sinnvoll ist. Deswegen ist außer der DB AG kein anderes Unternehmen in diesem Bereich aktiv. Ein komplettes Ende des Einzelwagenverkehrs würde aber eine weitere immense Verlagerung von Güterverkehr auf die Straße bedeuten.

Zu den beschriebenen Problemen kommen auch noch Qualitätsprobleme in der DB-Gütersparte, die oft auf die ständigen Umstrukturierungen des Unternehmens zurückzuführen sind. So fährt ein großer Teil der Züge stark verspätet, was viele Kunden abschreckt, die die Transporte für die »Just-in-time«-Produktion zu einem bestimmten Zeitpunkt benötigen. Andere Transportanfragen werden gleich komplett abgelehnt, da es an geeigneten Wagen und nicht selten auch an Personal fehlt.[6] So hat die DB in den letzten Jahren viele Güterverkehrskunden verloren. Aufgrund dieser überwiegend hausgemachten Probleme fährt die Gütersparte der DB AG in den letzten Jahren tiefrote Zahlen ein: Im Zeitraum 2015 bis 2018 hat sie 555 Millionen Euro Verlust gemacht. Bereits im ersten Quartal 2019 wurden zusätzliche 79 Millionen Euro an Verlusten eingefahren.[7] Als

---

5   Heiner Monheim, Die kalte Enteignung, der Freitag vom 16. März 2007.

6   Dieter Fockenbrock, Güterbahn fährt tief in die roten Zahlen, Handelsblatt vom 8. Mai 2019.

7   Nach: Handelsblatt vom 18. Juni 2019.

Ursachen werden im Konzern selbstkritisch »operative Schwächen« und eine »instabile Produktion« angeführt.[8] Daran hat auch die beständige Umstrukturierung und Umbenennung des Unternehmens – von »DB Cargo« zu »Railion«, zu »DB Schenker Rail« und zurück zu »DB Cargo« – nichts verändern können.

Während sich die DB AG nur noch auf ganz bestimmte Transportsparten im Schienengüterverkehr konzentriert, betreibt sie selbst gleichzeitig zunehmend Güterverkehr jenseits der Schiene. Durch zahlreiche teure Unternehmensaufkäufe im Logistikbereich (siehe das folgende Kapitel 14) ist die DB AG inzwischen zum europaweit größten Straßenspediteur und zu einem der weltweit größten Luftfracht- und Seefrachttransporteure aufgestiegen. Zur Rechtfertigung dieser Strategie führte insbesondere der frühere Bahnchef Mehdorn immer wieder ins Feld, wie wichtig es sei, dass die DB AG die »gesamten Transportkette« vom Versender zum Empfänger – und damit alle Transportmittel – anbieten müsse. Damit würde die internationale Expansion letztlich zu einer Verlagerung von Gütertransporten auf die Bahn führen. Tatsächlich hat dies aber ganz offensichtlich nicht stattgefunden. Stattdessen fährt die DB-eigene Logistiktochter Schenker Güter auf Lkw durch ganz Europa und betreibt selbst Logistikzentren, die vielfach gar keinen Gleisanschluss haben. Die DB AG organisiert also selbst die Konkurrenz zur Schiene, statt auf diese zu verlagern.

Kapazitätsengpässe

Auf der anderen Seite ist auch die Infrastruktur oft ein Problem für den Güterverkehr, was ebenfalls mit der oben beschriebenen Konzentration zu tun hat: Auf bestimmten Strecken im Bahnnetz gibt es aufgrund des dort wachsenden Güterverkehrs inzwischen massive Kapazitätsengpässe. Dies gilt insbesondere für den sogenannten Hafenhinterlandverkehr von und nach Hamburg und Bremerhaven.

---

8   Thomas Wüpper: Warum der Güterverkehr die größte Baustelle der Bahn ist, Tagesspiegel vom 27. Januar 2019.

Auf diesen Strecken wäre ein Ausbau dringend notwendig, um mehr Verkehr auf die Schiene verlagern zu können. Dieser Ausbau findet aber allenfalls halbherzig statt, beispielsweise durch ein drittes Gleis zwischen Lüneburg und Uelzen (»Alpha-E-Variante«). Eigentlich würden zwei zusätzliche Gleise benötigt, die sinnvollerweise so weit wie möglich fernab von Siedlungen gebaut werden sollten.[9] Stattdessen werden immer noch massive Geldmittel in den Bau von Hochgeschwindigkeitsstrecken investiert, die für den Güterverkehr meist keinen Nutzen haben und teilweise sogar von Güterzügen nicht befahren werden können. Ein Beispiel dafür ist die Neubaustrecke zwischen Köln und Frankfurt, die bei einer anderen Trassierung schon heute den nächtlichen Güterverkehr im Rheintal aufnehmen könnte, der dort für die Anwohnerinnen und Anwohner extrem belastend ist. Stattdessen entschied man sich damals, die Strecke für 300 km/h auszubauen und – aus rein politischen Gründen – auch über Rheinland-Pfalz (mit dem Zwischenhalt Montabaur) zu führen, wodurch sie sehr steil und dadurch für Güterzüge nicht befahrbar wurde.

Diese Belastungen sind ein riesiges Problem an allen großen Güterverkehrsachsen wie der Strecke von Hamburg nach Süden oder entlang des Rheins: Da der Güterverkehr hier enorm zunimmt und nachts teilweise alle paar Minuten ein Güterzug über die jeweilige Strecke fährt, sind viele Anwohnerinnen und Anwohner häufig gesundheitsschädlichen Lärmbelastungen ausgesetzt. Um diese Belastungen zu minimieren, müssten die Deutsche Bahn-Tochter DB Netz und der Bund sowie die Güterbahnunternehmen sehr viel stärker auf lärmreduzierende Techniken und entsprechende Optimierungen der Infrastruktur und der Züge setzen. Zwar sind in den letzten Jahren bereits viele Güterwagen auf neue, lärmärmere Bremsen umgerüstet worden, aber diese Maßnahme reicht bei weitem noch nicht aus. Darüber hinaus könnten Transporte teilweise über Nebenstrecken geführt werden, an denen sie deutlich weniger Menschen belasten

9   Alpha-E macht Ärger, Die Welt online vom 2. März 2019.

würden; auch hier wären aber vielfach – wenn auch überschaubare – Ausbaumaßnahmen notwendig, denn einige Strecken müssten dafür erst elektrifiziert werden. Beides kommt aber momentan nur sehr schleppend voran, auch hier steht den Abhilfemaßnahmen wieder das Ziel der Kosteneinsparung entgegen. So findet der Schienengüterverkehr im Moment oft auf dem Rücken derjenigen statt, die entlang der großen Schienenachsen leben.

Wettbewerb

Die DB AG ist mittlerweile bei weitem nicht mehr das einzige Unternehmen, das Güterverkehr auf der Schiene betreibt. Andere, mit ihr konkurrierende, Unternehmen haben inzwischen einen Marktanteil von fast 50 Prozent erreicht.[10] Nur das Wachstum der anderen Bahnen hat verhindert, dass der Marktanteil des Schienengüterverkehrs am gesamten Verkehr in den letzten Jahren noch stärker zurückgegangen ist. Im Bereich des Güterverkehrs ist also das erklärte Ziel der Bahnreform, den Wettbewerb zu stärken, schon weitgehend umgesetzt. Offensichtlich sind die anderen Güterverkehrsunternehmen in einigen Bereichen deutlich besser aufgestellt als DB Cargo und nehmen dieser daher zunehmend Marktanteile weg. Anders als im Personenverkehr ist ein solcher Wettbewerb auch leichter möglich, da es wegen der aktuellen Struktur des Güterverkehrs und nach dem Aus für einen regionalen Güterverkehr auf Schienen nicht um ein Netzwerk von Zugverbindungen geht, die zum Umsteigen aufeinander abgestimmt sein müssen.

Die Kehrseite dieses Wettbewerbs ist ein enormer Konkurrenzdruck zwischen den Unternehmen, die oft sehr klein sind und es entsprechend schwer haben, sich in dem umkämpften Markt zu behaupten. Dieser Druck bewirkt Kostensenkungen – und damit erneut einen Trend zu noch höherer Transportintensität – und er geht teilweise auch auf Kosten der Sicherheit. So wurde nachgewiesen,

---

10   Privatbahnen wollen Marktanteil in 2019 weiter ausbauen, Verkehrsrundschau vom 19. Dezember 2018, unter: www.verkehrsrundschau.de.

dass die Lokführer trotz abweichender Regelungen vielfach sehr lange am Stück arbeiten und die eigentlich zulässigen Arbeitszeiten immer wieder überschreiten. Die Folge davon ist Übermüdung, die beispielsweise daran messbar ist, dass die Lokführer der privaten Schienengüterverkehrsunternehmen statistisch gesehen dreimal häufiger rote Signale überfahren als ihre Kollegen bei der DB AG. Hier hat der Wettbewerbsdruck also offensichtlich gefährliche Auswirkungen.[11] In Extremfällen hat dies auch schon zu folgenschweren Unfällen geführt wie 2011 zum Zusammenstoß zweier Züge in Hordorf mit 11 Toten (siehe dazu auch Kapitel 11) oder 2014 zum Zusammenstoß zweier Züge in Mannheim.[12]

Aber auch dieser Wettbewerb auf der Schiene hat letztlich nicht dazu geführt, dass die mit der Bahnreform beabsichtigte Verlagerung von Transporten von der Straße auf die Schiene stattgefunden hat. Entscheidend dafür ist der in Kapitel 1 bereits beschriebene ungleiche Wettbewerb zwischen Straße und Schiene: Die bestehenden Regelungen bevorzugen einseitig den Straßentransport, beispielsweise die im Vergleich zu den Trassengebühren bei der Bahn geringe Lkw-Maut, das Dieselsteuerprivileg, die Aufbürdung der hohen Unfall- und Umweltkosten des Straßenverkehrs auf die Allgemeinheit, die Genehmigung größerer und schwererer Lastkraftwagen, die Aushöhlung des Lkw-Verkehrsverbots an den Wochenenden oder die massiven öffentlichen Investitionen in die durch die Lkw massiv belastete Infrastruktur – seien es Neu- und Ausbauten von Autobahnen und Straßen oder die für die Ruhezeiten der Fahrer notwendigen Autobahnraststätten. Und statt den Schienengüterverkehr zu stärken, fokussiert die Politik auf die Elektrifizierung von Autobahnen[13]

---

11 Vgl. Mobifair, Unsichere Zugfahrten, Pressemitteilung vom 12.6.2019, unter: www.mobifair.eu.

12 Vgl. Untersuchungsberichte der Untersuchungszentrale der Eisenbahn-Unfalluntersuchungsstelle des Bundes, Aktenzeichen vom 14.9.2011 bzw. vom 23.9.2015 (Aktenz. 60uu2014-08/002-3323)

13 Erste deutsche Elektro-Autobahn für Lkw geht an den Start, Wirtschaftswoche vom 7. Mai 2019.

und auf immer größere Lkw. Wobei die zuletzt angesprochenen »Gigaliner«, wie im folgenden Kapitel gezeigt wird, noch von der Spitze der Deutschen Bahn gefördert werden und damit die Konkurrenz zur Schiene begünstigt wird.

Freie Kapazitäten und kluge Logistik –
für das Militär und für das Vorbereiten von Kriegen

Am 1. Januar 2019 trat ohne größere öffentliche Aufmerksamkeit ein hoch politischer Vertrag in Kraft: Erstmals sicherte sich die Bundeswehr bei der Deutschen Bahn für Panzer und andere Rüstungsgüter Transportkapazitäten, mit denen Militärtransporte bis an die Grenze Russlands durchgeführt werden können. Die Transporte finden im Rahmen der NATO-Aufrüstung und des NATO-Aufmarsches gegen Russland statt.[14] Es geht dabei nicht um einzelne Wagen, die an Güterzüge angehängt werden, sondern um vollständige Züge, von denen im Verlauf des Jahres 2019 weit über tausend Richtung Osten rollen könnten. Zu den »Highlights« des mit fast 100 Millionen Euro dotierten Vertrags zwischen DB und Bundeswehr gehören u. a. die zusätzliche Vorhaltung von 300 Waggons und Lokomotiven mit dem Potenzial für über 1.300 jährliche Transporte. Gleichzeitig soll es zu einer Umkehrung der »Vorfahrt-Regel« kommen: Künftig soll Militärtransporten erstmals gegenüber dem zivilen Personenverkehr Priorität eingeräumt werden. Zivile Bahnkunden können sich in diesem Kontext also auf möglicherweise noch mehr Verspätungen als bisher einstellen. Um den Aufmarsch der Bundeswehr nach Osten logistisch abwickeln zu können, schloss das Verteidigungsministerium im Dezember 2019 einen Vertrag in Höhe von

---

14 Der DB-Bundeswehr-Vertrag soll eine Untersetzung es NATO-Projekts VJTF (Very High Readiness Joint Task Force) darstellen. In diesem Rahmen stehen 5000 Bundeswehrsoldaten für einen schnellen NATO-Einsatz gegen Russland bereit. Deutsche Soldaten stünden bei einer kriegerischen Auseinandersetzung an vorderster Front. Die Bundeswehr stellt für dieses NATO-Projekt rund 4000 Angehörige des Heeres und 1000 Kräfte anderer Organisationsbereiche bereit.

beinahe 100 Millionen Euro mit der DB Cargo AG (DB) ab.[15] Insgesamt sollen 2019 etwa 9.700 Soldaten, 150 Kettenfahrzeuge, 3.300 Radfahrzeuge, 1.500 Anhänger und 1.370 Container Richtung Osten verlegt werden. Ein großer Teil dessen soll auf der Schiene transportiert werden – wie viel genau, gilt als geheim.[16]

Ähnlich wie beim Aspekt Auslandsengagements der Deutschen Bahn zeigt sich hier: Die Deutsche Bahn ist eine politische Bahn. Sie versagt bei den Themen Umwelt, Klima und Verkehrsverlagerung. Doch sie ist »erfolgreich« dort, wo die Politik dies wünscht: bei der Unterstützung einer gefährlichen »neuen Ostpolitik«, bei der ein neuer Kalter Krieg vornehmlich gegen Russland vorangetrieben wird.

Maßnahmen im Rahmen der Verkehrswende

Der Schienengüterverkehr benötigt eine umfassende Renaissance, was technisch auch möglich wäre. Eigentlich hat er insbesondere gegenüber dem Straßengüterverkehr riesige Vorteile, weil auf Schienen große Gewichte transportiert und von einem Lokführer bis zu 600 und bald sogar bis zu 740 Meter lange Züge gefahren werden können. Es sind vor allem politische Gründe, die einer tatsächlichen Verlagerung auf die Schiene bislang im Wege stehen.

---

15   Der Vertrag wurde auf zwei Jahre abgeschlossen (gültig vom 1.1.2019 bis 31.12.2020). Er kann drei Mal um je ein Jahr verlängert werden. Im Anschluss an die Versorgung der deutschen Einheiten sollen mit diesen Schienentransportkapazitäten ab 2020 Verlegungen der Initial Follow-on Forces Group (IFFG) und weitere grenzüberschreitende Transporte für die Bundeswehr oder für ihre Verbündeten durchgeführt werden können. Der Vertrag erwähnt dabei sowohl Transporte für die NATO, für Staaten, die Mitglied des NATO-Programms »Partnerschaft für den Frieden« sind, für die Europäische Union oder die Vereinten Nationen. Es geht also auch um ein logistisches Infrastrukturprojekt, mit dem internationale Schienentransporte an unterschiedlichste Ziele – aber besonders im Osten – durchgeführt werden sollen.

16   Angaben zu diesem Thema nach: Claudia Haydt, Bahnfrei für die Bundeswehr, veröffentlicht für die Informationsstelle Militarisierung (IMI) e.V., Tübingen, IMI-Analyse 2019/01, unter: www.imi-online.de.

Vor allem muss die einseitige Begünstigung des Lkw-Verkehrs gegenüber dem Schienenverkehr beendet werden. Notwendig ist auf jeden Fall ein Ende des Dieselsteuerprivilegs, die starke Anhebung der Lkw-Maut unter Einbeziehung der realen externen Kosten und die Ausweitung dieser Maut auf alle Straßen sowie eine Absenkung der Trassengebühren für die Schiene auf die Grenzkosten. Vor allem im Straßengüterverkehr, aber auch auf der Schiene müssen außerdem gute Arbeitsbedingungen der Fahrer bzw. Lokführer und eine durchgehende tarifliche Entlohnung sichergestellt werden (vgl. Kapitel 12).

An vielen Stellen im Bahnnetz ist ein Ausbau auch für den Schienengüterverkehr erforderlich, der in vielen Fällen auch dem Personenverkehr zugutekommt. Wenn man das Ziel einer Verkehrsverlagerung auf die Schiene ernst nimmt, dann können im Gegenzug erhebliche Mittel für den Neu- und Ausbau der Straßeninfrastruktur eingespart werden. Der momentan geltende »Finanzierungskreislauf Straße« muss in einen »Finanzierungskreislauf Verkehr« umgewandelt werden, der die Umverteilung der Mittel zu den klimafreundlicheren Verkehrsträgern, an erster Stelle der Schiene, umfasst. Letztlich ist die Schiene volkswirtschaftlich wesentlich günstiger, da die entstehenden Schäden durch die Transporte sehr viel geringer sind.[17] Beim Ausbau der Infrastruktur muss aber vor allem auch der Lärmschutz für die Anwohnerinnen und Anwohner im Fokus stehen, was ebenso für die Instandhaltung und die Anschaffung von neuen Fahrzeugen gilt. Mit konsequenten Maßnahmen kann die Belastung durch den Schienengüterverkehr erheblich vermindert werden.

Außerdem müssen viele Güterverladestellen – etwa Gleisanschlüsse direkt bei Unternehmen und Logistikzentren oder auch

---

17   Die externen Kosten der Güterbahn betragen mit 2,04 Eurocent pro Tonnenkilometer (mit elektrischer Traktion sogar nur 1,97) gegenüber 4,46 Eurocent pro Tonnenkilometer beim Lkw nicht einmal die Hälfte. Vgl. Cuno Bieler / Daniel Sutter, Externe Kosten des Verkehrs in Deutschland, Straßen-, Schienen-, Luft- und Binnenschiffverkehr 2017. Studie erstellt von Infras (Zürich) im Auftrag der Allianz pro Schiene, Schlussbericht 21.8.2019, S. 27.

kleinere Güterbahnhöfe – wiederhergestellt werden. Dies wäre eine wichtige Voraussetzung dafür, auch den regionalen Güterverkehr wiederbeleben zu können. Dazu müssen an zentralen Punkten moderne Logistikzentren errichtet werden, die insbesondere die einfache Umladung zwischen Straße und Schiene (»kombinierter Verkehr«) sowie zwischen Schiff und Schiene ermöglichen. Dafür ist in der heutigen, den Lkw begünstigenden Marktsituation eine politische Förderung unerlässlich.

Zum notwendigen Erhalt und Ausbau des Einzelwagenverkehrs bedarf es neuer, verbesserter Logistikkonzepte, um den Aufwand beim Rangieren und die Kosten zu vermindern. Diskutiert werden z. B. automatische Kupplungssysteme, da die Wagen bis heute sehr aufwändig per Hand auseinander- und zusammengekuppelt werden. Auch Informationssysteme in den Güterwagen, die z. B. eine Verfolgung der Wagen ermöglichen, wären für viele Güterverkehrskunden ein wichtiger Schritt; bei Lkw ist dies schon heute Standard. Dafür und ebenso an anderen Stellen (z. B. Lärmschutz) sind Forschungen und technische Neuerungen notwendig. So könnte die Schiene auch für den Lieferverkehr in die Städte zukünftig wieder eine größere Rolle spielen – etwa durch den Transport per Bahn bis zu Logistikzentren in der Stadt und eine Umladung auf kleine Elektrofahrzeuge und Lastenräder für die verbleibenden kurzen Strecken.

Das Ziel all dieser Maßnahmen ist eine Verlagerung von Güterverkehr auf die Schiene im Sinne der Verkehrswende. An oberster Stelle für eine entsprechende Güterverkehrspolitik muss jedoch ein Stopp des weiteren Wachstums des Güterverkehrs, eine Politik zur Vermeidung unnötiger Transporte und eine Reduktion der gesamten Summe der Gütertransporte stehen. Zum einen benötigen auch Transporte auf der Schiene Ressourcen und haben eine schädliche Klimawirkung – wenn auch in geringerem Umfang als auf der Straße oder gar in der Luft. Zum anderen könnte aber die Schiene auch bei massiven Ausbaumaßnahmen nur einen Teil der heutigen Transporte aufnehmen. Daher müssen die Vermeidung und die Verlagerung von Transporten hier Hand in Hand gehen.

Eberhard Happe
Lukas der Lokomotivführer und der Scheinriese ETCS

Die Begriffe Digitalisierung und ETCS (European Train Control System) beherrschen derzeit die Bahnszene. Mit ihnen könne die Kapazität der vorhandenen Strecken um 20 Prozent gesteigert werden, heißt es. Die Annahme, der Mindestabstand zweier aufeinander folgender Züge könnte der Bremswegabstand von 1000 m plus Zuglänge von 700 m sein, ist deshalb unrichtig, weil der Fahrweg für den nachfolgenden Zug vor dessen Einfahrt in den Bremswegabstand eingestellt sein muss (»Fahrweg-Umstellzeit«). Anderenfalls besteht die Gefahr einer Entgleisung. Ein Güterzug, der mit 100 km/h unterwegs ist, braucht für 1700 Meter eine Minute. Die notwendige Zeit zum Umstellen der Fahrstraße beträgt rund eine Minute, Mindest-Zugfolgezeit somit zwei Minuten. Diese Zeit liegt dem üblichen Signalabstand von 2 km zugrunde und ist seit Jahrzehnten Realität. Auf hochbelasteten Mischbetriebsstrecken werden Güter- und Regionalzüge immer dann in ein Überholgleis geleitet, wenn ihnen ein ICE unmittelbar folgt. Das kostet Zeit, und es kostet sehr viel Energie.

Ein Güterzug kann einem ihn überholenden ICE zwar schon nach einer Minute folgen. Doch ein 1200-Tonnen-Güterzug erreicht erst nach rund drei Minuten und rund 2,5 km seine übliche Geschwindigkeit von 100 km/h. Ein 2000-Tonnen-Güterzug braucht sogar rund fünf Minuten und 4,5 km. Einem wieder anfahrenden Güterzug kann ein nachfolgender Güterzug erst im Abstand von 4 bis 4,5 Minuten ohne Behinderung folgen. Ähnlich ungünstig stellen sich die Verhältnisse dar, wenn bei einer Streckenverzweigung ein Zug das Gegengleis kreuzen muss, was für den abzweigenden Zug in aller Regel mit einer Geschwindigkeitsreduzierung verbunden ist.

Dann berechnet sich die Sperrzeit für das Gegengleis aus den Elementen: Fahrstraßen-Einstellzeit, Bremsweg, Geschwindigkeitsreduzierung, »Durchrutschweg«, Freifahrzeit für das Gegengleis, Fahrstraßen-Umstellzeit, Bremsweg für einen auf dem zu kreuzenden Gleis fahrenden Zug. In Zeitelementen ausgedrückt: 1' + 0,6' + 0,2' + 0,1' + 0,8' + 1' + 1' = 4,7 Minuten als Mindestzeit. Bei dem auf den Magistralen üblichen Signalabstand von 2 Kilometern ist die maximale Strecken-Durchlassfähigkeit erreicht.

Diese physikalischen Zwänge gelten für Lukas den Lokomotivführer ebenso wie für den Lokführer auf einem modernen Fahrzeug; eine Digitalisierung und auch ein ETCS ändern daran nichts.

Bei der Deutschen Reichsbahn hat man in den 30er Jahren die induktive Zugsicherung (Indusi) erfunden, ein fahrwegbasiertes Sicherungssystem als Punkt-Zug-Beeinflussung (PZB). In den 70er Jahren wurde – damit man mehr als 160 km/h abstandsgesichert fahren konnte – die Linienzug-Beeinflussung (LZB) entwickelt. Dieses ebenfalls fahrwegbezogene System befriedigte alle erdenklichen Wünsche nach Sicherheit und ist mit dem bestehenden PZB-System kompatibel.

Das LZB-System hat allerdings einen unverzeihlichen Fehler: Es ist ein *deutsches* System und so etwas geht ja in Frankreich gar nicht. Man könnte in Europa Milliarden sparen, wenn man LZB auf allen europäischen Hochgeschwindigkeitsstrecken einsetzen würde. Aber nein, mit ETCS wurde ein gänzlich neues, immens teures, diesmal fahrzeugbezogenes, funkbasiertes Sicherungssystem initiiert. Dann wurden noch nationale Variationen gestattet, die die Universalität weitgehend zunichte machen, weil mehrere unterschiedliche ETCS-Systeme nicht mehr auf einem Triebfahrzeug unterzubringen sind. Laut einem McKinsey-Bericht vom Dezember 2018 kostet ETCS die deutschen Bahnen wie folgt: Triebfahrzeugausrüstung für 10.000 Stück 7 Milliarden Euro, also 700.000 Euro je Triebfahrzeug. Streckenausrüstung: 14 Milliarden Euro (oder eine halbe Million Euro pro Strecken-Kilometer). Das Ganze ohne jegliche betriebliche Verbesserung und ohne jeglichen Sicherheitsgewinn. Und ohne Rückfallebene, so dass bei einem Systemausfall der Betrieb weiter gewährleistet wäre.

Die EU verlangt ETCS lediglich für Transitstrecken. Was hindert den Bundesverkehrsminister, es bei allen anderen Strecken beim bewährten, zuverlässigen und kostengünstigen System der Punkt-Zug-Beeinflussung zu belassen und damit riesige Investitionsmittel zu sparen?

Der Begriff »Digitale Schiene« ist semantischer Unsinn. ETCS ist rein bahntechnisch gesehen ein Scheinriese. Für die einschlägige Industrie ist es jedoch ein Riesen-Geld-Generierungs-Programm.

Eberhard Happe, Dipl.-Ing. (TH), ist Bundesbahndirektor a. D.

Kapitel 14

Die Deutsche Bahn als Politikum –
Auslandsengagements im Interesse
der Außenpolitik

Wind peitscht Schneeflocken an die Frontscheibe. Ture Töryä kneift die Augen zusammen, konzentriert sich auf das nächste Signal. […] Seit 2011 fahren Männer wie Ture Töryä den DB Schenker North Rail Express […] Die größte Herausforderung ist die Kälte. Der Schnee an den Rädern […] gefriert bei bis zu minus 40 Grad in Sekundenschnelle. Eis bildet sich an manchem Rad – es muss am Ziel gewechselt werden. »Wir haben gelernt, wie wichtig es ist, genügend Ersatzteile vorrätig zu haben«, sagt Austrheim, Chef des Marktbereichs Intermodal bei Schenker AS in Oslo. »Wir haben nachgerüstet und auch die Zahl der Reservewagen von acht auf 17 erhöht.«

Anja Wotzlaw,
Fischerman's Friend. Unterwegs auf der längsten
durchgehenden Güterzugverbindung in Europa[1]

Wenn 2019 darüber diskutiert wird, ob die Deutsche Bahn ihre Tochter Arriva verkaufen soll, dann wird dies meist als eine Art Opfergang geschildert. Und wenn in diesem Zusammenhang gefragt wird, warum die DB sich nicht von *allen* großen Auslandsengagements – also beispielsweise auch von Schenker Logistics – trennt, dann wird dies vielerorts als Angriff auf die Substanz des Bahnkonzerns dargestellt. Doch die Forderung nach dem Ausstieg aus dem Auslandsge-

---

1   Reportage in: mobil 03/2015.

schäft ist nicht abwegig. Die Global-Player-Strategie der Deutschen
Bahn AG war und ist ein teurer Irrweg. Und diese Strategie wurde
eigentlich mit der Bahnreform explizit ausgeschlossen.

Bis 1999 – und damit bis zum Ende der Amtszeit von Bahnchef Johannes Ludewig – war die Deutsche Bahn weitgehend eine
deutschlandinterne Veranstaltung und zugleich ein Unternehmen,
das seinen Umsatz zu gut 90 Prozent im Eisenbahnsektor erzielte.
Eine solche Orientierung wurde offiziell als DNA der Bahnreform
definiert. Nachdem die Deutsche Bahn AG gegründet worden war,
wurden die »wesentlichen Beteiligungen des Konzerns bei der Deutschen Bahn Beteiligungsgesellschaft mbH zusammengefasst« und
dann »unmittelbar durch die Muttergesellschaft geführt und dabei
stärker an die Geschäftsbereiche der Deutschen Bahn AG angebunden«. Dazu wurde ausgeführt: »Die Gesellschaften des Bahnkonzerns bewegen sich maßgebend in den Geschäftsfeldern Touristik,
Bus- und Fährverkehr, Güterverkehr und Service. Dabei kommt ihnen die Aufgabe zu, einen *Beitrag zum Kerngeschäft* der DB AG zu
leisten.«[2]

Diese Orientierung änderte sich fast schlagartig mit dem Antritt
von Hartmut Mehdorn als Ludewig-Nachfolger. Hier muss man sich
ins Gedächtnis rufen, dass Mehdorn von dem damals neuen Bundeskanzler Gerhard Schröder in den Bahnkonzern geholt und damit der brave Beamte Johannes Ludewig aufs Abstellgleis geschoben
wurde. Mehdorn betrieb gewissermaßen seit seinem Amtsantritt als
Bahnchef eine gezielte Global-Player-Politik. Ganz im Stil von Jürgen Schrempp, seinem ehemaligen Kollegen bei Daimler und dort
zugleich sein Konkurrent, erklärte er damals: »Unser Markt ist nicht
Deutschland. Unser Markt ist die Welt.«[3] Er stellte das kaum verhüllt in den Zusammenhang einer aggressiven Expansionspolitik mit
militaristischer Terminologie. Vor Belegschaftsvertretern äußerte er
anlässlich des Erwerbs der britischen Bahngesellschaft EWS: »Die-

---

2   Geschäftsbericht 1994, S. 20. Hervorgehoben von den Autoren.
3   Welt am Sonntag vom 15. Januar 2006.

ses Mal werden wir Frankreich von hinten angreifen.« Dies bezog
sich darauf, dass EWS über eine Konzession für eine Ärmelkanal-
Durchfahrt verfügte. Auf die Frage »In welcher Zeit hätten Sie gerne
gelebt?« antwortete er: »Ich wäre gern mit Napoleon unterwegs gewesen.«[4]

Am Anfang der Mehdorn'schen Global-Player-Strategie stand
eine unscheinbare Personalie: Mehdorn holte im Jahr 2000 Bernd
Malmström, bis zu diesem Zeitpunkt Vorstand beim Lkw-Logistik-
Konzern Stinnes-Schenker, zur DB. Malmström setzte als Chef von
DB Cargo im Schienengüterverkehr das in den Kapiteln 3 und 13
beschriebene, zerstörerische Programm MORA C um. 2001 bildeten DB Cargo und Stinnes-Schenker eine Kooperation. Im Juli 2002
erwarb die Deutsche Bahn dann Stinnes mit dessen Tochter Schenker. Damit war ein interessanter Kreislauf vollzogen: Schenker war
im Zeitraum 1931 bis 1991 eine Tochter der Reichsbahn bzw. der
Bundesbahn gewesen, wobei es damals vor allem um Transporte
im »Vor- und Nachlauf« des Schienengüterverkehrs ging. Im Lauf
der Jahrzehnte weitete Schenker seine Geschäfte aus und wurde zunehmend ein Lkw-Speditionsunternehmen. Die Einbindung in den
Schienengüterverkehr war dabei deutlich rückläufig. Darauf wurde
Schenker 1991 unter Dürr mit der einleuchtenden Begründung an
die Stinnes AG veräußert, die Bahn müsse sich auf das »Kerngeschäft
Schienenverkehr« konzentrieren; Lkw-Verkehr zähle nicht dazu.
Schenker expandierte dann unter dem Dach des Stinnes-Imperiums
ein gutes Jahrzehnt lang auf dem globalisierten Markt – in Branchen
wie Luftfracht, Seeschifffahrt und vor allem im Bereich der Lkw-
Transporte. 2002 zahlte die Deutsche Bahn für den Schenker-Rück-
erwerb 2,5 Milliarden Euro. Das war rund das Fünffache dessen, was
der Verkauf 1991 eingebracht hatte.

Mit dem Schenker-Erwerb hat sich der Schwerpunkt im Bahn-
Konzern erheblich weg von der Schiene und hin zu Lkw, Luftfracht
und vor allem Seefracht verschoben. Seither gab es mehr als ein Dut-

---

4   Welt am Sonntag vom 15. Januar 2006.

zend Übernahmen ausländischer Lkw- und Logistik-Firmen durch
die Deutsche Bahn. Die meisten dieser Übernahmen erfolgten noch
unter Hartmut Mehdorn. Die wichtigste Erwerbung gab es im Januar 2006, als die Deutsche Bahn für mehr als eine Milliarde Euro den
US-amerikanischen Logistiker BAX Global (später nur noch als BAX
bezeichnet) übernahm. Es handelte sich um den ersten großen Aufkauf im Ausland, um die erste große Investition in Nordamerika und
um einen entscheidenden Schritt hin zu einem Global Player im Welt-Logistik-Business. Eisenbahnen spielten im BAX-Portfolio keine Rolle. Das Unternehmen war vor allem in den Bereichen Luftfracht, Seefracht und Straßengüterverkehr engagiert. Triumphierend hieß es ein
Jahr nach der Übernahme im Geschäftsbericht der Deutschen Bahn:
»Nach dem Erwerb des amerikanischen Logistikdienstleisters BAX ist
dessen Integration in unser weltweites Logistiknetzwerk nahezu abgeschlossen […] Mit einer Präsenz an mehr als 1.100 Standorten in
über 130 Ländern behaupten wir uns nun als Global Player in Märkten, die von hohen Wachstumsraten, hartem Konkurrenzkampf und
zunehmendem Konsolidierungstempo geprägt sind.«[5]

Als Mehdorn im Frühjahr 2009 gehen musste und Rüdiger Grube im Mai 2009 an die Bahnspitze rückte, gab es natürlich kritische
Stimmen. Immerhin war Grube in der Zeit, als Mehdorn bei Daimler
in führender Position aktiv war und dabei die Expansionsstrategie
von DaimlerChrysler mit kommandierte, zeitweilig dessen Bürochef
gewesen. Doch Grube unterlief diese Kritik geschickt. Er ließ mitteilen, er wolle sich auf das »Brot-und-Butter-Geschäft im Inland«
konzentrieren; die *Süddeutsche Zeitung* ließ sich zu der Schlagzeile
verleiten: »Neuer Bahnchef stoppt Expansion«.[6] In Wirklichkeit gab
es in den nun folgenden Jahren eine Beschleunigung der aggressiven Aufkauf-Politik und der Expansion auf Auslandsmärkten. Dieser
Kurs wurde auch noch unter Richard Lutz fortgesetzt.

---

5   Deutsche Bahn, Geschäftsbericht 2007, S. 37.

6   Daniela Kuhr, Neuer Bahnchef stoppt Expansion, Süddeutsche Zeitung vom
    21. August 2009.

Die Expansion der Deutschen Bahn AG im Ausland fand vor allem in *drei Bereichen* statt: *Erstens* in Form von Engagements in den Öl- und Gasregionen des Nahen Ostens. *Zweitens* mit der Übernahme von Arriva und damit mit dem Ausbau der Deutschen Bahn zu einem europaweiten Nahverkehrsbetreiber mit Schwerpunkt Bus. *Drittens* in Form einer Orientierung auf das China-Geschäft und auf eine Beteiligung an dem Seidenstraßen-Projekt der chinesischen Regierung.

Katar, Vereinigte Arabische Emirate und Saudi Arabien

Das Engagement der DB im arabischen Raum hatte bereits unter Mehdorn begonnen. Es wurde unter Grube ausgeweitet. Bereits wenige Monate nach Grubes Amtsantritt, im November 2009, weilten der damalige Bundesverkehrsminister Ramsauer und der damalige Bahnchef Grube in der Hauptstadt Katars, in Doha, um den Gründungsvertrag der Qatar Railways Development Company, an der die DB ursprünglich mit 49 Prozent beteiligt war, zu unterzeichnen. Just zu der Zeit, als die Deutsche Bahn im innerdeutschen Schienenverkehr ihr erstes Winterdesaster mit dem Ausfall hunderter Züge aufgrund von Schnee und Eis erlebte, konnte man von Grube die folgenden Zeilen lesen: »Es motiviert unglaublich, wenn man vor Ort in Katar erfährt, wie sehr das Know-how unserer Mitarbeiter weltweit gefragt ist. Die machen wirklich einen tollen Job.«[7] Insgesamt, so Grube, gehe es um »Gesamtinvestitionen in Höhe von 17 Milliarden Euro« für ein mehr als 300 Kilometer langes Netz mit Fernverkehrs- und Güterverkehrsstrecken, einschließlich eines Metrosystems in Doha, der Hauptstadt von Katar. In den letzten Jahren ist es allerdings um die Katar-Projekte der DB ruhiger geworden. Die DB stieg bei der Qatar Railways Development Company wieder aus. Die Termine zur Fertigerstellung des neuen Schienennetzes wurden auf 2025 oder später verschoben. Einen wesentlichen Hintergrund bildet die politische Isolation, in der sich Katar in der Region seit 2017 befindet. Doch die DB-Manager scheinen das Risiko zu lieben.

---

7   Mobil 01/2010, herausgegeben von der Deutschen Bahn AG.

Im März 2010 war das Tandem Ramsauer-Grube wieder in der
Region, dieses Mal in den *Vereinigten Arabischen Emiraten* (VAE).
Erneut ging es um eine Vertragsunterzeichnung, um »die VAE beim
Aufbau einer hochmodernen und leistungsfähigen Schieneninfrastruktur nach Kräften zu unterstützen.« So der damals amtierende
Bundesverkehrsminister. Es gehe darum, dass »wir dort unsere Be-
treiberkompetenz unter Beweis stellen«, so der damalige Bahnchef.
Zur gleichen Zeit bewies die Bahn, dass sie bei der S-Bahn in der
deutschen Hauptstadt Berlin, die ein Dreivierteljahrhundert fast wie
am Schnürchen fuhr, offensichtlich ihre »Betreiber-Kompetenz« verloren hatte. Es gab eine desaströse Krise der S-Bahn-Berlin, bei der
zeitweise nur noch ein Viertel der Zugflotte einsatzbereit war und
viele Verbindungen nur noch in minimalem Takt oder gar nicht
mehr verkehrten.[8] 2019 sind auch beim Emirate-Geschäft die großen
Erwartungen gedämpft. Die VAE-Oberen mussten ihre Infrastruk-
turpläne deutlich strecken und das Investitionsvolumen reduzieren.
Der niedrigere Ölpreis, aber auch die hohen Kosten für die massive
Beteiligung der VAE am Krieg im Jemen spielten hier eine Rolle.

2011 und 2012 berichtete die Deutsche Bahn von großen Engagements in *Saudi Arabien*. Dort ist DB International an Tief- und
Gleisbauarbeiten für eine Güterbahn im Norden des Landes beteiligt. Die Deutsche Bahn ist auch beim Bau einer Hochbahn in Riad
engagiert, die die einzelnen Bereiche der dortigen Frauen-Universi-
tät miteinander verbindet. Das ist eine echte Herausforderung: Die
Bahn muss hier fahrerlos verkehren, »da in Saudi-Arabien Frauen in
der Öffentlichkeit keinerlei Kontakt zu Männern haben dürfen, die
nicht ihrer eigenen Familie angehören.«[9] Darüber hinaus hat die
Deutsche Bahn in diesem Land das Projektmanagement für den Bau
einer 450 Kilometer langen Hochgeschwindigkeitsstrecke übernommen, die Mekka und Medina verbinden wird. Das liest sich in einem
aktuellen Bericht wie folgt: »Bald sollen dort Züge mit Tempo 300

---

8   Siehe auch: S-Bahn-Krimi Berlin, Lunapark21, Extra 06, Frühjahr 2012.
9   Nach: German-Foreign-Policy.com vom 12. August 2013.

durch die Wüste rasen und vor allem Pilger befördern. Annähernd 20 Millionen jährlich sind es momentan, ihre Zahl könnte bald auf 30 Millionen steigen. Der Bus braucht von Mekka nach Medina sechs Stunden, der Zug künftig nur noch zwei. Mehr Bequemlichkeit und Sicherheit sollen die Reisenden auf den Pfaden des Propheten Mohamed vom fremden Zug überzeugen. […] Die Hitze ist eine große Herausforderung für den Betrieb, können die Temperaturen im Sommer doch auf mehr als 50 Grad steigen.«[10]

Just in den Jahren, in denen die DB in diesem Wüstenstaat demonstrierte, wie stabil Klimaanlagen in Hochgeschwindigkeitszügen auch bei Außentemperaturen von 45 und mehr Grad Celsius funktionieren können, erlebte die Deutsche Bahn im inländischen Schienenverkehr – wie beschrieben – wiederholt ein Desaster mit Klimaanlagen, die sich bereits bei Temperaturen von 30 bis 35 Grad verabschiedeten und ganze Züge zu Saunen werden ließen und Fahrgäste reihenweise zusammenbrachen.

Arriva – die Deutsche Bahn als Europas größter Busbetreiber

Das wichtigste Ereignis in der Expansionspolitik der DB war zweifellos der Kauf des britischen Bahnunternehmens Arriva plc. am 11. August 2010. Die Deutsche Bahn zahlte dafür – einschließlich übernommener Schulden – rund drei Milliarden Euro. Es handelt sich um den größten Zukauf in der Unternehmensgeschichte der DB. Die DB zahlte das Dreifache des Kaufpreises für Bax Global und nochmals 20 Prozent mehr als das, was für Schenker bezahlt wurde.[11]

Arriva beschäftigt Mitte 2019 bereits 55.000 Menschen. Das ist mehr als die Zahl aller DB-Beschäftigten in den Bereichen Fernverkehr und Nahverkehr (Regio). Das Unternehmen ist in Großbritannien, aber auch in Osteuropa, in Spanien, Portugal und in Skandina-

---

10   Mit Tempo 300 nach Mekka, Frankfurter Allgemeine Zeitung vom 2. Mai 2017.

11   Die Bahn- und Busgeschäfte von Arriva Deutschland, darunter der in Niedersachsen und Hamburg verkehrende Metronom, wurden aus kartellrechtlichen Gründen an ein Konsortium unter Leitung der italienischen Staatsbahn Ferrovie dello Stato verkauft.

vien aktiv. Die Briten betreiben dabei Busse, Züge, Straßenbahnen und Wasserbusse. Deutlich mehr als 50 Prozent des Umsatzes erzielt Arriva mit Bus-Verkehren. Die DB AG wurde mit der Arriva-Übernahme zum größten Busbetreiber in Europa. Damit tritt die Deutsche Bahn in mehreren Ländern als Konkurrent zu den bestehenden – meist noch staatlichen – Eisenbahnen an, beispielsweise in Portugal, Spanien, Polen, Dänemark und Italien. Der DB Konzern leistet so einen aktiven Beitrag zur Zerstörung des Schienenverkehrs in Europa.

China – die Seidenschiene

Unter Hartmut Mehdorn entwickelte sich eine enge Zusammenarbeit zwischen der DB und der russischen Staatsbahn RZB. Auch eine erste Schienenverbindung Europa–China wurde entwickelt. In der Amtszeit von Bahnchef Grube wurde dieses Projekt fortgesetzt, auch wenn die Verbindung zur RZB aus Opportunitätsgründen – es begann der neue Kalte Krieg – nicht mehr hervorgehoben und immer weniger gepflegt wurde. In jüngerer Zeit – unter der Ägide von Bahnchef Richard Lutz – weitete die Deutsche Bahn AG ihr Auslandsgeschäft kräftig aus – vor allem Richtung Fernost. Das verleitete die Tageszeitung *Die Welt* zu der Überschrift »China statt Chemnitz«. Aus einem Bericht: »Im Inland ist [für die DB; d. Verf.] an Wachstum nicht mehr zu denken. Deutlich mehr Geschäft im europäischen Ausland ist auch nicht mehr zu erwarten […] Also muss eine andere Auslandsstrategie her. Wie die für China. Die Pläne dort […] sollen Megagewinne liefern. ›Erstens: Wir machen unsere Hausaufgaben. Zweitens: Wir setzen auf das Auslandsgeschäft. Drittens: Wir werden im Ergebnis als Deutsche Bahn besser‹, fasst Pofalla gegenüber *Die Welt* zusammen.«[12] Man will dabei durchaus von der Brachialpolitik, mit der in China Infrastrukturausbau betrieben wird, profitieren. Dazu heißt es in dem zitierten Bericht: »In China sind die Bedingungen anders. Dort muss sich die Staatsbahn nicht durch die Projekte klagen […] und jeden Borkenkäfer mit der Hand

---

12   Nikolaus Doll, China statt Chemnitz, Die Welt vom 29. Mai 1917.

umsetzen. […] Deshalb nimmt die Bahn China jetzt richtig ins Visier. Die Volksrepublik werde in absehbarer Zeit der größte Markt für das Projektgeschäft der DB, sagt Pofalla. ›Wir haben die besten Voraussetzungen und Referenzen. Unsere Ingenieure haben in der Vergangenheit überall auf der Welt dabei geholfen, Infrastrukturprojekte zu planen und die Umsetzung zu unterstützen.‹«[13]

Wobei es nicht bei den beschriebenen Auslandsengagements bleibt. Ende 2018 erklärte im fernen Tiflis der Logistik-Chef Alexander Doll, dass die »strategische Partnerschaft [der Deutschen Bahn AG] mit der Georgian Railways […] uns helfen wird, unsere Geschäfte weiter auszubauen«.[14] Die Deutsche Bahn schloss mit der nationalen georgischen Eisenbahngesellschaft Georgian Railways einen Rahmenvertrag ab. Damit werde »die Deutsche Bahn künftig für das Management innereuropäischer Schienenverkehre verantwortlich sein. […] Güterverkehre, welche in [der rumänischen Hafenstadt] Constanta […] starten und über Georgien und Aserbeidschan in den Mittleren Osten und nach Indien führen, werden in den Verantwortungsbereich der Georgian Railways fallen.«

Allein in den Jahren 2017 und 2018 eröffnete die DB nach eigenen Angaben neue Büros in Indien, Malaysia, Singapur und Australien. In Indien ist die DB »an der Planung des Ausbaus der Güterverkehrstrasse im Nordosten des Landes beteiligt« – wohlgemerkt in einer Zeit, in der sich die Güterverkehrssparte der DB in Deutschland in einer tiefen Krise befindet.

In der Summe hat sich mit der Global-Player-Strategie der Charakter der Deutschen Bahn AG grundsätzlich verändert. Aus einem deutschen Unternehmen, das zu 90 Prozent Eisenbahnverkehr organisierte und betrieb, wurde ein international tätiger Konzern, der unter anderem in Deutschland im Schienenbereich engagiert ist –

---

13   Die Welt vom 29. Mai 1917.

14   Deutsche Bahn AG, Neue Wege nach Asien: Vertragsabschluss zwischen der Deutschen Bahn und Georgian Railway in Berlin, unter: www.deutschebahn.com [10.6.2019].

konsequenterweise unter dem Label »Deutsche Bahn Bahn«. 2019
beträgt der Auslandsanteil beim DB-Umsatz bereits rund 50 Prozent.
Und rund 50 Prozent des (im In- und im Ausland generierten) Umsatzes werden außerhalb des Bahnbereichs (vor allem im Speditions-,
Logistik- und Lkw-Geschäft) generiert.[15] Das hier gebundene Kapital in Höhe von mehr als 10 Milliarden Euro fehlt dabei im Kerngeschäft. Die großen Engagements in China, Dubai, Saudi-Arabien,
Großbritannien, Polen oder entlang der »neuen Seidenstraße« über
Russland nach China binden enorm viel Know-how und Personal
und lenken die Aufmerksamkeit der Top-Manager ab von dem, was
das Kerngeschäft sein sollte.

Auf seiner ersten Bilanzpressekonferenz als Bahnchef, im
März 2017, äußerte Richard Lutz: »Ohne das Auslandsgeschäft stünde
die Bahn heute viel schlechter da.«[16] Das sehen viele Fachleute anders.
Professor Christian Böttger beispielsweise argumentiert immer wieder
aufs Neue, dass die Auslandsengagements der Deutschen Bahn nicht
einmal ihre Kapitalkosten einbrächten, also ein Minusgeschäft seien.[17]

---

15 Da die beiden Angaben verwirrend klingen mögen, sei dies wie folgt auf-
    geschlüsselt: Knapp die Hälfte des Gesamtumsatzes des Bahnkonzerns ent-
    fällt inzwischen auf den Umsatz im Ausland, der im Wesentlichen durch die
    Konzerntöchter DB Schenker Logistics und durch Arriva abgedeckt wird.
    Beim Auslandsumsatz ist die übergroße Mehrheit des Umsatzes (mehr als
    80 %) Bereichen zuzuordnen, die mit Schienenverkehr nichts zu tun haben
    (Luftfahrt, Schiffsverkehr, Lkw-Spedition, allgemeine Logistik). Ein Teil des
    Auslandsumsatzes – z. B. rund 40 Prozent des Umsatzes von Arriva – entfallen
    allerdings auf Schienenverkehre. Beim Inlandsumsatz wiederum entfällt der
    größte Teil auf den Schienenverkehr (DB Regio, DB Fernverkehr, DB Cargo)
    bzw. auf die Schieneninfrastruktur (DB Netz, DB Station & Service und DB
    Energie). Allerdings gibt es auch beim Inlandsumsatz einen Anteil von 15 bis
    20 Prozent, der in bahnfremden Bereiche generiert wird, z. B. die Logistik und
    das Lkw-Speditionsgeschäft von Schenker. Und es gibt Umsatzanteile bei DB-
    Töchtern wie DB Cargo, die, wir dargestellt, im Ausland getätigt werden. Die
    bahnfremden Umsatzanteile im Ausland und im Inland addiert, rechtfertigen
    die Aussage, wonach rund die Hälfte des weltweiten Umsatzes des Bahnkon-
    zerns außerhalb des Schienenbereichs, in bahnenfremden Bereiche stattfindet.

16 Zitiert in: Handelsblatt vom 2. Mai 2017.

17 Interview mit Christian Böttger »Die Bahn ist ein Sanierungsfall«, in: Zeit
    online vom 12. September 2018.

Es handelt sich vor allem auch um extrem riskante Geschäfte. So geriet inzwischen weitgehend in Vergessenheit, dass das große – und großmäulig von Mehdorn und Gerhard Schröder gepriesene – Bax-Global-Geschäft in den USA in einem Desaster endete. 2011 musste der damalige Bahnchef Rüdiger Grube zunächst verkünden, dass Schenker in den USA keine Luftfracht, das Kerngeschäft von BAX, mehr befördern werde. Kurz darauf teilte die DB AG mit, man ziehe sich nunmehr »vollständig aus dem inneramerikanischen Transportgeschäft zurück«. Das bisherige Schenker-Verteilernetz in den USA wurde an einen Konkurrenten übergeben. Was als »Neuordnung des Nordamerika-Geschäftes« ausgegeben wurde, war in Wirklichkeit das komplette Scheitern der Global Player-Strategie des Bahnkonzerns in der dafür äußerst wichtigen Region Nordamerika.[18]

Vergleichbare Risiken, wie es solche in Nordamerika gab, existieren natürlich auch bei den DB-Engagements im arabischen Raum oder entlang der »Seidenstraße«. Insbesondere sind die Auslandsgeschäfte der DB durch den aufziehenden Handelskrieg, der vor allem vom US-Präsidenten Donald Trump betrieben wird, nachhaltig bedroht. Dies unterstrich jüngst der Bahnexperte Prof. Christian Böttger in einem Interview. Er betonte das eher geringe Gewicht des inländischen Bahngeschäfts und die Größe der Auslandsengagements wie folgt: »Man darf die Bedeutung des Personenverkehrs [der DB] nicht überschätzen. Die DB macht im Jahr ungefähr 40 Milliarden Euro Umsatz. Auf den Fernverkehr entfallen davon etwa vier Milliarden, also zehn Prozent. Auf den Regionalverkehr entfallen weitere 20 Prozent. Die größte Sparte ist allein doppelt so groß wie der gesamte Personenverkehr: die international operierende Logistiktochter Schenker. Sie ist Marktführer im Schiffsverkehr China/USA – ein Handelskrieg trifft sie also direkt.«[19]

---

18   Angaben und Zitat nach: Bernd Hops: Bahn gibt weiteres US-Geschäft auf, Financial Times Deutschland vom 5. Januar 2012.

19   Interview mit Christian Böttger »Die Bahn ist ein Sanierungsfall«, in: Zeit online vom 12. September 2018.

Und auch das Arriva-Geschäft birgt mit dem Brexit und dem unklaren weiteren Kurs Großbritanniens als Sitz der Gesellschaft zunehmende Risiken.

Damit bleibt die Frage, warum die Deutsche Bahn die Global-Player-Strategie verfolgt. Die Antwort lautet: Die Deutsche Bahn ist eine *politische* Bahn und diese spezifische Unternehmenspolitik ist ein *Politikum*. Faktisch wird die DB als eine Ergänzung zur deutschen Außenpolitik und als Unterstützung für die Politik der Bundesregierung in der EU und im übrigen Ausland eingesetzt. Das wird immer wieder dadurch unter Beweis gestellt, dass anlässlich der Bekanntgabe von neuen großen Auslandsengagements, insbesondere bei Vertragsunterzeichnungen, sehr oft neben den jeweiligen Bahnchefs führende Vertreter der jeweiligen deutschen Regierungen vor Ort auftraten: in Moskau, in Tiflis, in Doha, in Riad, in Peking.

Dabei kam es in der Global-Player-Strategie der DB zu wichtigen veränderten Akzentsetzungen. In der Zeit der rot-grünen Bundesregierung unter Bundeskanzler Gerhard Schröder, als der Westen noch darauf hoffte, Russland stünde für westliches Kapital offen, gab es die kurz erwähnte enge Zusammenarbeit zwischen der Deutschen Bahn und der russischen Staatsbahn, einschließlich einer »Männerfreundschaft« zwischen den damaligen Bahnchefs Hartmut Mehdorn und Wladimir Jakunin. Das deutsche Interesse am arabischen Raum ist traditionell, die Abhängigkeit des Autolandes Deutschland vom Rohstoff Öl enorm. Und in dem Maß, wie es zu großen Beteiligungen arabischer Staatsfonds an deutschen Konzernen (unter anderem an Daimler, VW, Siemens, Deutsche Bank) kam, engagierte sich die Deutsche Bahn im arabischen Raum. In jüngerer Zeit wurde China der wichtigste Handelspartner deutscher Konzerne. Weitgehend parallel engagierte sich die Deutsche Bahn in China selbst und entlang der sogenannten Seidenstraße.

Das widerspricht natürlich den zentralen Aussagen, wonach die Eisenbahn in Deutschland mit der Bahnreform »entpolitisiert« worden sei. Sie werde jetzt, nunmehr geführt als Aktiengesellschaft, allein nach wirtschaftlichen Gesichtspunkten geführt. Das Gegenteil trifft zu. Mehr denn je ist die Deutsche Bahn AG ein Instrument der Politik in Berlin.

Einer jüngeren Stellungnahme des Bundesrechnungshofs zu den Auslandsengagements der Deutschen Bahn AG ist wenig hinzuzufügen: »Die Bundesregierung erklärte gegenüber dem Bundesrechnungshof, das wichtige Bundesinteresse an der Arriva plc. sowie der Schenker AG leite sich aus dem Geschäftszweck des Mutterkonzerns DB AG ab […] Das BMVI [Bundesministerium für Verkehr und Infrastruktur] und das BMF [Bundesministerium für Finanzen] billigen deshalb, dass die DB AG ihr Auslandsengagement laufend erweitert. So befürworteten beide Ressorts beispielsweise noch im November 2018 den Erwerb aller Anteile eines großen privaten Busunternehmens in einem europäischen Land für über 60 Mio. Euro durch die Arriva plc. Aus Sicht des BMVI bestehe an diesem Vorhaben ein wichtiges Bundesinteresse […] Nach Auffassung des Bundesrechnungshofes blieb dabei unberücksichtigt, dass aus dem Gewährleistungsauftrag des Bundes für die Eisenbahn in Deutschland kein wichtiges Bundesinteresse am Betrieb regionaler Busverkehre außerhalb Deutschlands abgeleitet werden kann […], solche nicht-betriebsnotwendige Ausgaben dem Schuldenabbau des Konzerns zuwiderlaufen und zulasten der erforderlichen Investitionen in Deutschland gehen. […] Die noch im Sommer 2018 vom BMVI gegenüber dem Parlament vertretene Ansicht, die Auslandsaktivitäten der DB AG seien ›wichtige Ertragsbringer‹, überzeugt nicht. Selbst wenn die Auslandstöchter der DB AG wirtschaftlich erfolgreich sind, profitiert die Eisenbahn in Deutschland finanziell bislang nicht davon. Aufgrund dessen wird die Bundesregierung die elementare Frage neu bewerten müssen, wozu der Bund das Auslandsgeschäft der DB AG tatsächlich benötigt. Vorrangig ist der grundgesetzliche Auftrag des Bundes, verlässliche Schienenmobilität für die Bürgerinnen und Bürger sowie die Wirtschaft zu gewährleisten.«[20]

---

20   Bundesrechnungshof – Bericht nach § 99 BHO 20, zur strukturellen Weiterentwicklung und Ausrichtung der Deutschen Bahn AG am Bundesinteresse, Bericht vom 17. Januar 2019.

Deutlicher konnte man kaum werden. Der Bundesrechnungshof, die unabhängige Behörde zur Kontrolle des verantwortungsvollen und gesetzeskonformen Einsatzes der Steuermittel, stellt dreierlei fest: Es gibt – erstens – für den Konzern Deutsche Bahn AG keine Gewinne bei den Auslandsengagements. Diese Engagements entsprechen – zweitens – nicht dem Auftrag der Verfassung, »verlässliche Schienenmobilität« in Deutschland zu gewährleisten. Drittens wird festgehalten, dass die Bundesregierung noch in jüngerer Zeit, 2018, den Ausbau der Auslandsengagements der Deutschen Bahn AG gebilligt, wenn nicht betrieben hat.

Maßnahmen im Rahmen einer Verkehrswende

Sinnvoll ist der Verkauf aller Auslandsengagements der Deutschen Bahn, insoweit diese nicht direkt in Verbindung mit dem Schienenverkehr im Inland stehen. Der Auftrag des Grundgesetzes, wie oben in der Stellungnahme des Bundesrechnungshofs zitiert, muss allein als Richtschnur gelten: Die Deutsche Bahn muss den Bürgerinnen und Bürgern eine verlässliche Schienenmobilität im Inland gewährleisten. Dazu gehören weder Verkehre jeglicher Art im Ausland noch solche im Inland, die nicht mit dem Bahntransport in Verbindung stehen, ja oft sogar in Konkurrenz zu diesem abgewickelt werden. Das Management der DB hat sich ganz auf dieses Ziel zu konzentrieren. Dabei sollte versucht werden, die Auslandsengagements so zu verkaufen, dass die sozialen, gewerkschaftspolitischen und klimapolitischen Standards eingehalten werden. Beispielsweise sollte Arriva möglichst an Institutionen der öffentlichen Hand (in Großbritannien und anderswo) übereignet werden.

Die bei dem Verkauf eingenommenen Mittel – wobei erhebliche Verluste verglichen mit dem ursprünglichen Kaufpreis unvermeidlich sein werden – müssen sodann für die Instandsetzung und notwendigen Ausbaumaßnahmen für das Schienennetz in Deutschland sowie die Züge eingesetzt werden, wo ein erheblicher Nachholbedarf besteht.

Johannes Hauber
Das Verkehrswende-Bündnis mit den Gewerkschaften aufbauen

2004 war der IG-Metall-Branchenausschuss in der Bahnindustrie gegründet worden. Dem war eine längere, intensive Diskussion vorausgegangen. Zwei Ziele sollten mit dem Branchenausschuss erreicht werden: Erstens eine Betrieb und Unternehmen übergreifende Kommunikation und Kooperation der Betriebsräte. Eine tief verankerte »Sozialpartnerschaft« auf Betriebs- und Unternehmensebene war in der Branche stark verbreitet. Dies verhinderte gemeinsame Aktionen bei Kämpfen gegen Personalabbau. Zweitens ein gemeinsames Auftreten gegenüber der Politik, um das Ziel »Mehr Verkehr auf die Schiene« einzufordern. Dieses politische Ziel zur gemeinsamen Stoßrichtung zu machen, war nicht selbstverständlich. Die Autofahrer-Mentalität ist auch in der Bahnindustrie tief verankert.

Der Branchenausschuss hatte von Beginn an enge Beziehungen zum Bündnis »Bahn für Alle« und zur Gruppe »Bürgerbahn statt Börsenbahn« (BsB). Betriebsräte und Gewerkschafter in der Bahnindustrie haben im Allgemeinen keinen Bezug zu und keine Kenntnis vom Bahnbetrieb. Durch die beschriebene Vernetzung konnten aktuell adäquate Forderungen an die Politik formuliert werden.

Von Beginn an hatte sich der Branchenausschuss gegen die weitere Privatisierung der DB ausgesprochen. In einer Erklärung vom Juni 2008 heißt es: »Die Bahn als zentral wichtiges infrastrukturelles, umwelt- und verkehrspolitisches Instrument darf nicht in die Hände von Investoren und Spekulanten geraten.«

Die Debatte war auch bestimmt durch die Position des Vorstands der Bahngewerkschaft Transnet/EVG, die den Bahnbörsengang zumindest nicht ablehnte. Der Branchenausschuss konnte seine eigenständige Position bewahren, was auch im Beitritt der IG Metall zum Bündnis Bahn für Alle 2007 resultierte. Der Branchenausschuss hatte bis 2016 aktiv eine ablehnende Position zu Stuttgart 21 formuliert und vorgetragen.

Mit tatkräftiger Unterstützung aus dem Branchenausschuss konnte 2013 ein vergleichbarer Ausschuss auf EU-Ebene bei der europäischen Gewerkschaft »industriALL« gebildet werden. Er startete mit Vertretern aus acht EU-Ländern. Dieser Ausschuss wurde allerdings 2016 ohne Begründung gegenüber den Mitgliedern wieder aufgelöst. Zu vermuten ist, dass die eindeutige Pro-Schiene-Position dieses Ausschusses Widerspruch innerhalb der »industriALL« hervorrief. Nachdem 2016 die Zuständigkeit im IG-Metall-Vorstand für den Branchenausschuss wechselte, wurde die Zusammenarbeit mit »Bahn für Alle« und BsB abgebrochen.

Mit einer Wiederaufnahme der Zusammenarbeit des IG-Metall-Branchenausschusses mit »Bahn für Alle« und BsB könnten konkretere Forderungen für den Bahnbetrieb formuliert werden. Die Parole »Mehr Verkehr auf die Schien« ist richtig, aber ohne konkrete Forderung wie z. B. gegen Streckenstilllegung und für die Wiedereröffnung stillgelegter Strecken bleibt sie vage.

Der von Menschen verursachte Klimawandel, durch Verbrennen von fossilen Stoffen erzeugt, ist auch wichtigen Vertretern der IG Metall bewusst geworden. Roman Zitzelsberger, der Bezirksleiter der IG Metall Baden-Württemberg, fordert überraschend deutlich, dass »wir (die Menschheit) auf diese existenzielle Herausforderung reagieren« müssen. Er sagte: »In dieser Zukunft (!) ist kein Platz für fossile Energieträger.« Wenn er dann zur Beschreibung der Perspektive ohne fossile Brennstoffe kommt und von einer »Mobilitätswende« spricht, bleibt er in der automobilen Welt hängen. Andere Möglichkeiten zur Reduktion der CO_2-Emissionen, z. B. den öffentlichen Verkehr, gibt es bei ihm nicht.

Um ein Umdenken in den Gewerkschaften möglich zu machen und sich eine Welt auch mit weniger Autoverkehr vorstellen zu können, wurde bereits im Jahr 2013 die Idee aus dem Branchenausschuss von IG-Metall-Vertretern aufgenommen, eine wissenschaftlich Untersuchung in Auftrag zu geben, um die Auswirkungen einer Verkehrswende auf die Anzahl der Arbeitsplätze prognostizieren zu können. In dieser umfangreichen Analyse kommen die Wissenschaftler*innen zum Ergebnis, dass eine Reduktion von bis zu einer halben Million Beschäftigten in der deutschen Automobilindustrie durch einen Anstieg der Beschäftigung bei Mobilitätsdienstleistungen, beim Schienen- und Fahrradverkehr und bei der Herstellung von Infrastruktur und Wartung kompensiert werden könnte.

Johannes Hauber war Betriebsratsvorsitzender von Bombardier Transportation und aktiver Betreiber des hier beschriebenen IGM-Branchen-Ausschusses in der Bahnindustrie

Kapitel 15
Überschuldung statt Entlastung
Oder: Wie das Fahren auf Verschleiß in die Finanzkrise führt

> Der Bahnvorstand kann sich nicht damit herausreden, dass mit dem früheren Ziel eines Bahnbörsengangs über das Maß gespart wurde. Das ist nun wirklich lange her, längst hätte eine Wende eingeläutet werden müssen – mit mehr Personal und gezielter Instandsetzung von vernachlässigter Infrastruktur. Dafür hätte es keinen […] Koalitionsvertrag, der »mehr Verkehr auf die Schiene« eine größere Priorität verleiht, gebraucht.
>
> *Dieter Fockenbrock,*
> *»Was darf die Bahn kosten«, Handelsblatt vom 31. Mai 2019*

Bereits Ende 2018 gab es die Schlagzeile »Bahn will weitere Milliarden-Kredite aufnehmen – die klamme Staatsbahn braucht allein für 2019 weitere Mittel in Höhe von drei Milliarden Euro.«[1] Damals wurden 20 Milliarden Euro als gefährliche Schulden-Ober-Grenze genannt. Mitte 2019 sah die Lage noch dramatischer aus. »Deutsche Bahn mit deutlich höherer Verschuldung«, so eine Artikelüberschrift in der *Frankfurter Allgemeinen Zeitung*.[2] Inzwischen ist klar, dass die Schuldensumme 2019 die 25-Milliarden-Euro-Grenze überschreiten wird, was teilweise auf Bilanzierungsregeln zurückzuführen ist, die seit dem 1. Januar 2019 verbindlich sind. Dies bringt aber letzten Endes die dramatische Finanzlage des Bahnkonzerns auf den Punkt.

---

1 Thomas Wüpper, Bahn will neue Milliardenkredite aufnehmen, Stuttgarter Zeitung vom 12. Dezember 2018.

2 Frankfurter Allgemeine Zeitung vom 31. Mai 2019.

Was war passiert? Galt nicht die Bahnreform als Garant dafür, dass es nie wieder Schuldenberge der Eisenbahn geben würde? Tatsächlich war eines der wichtigsten Argumente für die Bahnreform von 1993/94 die damalige hohe Verschuldung der Bundesbahn und die Erwartung, dass die Bahn ohne eine Reform insbesondere nach der Eingliederung der maroden Reichsbahn weiter jedes Jahr große Defizite erwirtschaften werde. Schreckensszenarien wie der Bericht der »Regierungskommission Bundesbahn«, auf den sich die Bahnreform letztlich stützte, gingen von gigantischen Defiziten und explodierenden Schulden aus.[3] Allerdings war mit solchen Szenarien auch ein bestimmtes Ziel verbunden, nämlich die Schaffung einer privatrechtlichen Bahn. Zu diesem Zweck sollte die bestehende Struktur bewusst als wirtschaftlich nicht mehr tragbar dargestellt werden.

Der damalige Bahnchef Heinz Dürr versprach hingegen 1994: »Mit der Bahnreform soll eine Entlastung für den Steuerzahler von ca. 100 Milliarden DM in den nächsten zehn Jahren einhergehen.« Dies präzisierte der erste DB-Chef 1993 hinsichtlich der Infrastrukturinvestitionen wie folgt: »Da die DB die vom Staat vorfinanzierten Investitionen über Abschreibungen verdienen muss, wird [...] in Zukunft [...] im Zweifelsfall abzuwägen sein zwischen einem Fahrtzeitgewinn von wenigen Minuten und dem dafür notwendigen Investitionsaufwand.«[4] Just das fand und findet jedoch nicht statt.

Der Staat zahlt weiter

Tatsächlich liegen die staatlichen Unterstützungsleistungen für das System Schiene heute auf dem gleichen Niveau wie vor der Bahnreform. Doch es ist kaum noch möglich, einen Überblick über die vielen versteckten Zahlungen in unterschiedlichen Budgetposten zu

---

3   Bericht der Regierungskommission Bundesbahn, veröffentlicht im Dezember 1991.

4   Geschäftsbericht 1992 (»Deutsche Bahnen«), veröffentlicht im Mai 1993; Dürrs Statement auf der Bilanzpressekonferenz vom 26. Mai 1994

behalten.[5] So müssen für einen fairen Vergleich zwischen der Bundesbahn und der heutigen DB AG auch die Kosten für die Schulden bis 1993 und die Beamtenpensionen berücksichtigt werden, die damals von der Bundesbahn getragen wurden und die heute vom Bund gezahlt und nicht mehr als Leistungen für die Bahn verbucht werden. Vieles, was heute der Staat für Investitionen im Bahnbereich und für den Nahverkehr zahlt, wurde früher zu einem größeren Teil von der Bundesbahn getragen. Dadurch kam letztlich der vielfach kritisierte Schuldenberg zustande. Heute werden viele dieser Kosten hingegen vom Bund erstattet, was sinnvoll ist. Absurd wird es aber, wenn die DB AG dann gleichzeitig angebliche Gewinne in ihrer Bilanz ausweist, die letztlich aus einem Teil dieser staatlichen Leistungen resultieren. Und erst Recht ist Misstrauen angesagt, wenn in den letzten Jahren der größte Gewinnbringer des DB-Konzerns die Infrastrukturtochter DB Netz AG ist, in die aber gleichzeitig jährlich viele Milliarden Euro an staatlichen Mitteln fließen (vgl. Kap. 3).[6]

Einen besonders großen Posten machen vor allem die Neubaustrecken aus: Inzwischen werden alle Investitionen in neue Schienenwege wie die rund 10 Milliarden Euro für die im Dezember 2017 vollständig eröffnete Neubaustrecke Nürnberg – Erfurt – Halle/Leipzig zu 100 Prozent alleine vom Bund bezahlt. Die neuen Schienenwege tauchen in der Bilanz der DB AG konsequenterweise erst gar nicht auf, obwohl die DB AG die Trassen auf diesen Strecken vermarktet, damit enorme Gewinne einfährt und das Tochterunternehmen DB Fernverkehr mit den verbesserten Fahrzeiten und der damit zunehmenden Nutzung sowie den steigenden Fahrpreisen zusätzliche Umsätze und Gewinne macht. Gerade bei Neubaustrecken zählen heute nur noch Minutenzeitgewinne; die Kosten treten dem-

---

5   Für eine detaillierte Aufstellung vgl. Bernhard Knierim / Winfried Wolf: Bitte Umsteigen! 20 Jahre Bahnreform, Stuttgart 2014, S. 173ff.

6   Laut »Deutsche Bahn, Integrierter Bericht 2018« (Seite 186f.) trug die DB Netz AG im Jahr 2018 zum Gesamt-EBIT von 2111 Mio. Euro ganze 840 Mio. (40 %) bei und ist damit mit Abstand die Sparte mit dem größten Gewinn im Konzern.

gegenüber völlig in den Hintergrund. Kein Wunder, trägt der Bund
doch zu 100 Prozent die immensen Kosten. Für die DB gibt es hier
keinerlei Kapitalkosten. Und ein zweites Problem entsteht gleich mit
aus dieser Logik: Die DB AG macht nämlich auch keinerlei Rück-
stellungen für die in einigen Jahren notwendige Erneuerung dieser
Strecken, sondern geht offensichtlich selbstverständlich davon aus,
dass auch diese wieder alleine aus Bundesmitteln finanziert wird.

Das grundsätzliche Problem ist die unterschiedliche Finanzierung von Instandhaltungs- und Ersatzinvestitionen. Dies hat nicht
nur im Fall der Neubaustrecken fatale Folgen. Die Instandhaltungsinvestitionen soll ausschließlich die Deutsche Bahn tragen. Dafür
soll sie jährlich 1,5 Milliarden Euro an Eigenmitteln aufbringen. Die
Ersatzinvestitionen hingegen werden komplett vom Bund getragen.
Dafür zahlt der Bund an die DB-Tochter DB Netz jährlich über vier
Milliarden Euro; ab 2020 soll es sogar noch deutlich mehr werden.
Das gesamte Paket ist in einem in bestimmten Perioden neu ausge-
handelten Vertrag mit der Bezeichnung »Leistungs- und Finanzierungsvereinbarung« (LuFV) festgelegt. Diese Trennung zwischen
Instandhaltung und Ersatz schafft aber einen erheblichen Anreiz
dafür, dass die DB Instandhaltungsinvestitionen so lange wie möglich hinauszögert, bis nur noch ein Ersatz in Frage kommt, womit
sie letztlich ihre eigene Kasse schont. Dies ist ein entscheidender
Grund dafür, dass DB Netz die beschriebenen hohen Gewinne produziert.

Diese Kritik teilt auch der Bundesrechnungshof, der in einem aktuellen Bericht vom Dezember 2018 bilanzierte, die DB fahre systematisch »auf Verschleiß«.[7] Diese Finanzierungssystematik hat laut
Rechnungshof einen schlechten Zustand des Bahnnetzes zur Folge,
auch wenn die »Qualitätskennzahlen« der DB Netz AG anderes

---

7   Bundesrechnungshof: Bericht nach § 99 BHO – Deutsche Bahn AG über die
     Ziele des Bundes bei den Verhandlungen mit der Deutschen Bahn AG über
     eine dritte Leistungs- und Finanzierungsvereinbarung für die bestehende
     Eisenbahninfrastruktur. Bonn (BRH), 7. Dezember 2018, unter: www.bun-
     desrechnungshof.de.

suggerierten.[8] Das deckt sich mit den täglich auftretenden Infra-
strukturmängeln wie defekten Weichen und Signalen und den vielen
Langsamfahrstellen im Netz, die oft nur schleppend behoben werden
(vgl. Kap. 3). All dies trägt erheblich zu dem massiven Verspätungs-
problem der Bahn bei.

Die beschriebenen Instandhaltungsmängel haben sich in den
letzten Jahren massiv verschärft; inzwischen wird der schlechte Zustand vieler Bereiche des Netzes nicht einmal mehr von der DB AG
bestritten. Offensichtlich bestätigt sich genau das, was die Kritiker
der Bahnreform schon immer befürchtet haben: Das System Bahn
erfordert sehr langfristige Investitionen, die mit einem auf kurzfris-
tige Gewinne hin ausgerichteten Unternehmen nicht zusammenpas-
sen.[9] Das bedeutet, dass man über viele Jahre hinweg die Bahninfrastruktur vernachlässigen kann, ohne dass dies zunächst erkennbar
gravierende Folgen hat. Die gute Grundsubstanz federt dies zunächst
noch ab. Aber nach einigen Jahren – und dieser Zustand ist inzwischen erreicht – summieren sich die Instandhaltungsmängel so massiv, dass der Investitionsrückstand schneller wächst, als zusätzliche
Gelder für höhere Investitionen eingeworben werden können. Aktuell ist die Rede von einem Investitionsrückstau in Höhe von rund
50 Milliarden Euro.[10] Ähnlich sieht es übrigens auch beim rollenden
Material aus: Viele Jahre lang wurde viel zu wenig in neue Züge für
den Fernverkehr investiert, und jetzt sind daher massive nachholen-
de Investitionen notwendig, die die Bahn erheblich belasten.

Das heißt aber nicht nur, dass die versprochene Entlastung der
Steuerzahlenden – wie mit der Bahnreform in Aussicht gestellt –
nicht stattgefunden hat. Vielmehr werden massive Belastungen auf

---

8   Bundesrechnungshof: Bericht nach § 99 BHO, a.a. O.

9   Vgl. Winfried Wolf, Verkehr. Umwelt. Klima – Die Globalisierung des Tem-
     powahns, Wien 2009, S. 223ff.

10   »Der Sanierungsstau wird inzwischen auf 57 Milliarden Euro geschätzt,
     es kann gar nicht so schnell gebaut werden, wie das Netz verfällt.« Daniel
     Delhaes / Dieter Fockenbrock, Irrfahrt mit der Bahn, Handelsblatt vom
     2. Juni 2019.

die Zukunft verschoben. Letztlich haben die unterlassenen Investitionen steigende Bahnschulden zur Folge. Denn wenn die Bahn auch in einigen Jahren noch funktionieren soll, dann muss der Sanierungsstau massiv reduziert und letzten Endes behoben werden – und zwar erneut einerseits aus zusätzlichen öffentlichen Mitteln und andererseits in Form höherer Verschuldung.

Überschuldung

Die Deutsche Bahn AG startete im Januar 1994 mit einem Schuldenstand von Null. Die gesamten Altschulden von Bundesbahn und Reichsbahn wurden vom Bund übernommen. Damit wurde der Schienenverkehr komplett entschuldet. Eine Forderung, die in der Chefetage der Bundesbahn jahrzehntelang erhoben und von den Regierungen in Bonn und Berlin nie erfüllt wurde, wurde am Jahresende 1993 über Nacht wahr: Es gab keine Bahnschulden mehr. Das wurde vom damaligen Bahnchef als zentrales Element der Bahnreform herausgestellt: »Wesentliche Elemente des Gesetzespakets Bahnreform sind […] die Übernahme der Altschulden der beiden Deutschen Bahnen durch den Bund. Das bedeutet eine Entlastung von rund 5 Milliarden DM Zinsen pro Jahr.«[11]

Nun existierten beim Start der Deutschen Bahn AG hinsichtlich der Aufnahme neuer Verbindlichkeiten keine Vorgaben. Dass eine Aktiengesellschaft auch Verbindlichkeiten in einer gewissen Höhe haben würde, wurde dabei zweifellos unterstellt. Nicht vorgesehen war jedoch ein Anstieg der Schulden auf ein Rekordniveau von mehr als 25 Milliarden Euro, wie dies bereits im Geschäftsjahr 2019 erreicht wird. Diese Schuldensumme wurde in 26 Jahren seit Bestehen der Deutschen Bahn AG angehäuft. Doch kommt der Anstieg dieser

---

11   Heinz Dürr in: Die Deutschen Bahnen, a.a.O., S. 7. Darüber hinaus, so Dürr damals, gäbe es nun »die Entlastung der Bahnen von den überhöhten Personalverbindlichkeiten, indem er [der Bund] die Pensionszahlungen an die Ruhestandsbeamten ebenso übernimmt wie die Einkommensteile der Beamten, die über dem bei der künftigen Deutschen Bahn AG geltenden Tarifvertrag liegen.«

neuen Bahnschulden nicht aus dem Nichts. Es gab hier einen 26-jäh-rigen Prozess mit widersprüchlichem Verlauf. Man kann die Ent-wicklung den bislang fünf verschiedenen Bahnchefs zuordnen.

Es kam bereits unter *Bahnchef Heinz Dürr* zu einer explosions-artig angestiegenen Schuldensumme. Im gesamten Zeitraum von Anfang 1994 bis Ende 2018 schnellte der Schuldenstand von null Komma null – Stand vom Januar 1994 – bis auf 13,5 Milliarden Euro Verbindlichkeiten am 31. Dezember 1998. Es muss eingeräumt wer-den, dass der größere Teil dieser Schulden aus den *zinslosen Krediten* bestand, die der Bund der DB gewährt hatte – u. a. Investitionen für die Infrastruktur. Dabei ist festzuhalten: Damals gingen noch alle Be-teiligten davon aus, dass diese »zinslosen Kredite« Verbindlichkeiten, Bahnschulden, sind, die zwar keine Zinsen kosten, die jedoch pers-pektivisch auch von der DB zurückbezahlt werden müssen.

In der zweijährigen *Amtszeit von Bahnchef Johannes Ludewig* stie-gen die Schulden nur von 13,5 auf 14,1 Milliarden Euro (letzteres war der Stand am 31. Dezember 1999). Das lässt sich im Gesamtrahmen als Stagnation bezeichnen und deckt sich mit dem Bild des konserva-tiven Charakters dieses Amtsinhabers.

Die Entwicklung in der Ära von *Bahnchef Hartmut Mehdorn* muss in zwei Teile unterschieden werden. In den Jahren 2000 bis 2003 wuchsen die Bahnschulden von 14,1 auf 27 Milliarden Euro. Aufkäufe im Inland (Schenker) und Ausland (Bax) waren hier zwei-fellos die Treiber. In den Jahren 2004 bis Ende 2008 wurde die Schul-densumme wieder auf 15,9 Milliarden Euro zurückgeführt. Das war jedoch kein Ergebnis sparsamen Wirtschaftens. Vielmehr führten zunächst die neuen Bilanzierungsregeln (IFRS) zu einem künstlich abgesenkten Schuldenstand. Siehe dazu weiter unten. Sodann ver-wandelte der Bund im Vorfeld der für 2007 oder 2008 angepeilten Bahnprivatisierung die bislang gewährten zinslosen Kredite, die ja DB-Schulden waren, in Schulden der öffentlichen Hand. Die Deut-sche Bahn wurde also damals bereits ein weiteres Mal und zwar um rund fünf Milliarden Euro entschuldet. Umso bemerkenswerter ist der neuerliche Schuldenanstieg in den letzten Jahren.

In der Ära mit *Rüdiger Grube als Bahnchef* schienen sich die Bahnschulden bis 2014 zunächst auf einem Niveau von 16 Milliarden stabilisiert zu haben. Am Ende seiner Amtszeit, am 31. Dezember 2016, waren es dann doch wieder 17,6 Milliarden Euro Schulden. Diese anscheinend relativ stabile Entwicklung erklärt sich teilweise mit der besseren wirtschaftlichen Konjunktur. Vor allem aber zeigte sich der Bund inzwischen mit den Leistungs- und Finanzierungsvereinbarungen (LuFV) bereit, deutlich höhere jährliche Zahlungen an den DB-Konzern (und hier an die DB Tochter DB Netz) zu leisten. Die DB allerdings behielt in diesen Jahren ihren Kurs mit dem Sparen an der Substanz bei, sodass zunächst die Schuldensumme – wie beschrieben – nur am Ende der Grube-Amtszeit leicht anstieg.

Unter dem seit 2017 amtierenden neuen *Bahnchef Richard Lutz* setzt sich diese Entwicklung fort. Bereits Ende 2018 wurde die 20-Milliarden-Euro-Grenze erreicht. Das galt zu diesem Zeitpunkt als Latte für die absolute Obergrenze, die nicht gerissen werden dürfe. Mitte 2019 – also erst nach der Bilanzpressekonferenz für 2018, die im März 2019 stattfand – wurde dann bekannt gegeben: Die DB-Schulden steigen 2019 auf mehr als 25 Milliarden Euro. Der wesentliche Grund für diesen Anstieg sei die Bilanzierung nach dem internationalen Standard IFRS (International Financial Reporting Standard). In der Substanz geht es jedoch um etwas anderes: Tatsächlich fand die Umstellung auf den IFRS-Standard ja, wie erwähnt, bereits 2004 statt. Damals machte die DB jedoch von einer zeitlich befristeten Sonderregelung Gebrauch, wonach Fahrzeuge und Immobilien, die geleast sind, zunächst – und bis zum 1.1.2019 – nicht als Verbindlichkeiten verbucht werden müssen. Seit Anfang 2019 allerdings müssen Leasingnehmer die Leasinggeschäfte aktivieren, das heißt als Schulden ausweisen. Grundsätzlich war immer klar, dass in der Substanz Leasing-Verträge wie langfristige Schulden zu bewerten sind. Und auch formell war klar, dass es ab Anfang 2019 die entsprechende Umstellung geben würde. Der Finanzvorstand im DB-Konzern – und das war seit vielen Jahren und bis zum 31. Dezember 2018 Richard Lutz – wusste dies natürlich. Dennoch blieb

man schmallippig und wies nicht einmal im Rahmen der Bilanzpressekonferenz im März 2019 darauf hin, dass seit einem Vierteljahr die
Sonderreglung ausgelaufen ist und dass es diesen Schuldensprung
nach oben geben werde – wohl um dem Unternehmen noch mehr
negative Berichterstattung zu ersparen.

Insgesamt steigt die DB-Verschuldung durch diesen Vorgang um
4,4 Milliarden Euro. Wenn die DB Mitte 2019 kundtut, die gesamte
DB-Schuld würde 2019 möglicherweise auf »25 bis 26 Milliarden
Euro« ansteigen, so versteckt sich hier eine zusätzliche Schulden-
aufnahme von mindestens einer Milliarde Euro. Die Behauptung,
es gehe hier nur um einen papiernen – künstlichen – Vorgang, ist
offenkundig falsch. Ein künstlicher Vorgang war eher die Situation
bis Ende 2018, als nur im Kleingedruckten der Geschäftsberichte
auf diese hohen Leasinggeschäfte verwiesen wurde. Den Rating-
agenturen war die Thematik immer klar; diese addierten die hohen
Leasinggeschäfte der DB seit Jahren zu den langfristigen Bahnschulden.

Tatsächlich unterliegt die Deutsche Bahn AG längst der kritischen Beobachtung der Rating-Agenturen. Bereits dem DB-Ge-
schäftsbericht 2015 war zu entnehmen: »Die Rating-Agentur S&P
[Standard & Poor's] hat eine Anpassung des Rating-Ausblicks [für
die DB AG; d. Red.] von stabil auf negativ vorgenommen. Diese Anpassung ist die Folge einer aus Sicht von S&P schlechter als erwartet
ausgefallenen Umsatz- und Ergebnisentwicklung und der daraus re-
sultierenden anhaltenden Unterschreitung bestimmter Zielwerte.«[12]
In dem Bericht von Standard & Poor's vom 21. August 2018 wird
festgehalten, dass die Verschuldung der DB hoch sei (S&P nennt hier
bereits 22,1 Milliarden Euro Bahnschulden), dass die betriebswirtschaftlichen Aussichten als negativ eingestuft werden und dass der
Bund im Jahr 2017 erhebliche zusätzliche Mittel (2,7 Mrd. Euro) als
neue staatliche Hilfen bereit gestellt habe. Die insgesamt zurückhal-
tend-positive Bewertung ist danach nur darauf zurückzuführen, dass

---

12   Deutsche Bahn AG, Integrierter Bericht 2015, S. 100.

laut Ratingagentur davon auszugehen sei, dass im Fall einer Schief-
lage des Unternehmens der deutsche Staat der DB AG »sufficient and
timely extraordinary support« gewähren – dass der Staat also erneut
finanziell einspringen – würde.[13] Genau dies ist ja mit der Kapital-
erhöhung für die DB AG durch den Bund um eine Milliarde Euro im
September 2017 bereits ein erstes Mal geschehen. Und Vergleichbares wird in Bälde ein weiteres Mal erwartet.

Nun könnte man sagen, die Deutsche Bahn AG sei eine Staatsbahn. Sie bleibe dies auf absehbare Zeit. In keinem Fall könne die
DB Pleite gehen. Doch genau dies muss zunehmend in Frage gestellt
werden. Das unterstreicht auch der Wissenschaftliche Dienst des
Deutschen Bundestags. In einer jüngeren Ausarbeitung zum Thema
»Insolvenz von Eisenbahnunternehmen nach Artikel 87e Absatz
3 GG« (Grundgesetz) kommen die Juristen des Bundestags nach
Abwägung aktienrechtlicher und verfassungsrechtlicher Aspekte
zu dem folgenden interessanten Schluss: »Mit der Privatisierung
eines vormaligen ›Staatsunternehmens‹ in Gestalt einer Kapitalge-
sellschaft wird dieses grundsätzlich insolvenzfähig und unterliegt
im Insolvenzfall den Vorschriften der Insolvenzordnung. Dies gilt
grundsätzlich auch im Anwendungsbereich von Artikel 87e GG.
Auch eine Verpflichtung zum Ausgleich von Gesellschaftsverbind-
lichkeiten durch den Staat als Anteilseigner ist aufgrund Aktienrechts – unbeschadet etwaiger anderslautender Regelungen im konkreten Einzelfall – nicht ersichtlich. Das strikte Trennungsprinzip aus
§ 1 Absatz 1 Satz 2 Aktiengesetz als Grundprinzip des Aktienrechts
sieht gerade im Gegenteil eine Trennung von Gesellschaftsvermögen
und dem Vermögen der Investoren vor. Eine Durchbrechung dieses
Grundsatzes ist nach der Rechtsprechung nur in engen Ausnahme-
fällen möglich.«[14]

---

13   Die – ebenfalls wichtige – US-Ratingagentur Moody's lieferte am 2. Okto-
      ber 2018 einen noch kritischeren Bericht über die Lage der Deutschen Bahn
      und deren Kreditwürdigkeit.

14   Deutscher Bundestag – Wissenschaftliche Dienste, Insolvenz von Eisen-
      bahnunternehmen nach Artikel 87e Absatz 3 GG. Zur privatrechtlichen

Die klare Ansage lautet damit: Der Konzern Deutsche Bahn AG kann Pleite gehen. Einiges spricht dafür, dass er Ende 2019 mit 25 Milliarden Euro bereits überschuldet ist. Natürlich hieße eine solche Insolvenz nicht, dass die Bahn dann verschwindet. Es wäre eine Art »technischer Konkurs«. Doch er könnte – z. B. im Zusammenhang mit einer neuen schweren Wirtschaftskrise – zu radikalen Maßnahmen hinsichtlich Löhnen und Gehältern, Tarifverträgen, Beschäftigtenzahl oder einer Teilprivatisierung genutzt werden. Auf alle Fälle wäre dies dann ein neuer Schlag gegen die Schiene, ein neuer Erfolg der Autolobby und ein Desaster für die Klimapolitik.

Notwendige Maßnahmen im Rahmen der Verkehrswende

Die Zahlungen des Bundes an die Bahn stellen eine sinnvolle Bezuschussung des klima- und sozialverträglichsten Verkehrsmittels für längere Strecken dar. An vielen Stellen – etwa bei der Instandhaltung, Modernisierung und Reaktivierung des Netzes (vgl. Kap. 4) – müssen die Zuschüsse sogar deutlich erhöht werden. Letztlich werden alle motorisierten Verkehrsmittel in erheblichem Maße von staatlicher Seite unterstützt: Der Straßenverkehr wird durch die öffentliche Hand unter Einbeziehung aller Einnahmen und Kosten unterm Strich mit über 60 Milliarden Euro pro Jahr bezuschusst.[15] Der Bau von Flughäfen wird von der öffentlichen Hand getragen, und der Flugverkehr wird jährlich in zweistelliger Milliardenhöhe durch Steuererleichterungen subventioniert.[16] Diese Bezuschussungen

---

Haftung der Bundesrepublik Deutschland bei Bestehen eines verfassungsrechtlichen Gewährleistungsauftrages, Studie vom 10. Februar 2016 (WD 7 – 3000 – 024/16). S. 9f.

15 Daten zum Verkehr, herausgegeben vom Umweltbundesamt (Ausgabe 2012), S. 62. Mit den neuen Daten zu den externen Kosten (Stand 2017) dürfte der Betrag sogar noch um viele Milliarden Euro höher liegen. Vgl. Cuno Bieler / Daniel Sutter, Externe Kosten des Verkehrs in Deutschland, Straßen-, Schienen-, Luft- und Binnenschiffverkehr 2017. Studie erstellt von Infras (Zürich) im Auftrag der Allianz pro Schiene, Schlussbericht 21.8.2019.

16 Umweltschädliche Subventionen in Deutschland – Aktualisierte Ausgabe 2016, herausgegeben vom Umweltbundesamt.

müssen deutlich zugunsten der Bahn verschoben werden, die bislang auch im Vergleich zu unseren europäischen Nachbarländern stark unterfinanziert ist. Während Deutschland gerade einmal 77 Euro pro Einwohner und Jahr in die Bahn investiert, sind es in Österreich 218 und in der Schweiz gar 365 Euro. Beide südlichen Nachbarländer investieren auch wesentlich größere Anteile der gesamten Investitionsmittel in die Bahn statt in die Straße.[17]

Diese Mittel müssen aber tatsächlich dem System Schiene im Sinne eines flächendeckenden, sicheren, zuverlässigen, komfortablen und bezahlbaren Bahnverkehrs zugutekommen und nicht für bahnfremde Investitionen, für Auslandsabenteuer (vgl. das vorige Kapitel 14) oder für unnütze Großprojekte (vgl. Kapitel 10) verwendet werden. Zu fordern ist also an erster Stelle eine Konzentration auf das Kerngeschäft, den Bahnverkehr in Deutschland. Die Bahn muss an verkehrspolitischen Zielen, vor allem einer Verlagerung von Verkehr auf die Schiene, ausgerichtet werden und im Rahmen dieser Ziele die staatlichen Mittel sowie die Einnahmen wirtschaftlich verwenden. Die wirtschaftliche Mittelverwendung muss dabei durch unabhängige Institutionen wie den Bundesrechnungshof geprüft werden. Auf diese Weise wird mit den Mitteln für die Bahn tatsächlich ein Gegenwert geschaffen, nämlich eine gute Bahn für alle Menschen im Land. Momentan ist dies leider nicht der Fall: Mit den staatlichen Milliarden wird eine im europäischen Vergleich eher schlechte Bahn betrieben, die sich aufgrund der jahrelangen Fehlorientierung in einer tiefen Krise befindet.

Die Verschuldung der Deutschen Bahn AG muss deutlich zurückgefahren werden. Heute bezahlt die DB bereits Jahr für Jahr einen hohen dreistelligen Millionenbetrag für Zins und Tilgung. Ein zu erwartendes – gesenktes Rating wird diese Kosten weiter ansteigen lassen. Eine deutliche Reduktion der Schuldensumme kann dann erreicht werden, wenn, wie von uns gefordert, die DB aus allen Auslandsge-

---

17 Daten der Allianz pro Schiene, Stand 2019: www.allianz-pro-schiene.de/themen/infrastruktur/investitionen/

schäften aussteigt, also neben Arriva auch die Auslandsgeschäfte von Schenker veräußert. Nicht ausgeschlossen werden kann, dass eine neue Entschuldung der DB durch die öffentliche Hand ansteht. Dies ist jedoch nur dann zu verantworten, wenn es zu einem umfassenden Neuanfang kommt und die Bahn tatsächlich an verkehrspolitischen Zielen im Sinne einer Verkehrswende ausgerichtet wird.

Sabine Leidig
LOKbuch – lehrreiches Praktikum auf der Güterbahn

Wer in den Eisenbahnkosmos eintaucht – dorthin, wo die wirklichen Weichen gestellt werden, wird nie mehr das hohe Lied der Bahnprivatisierung singen. Darin wurde ich im Juli 2019 nach vier Tagen auf Rangierbahnhöfen und Güterloks bestärkt – von Männern aus dem Bahnbetrieb, die mit Leib und Seele dieses Transportsystem in Gang halten.

DB-Cargo-Standort Kassel, eine Zugbildungsanlage von großer logistischer Bedeutung. Mein Eindruck beim Herbeiradeln: Löchrige Zufahrt, verblasste Beschilderung, verrostete Geländer, wuchernde Brombeeren. Dieser Ort hat schon bessere Tage gesehen. Für die Nutzung dieser Infrastruktur werden zwei Millionen Euro pro Jahr an DB-Netz bezahlt. »*Wie das so ist, wenn Sie was vom Vermieter wollen – das dauert oder es passiert gar nichts – aber Miete kürzen kann man nicht*«. Ich soll mich nicht wundern über die unterschiedlichen Namen auf den Tafeln: DB-Schenker, DB-Railion, DB-Cargo im Wechsel… Die Kollegen erklären, warum: Alles schon mal dagewesen; Konzernzuschnitte und Bezeichnungen wechseln wie die Konzernstrategie.

In der Disposition vor Ort werden Zug, Lok und Triebfahrzeugführer zusammengefügt. Die Tür zum Gebäude steht offen. Alle Anliegen werden besprochen: »*Es ist ein Geben und Nehmen. Wenn ich dem entgegenkomme, weil eine Familienfeier ansteht, dann krieg ich auch mal eine Sonderschicht oder kann tauschen*«. Allerdings fehlen Lokführer oder auch Lokführerinnen. In Ballungsgebieten ist es noch schlimmer; auch im Rangierbetrieb, beim Wagendienst, auf Stellwerken oder in den Planungs- und Dispositionsteams führt der Personalmangel zu Ausfällen und Verzögerungen. »*Wir waren jahrzehntelang auf Personalabbau gepolt – so schnell kriegen wir jetzt keine neuen Fachkräfte her.*« Einer meldet eine Lok, die in Stadtallendorf stehen geblieben war. So was passiert öfter, weil die elektronische Steuerung versagt oder weil der Lokführer Schichtende hat und keine Ablösung da ist. »*Es wird überall abgestellt – ich glaub' die haben keinen Überblick mehr.*«

Ich frage: Versteht ihr, warum Verkehrsminister die Bahnreform so loben? Unisono: Nein! Lokführer*innen sind früher alle Triebfahrzeuge gefahren: solche von Güterzügen, Regionalbahnen oder ICE. Da gab es viel mehr Flexibilität. Jetzt gibt es Mehrfachstrukturen – »*mehr Wasserkopf*«. Über dem operativen Bahnbetrieb sind Vorstände entstanden – »*eine Lehmschicht*«: Alles wird mit Vorschriften geregelt, die Kompetenz liegt nicht mehr bei denen, die konkret vor Ort Verantwortung und Erfahrung haben. »*Da wird nicht mehr in das Handwerk der Eisenbahn vertraut.*« Das Bahnsystem ist kein Gewinnbringer... »*Lean Management und diese ganze Grütze – da wird richtig viel Geld verbrannt für nutzlose Workshops und Meetings [...] Da kommt der Controller und hat keine Ahnung von Eisenbahn, aber Dollarzeichen in den Augen.*«

Zwei Tage fahre ich mit Hauptlokführer Franz von Mannheim aus mit. Vor Weinheim auf dem Nebengleis ein Güterzug, voll beladen mit nagelneuen Audis, die von Neckarsulm nach Hamburg sollen. »*Der steht hier schon seit fünf Tagen [...] Ich*

*stell die Autos jetzt bei Ebay rein [...] Könnt ihr nicht eins brau-
chen?*«, scherzt die Frauenstimme aus dem Stellwerk. Die Fahr-
dienstleitung (Netz) kümmert sich nicht um den Zug. Cargo
zahlt ja Trassengebühr.

Ich staune über mechanische Stellwerke, die noch immer
zuverlässig funktionieren, und über Könner, die 80 Tonnen
schwere Waggons mit dem Bremsschuh punktgenau zum Stehen bringen. Ich erlebe Bordsysteme, die erst beim x-ten An-
lauf hochladen, verspätete Bereitstellung von Triebfahrzeug
oder Wagen – und sehe die kaputtgesparte Infrastruktur. »*Wir
werden moderner und die Leistungsfähigkeit sinkt.*«

Ich höre, sehe und spüre, dass die Eisenbahn ein großes
(Volks-)Vermögen ist: Die Anlagen sind wertvoll, sie müssen
gepflegt und gewartet werden. Und wir haben diese Men-
schen. Die Eisenbahn vermag so viel mehr, als sie heute darf.
Es braucht eine demokratische Offensive zur Rettung der Bahn.
Nur wenn sich die Fachkompetenz und die Leidenschaft der
Eisenbahner*innen mit einer vernünftigen, sozialökologischen
Verkehrspolitik verbindet, kann man wirklich viel mehr Ver-
kehr auf die Schiene verlagern.

*Sabine Leidig ist bahnpolitische Sprecherin der Linksfraktion
im Bundestag. Die 12-seitige Reportage über »Wahre Eisenbahner*innen und die fiesen Folgen der Bahnprivatisierung« ist veröffentlicht: www.sabine-leidig.de*

Kapitel 16

Der Fisch stinkt vom Kopf her – Oder: Notwendig ist ein umfassender Neuanfang

Eine andere Gesellschaftsform für die Bahn wäre folgerichtig. Und: Nach wie vor arbeiten die einzelnen Bahn-Töchter nebeneinander her, statt miteinander einen reibungslosen Betrieb zu gewährleisten. Das muss dringend geändert werden. Die Regierung darf nicht nur Plazebos verteilen, um Klimaschäden zu reparieren. Sie muss auch die Voraussetzungen dafür schaffen, dass die staatlichen Mittel wirken können. Es gab nie einen besseren Zeitpunkt für eine zweite Bahnreform.

Dieter Fockenbrock im Handelsblatt vom 6./7./8. September 2019

Niemand weiß, wie die Mobilität in zehn oder fünfzehn Jahren aussieht. Es gibt viele Ideen für neue Geschäftsmodelle. Wir haben uns an Clever Shuttle beteiligt, einem Fahrdienst in Städten.

Richard Lutz,
Interview in der Süddeutschen Zeitung vom 22. April 2019[1]

Schildert man in einer größeren Öffentlichkeit die irrationalen Entscheidungen der Deutschen Bahn hinsichtlich des Tarifsystems (vgl. Kap. 6) oder die unwirtschaftliche Maßnahme der Einstellung aller Nachtzüge (vgl. Kap. 7), beschreibt man, wie unverantwortlich die Deutsche Bahn mit den ihr anvertrauten Bahnhöfen und anderen Bahnimmobilien umgeht (vgl. Kap. 9), dokumentiert man, wie die

---

[1] Es handelt sich um einen »Ride-Pooling-Service« mit Miet-Autos. Die DB betreibt hier und anderswo das Geschäft der Autoindustrie und fördert Projekte, die dem öffentlichen Personennahverkehr schaden.

Deutsche Bahn zerstörerische Großprojekte umsetzt, bei denen
Schienenkapazitäten reduziert und Dutzende Milliarden Euro an
Steuergeldern verbrannt werden (vgl. Kap. 10), zeigt man auf, wie
grob fahrlässig und teilweise kriminell die Deutsche Bahn AG im Bereich Sicherheit im Schienenverkehr agiert (vgl. Kap. 11), dann sind
die meisten, die das hören, schlicht und einfach fassungslos. Und immer wieder werden die Fragen gestellt: Warum machen die das? Was
sind das für Leute, die so etwas tun? Sind es Ignoranz, Naivität oder
böse Absicht, die hinter diesem irrationalen, verantwortungslosen,
grob fahrlässigen und auch mitunter kriminellen Handeln stecken?
Die Antworten lauten: Naivität spielt kaum eine Rolle. Ignoranz ist
weit verbreitet. Vorherrschend sind Verantwortungslosigkeit gegenüber dem Unternehmen Deutsche Bahn, das diesen Top-Managern
anvertraut wurde, was auf den Tatbestand der fortgesetzten Untreue
hinausläuft, und damit ein Handeln, das sich gegen die Interessen der Schiene im Allgemeinen und gegen die Bedürfnisse der
Fahrgäste und der Bahnbeschäftigten im Besonderen richtet. Dass
dieses Handeln der Schiene schadet, kann diesen Personen nicht
verborgen geblieben sein; es spricht viel dafür, dass diese bewusst
so handeln. Das hat mit dem konkreten Personal an der Spitze der
Bahn und mit den konkreten Personen, die die Mehrheit der Führungskräfte stellen, zu tun. Die Top-Etage der Deutschen Bahn AG
ist durchsetzt mit bahnfremdem Personal, ja mit Führungskräften,
die beim Thema Mobilität nur den Blick durch die Windschutzschei-
be einer teuren Limousine kennen, deren Lebenswelt und Interessen von der Autoindustrie und der Luftfahrt geprägt sind und deren
bahnpolitische Praxis die Interessen der Konkurrenten der Schiene
bedient.

Das Management der DB AG

Beginnen wir ganz oben, dort wo der Fisch zu stinken beginnt. Die
drei Bahnchefs, die die Deutsche Bahn AG in den ersten mehr als
zwei Jahrzehnten ihrer Existenz prägten, waren Heinz Dürr, Hartmut Mehdorn und Rüdiger Grube. Bezieht man den Zeitraum 1990

bis 1993 als diejenige Periode, in der die Bahnprivatisierung intensiv vorbereitet und umgesetzt wurde, mit ein, dann dominierten diese Herren das Eisenbahngeschehen in Deutschland über ein Vierteljahrhundert hinweg – im Zeitraum 1990 bis 2017. Mit einer kurzen, zweijährigen Unterbrechung, in der – 1997 bis 1999 – der Bahnchef Johannes Ludewig hieß. Dürr, Mehdorn und Grube hatten alle drei vor ihrem Amtsantritt nie etwas mit Eisenbahn zu tun. Sie hatten alle drei den wichtigsten Teil ihrer beruflichen Karriere in der Kaderschmiede des Daimler-Konzerns absolviert. Alle drei hatten sie im Daimler- DASA-Imperium[2] den entscheidenden Teil ihrer Prägung in der Wirtschaftswelt erhalten. Dürr hatte Mehdorn als seinen Nachfolger vorgeschlagen. Mehdorn hatte Grube als Nachfolger ins Spiel gebracht. Grube war bei Daimler-DASA Mehdorns Büroleiter gewesen. Man kann das Ganze als die Daimler-DB-Dynastie bezeichnen.

Doch im Einzelnen: Heinz Dürr war ab 1991 Bundesbahnchef, von 1994 bis 1997 Chef der neuen Deutschen Bahn AG und anschließend 1997/98 Aufsichtsratschef der DB. Er war vor seinem Antritt als Bundesbahnchef fünf Jahre lang Daimler-Vorstand. Er war und ist maßgeblicher Eigentümer des weltweit führenden Autozulieferers Dürr AG. Sein Engagement in dem eng mit der deutschen Autoindustrie verbundenen Familienunternehmen Dürr AG behielt er während seiner Amtszeit als Bahnchef und DB-Aufsichtsratschef

---

2   Die DASA (Deutsche Aerospace Aktiengesellschaft) war von 1987 bis 2000 ein Luft- und Raumfahrtunternehmen, das zum Daimler-Benz-Konzern bzw. zum DaimlerChrysler-Konzern gehörte. DASA war der größte deutsche Rüstungsexporteur. Das Hauptgeschäftsfeld von DASA war die Beteiligung an dem französisch-deutschen Konzern Airbus. 2000 gingen die DASA-Bestandteile an den neu gebildeten Konzern EADS über, der später wieder den Namen Airbus übernahm. Daimler – und in diesem Rahmen Mehdorn und Grube – waren damit Geburtshelfer beim Entstehungsprozess eines militärisch-industriellen Komplexes in der EU. Das war offensichtlich ein politischer Prozess, in dem der Daimler-Konzern (hinter dem damals wiederum die Deutsche Bank stand) das Instrument war. Es gibt hier eine Parallele zur beschriebenen Rolle des DB-Konzerns bei den DB-Auslandsengagements.

immer bei. Er war, wie beschrieben, der »Erfinder« des desaströsen
Projekts Stuttgart 21. Dürr betrieb ab Mitte der 1990er Jahre auch
aktiv das Aus für den InterRegio, was dann die große Marktlücke
für die Fernbusse schuf, Großaufträge für den größten Bushersteller
Europas, nämlich Daimler, inbegriffen.[3]

Hartmut Mehdorn kam über den Flugzeugbau (VFW, MBB und
Airbus) zu Daimler. Ab 1989 nahm er führende Positionen bei Air-
bus und DASA ein. 1992 bis 1995 war er Vorstandsmitglied der
Daimler-Tochter DASA. Er galt als Kandidat für den Top-Job bei
Daimler und damit als Nachfolger von Edzard Reuter.[4] Als diese
Karriere durch den Aufstieg von Jürgen Schrempp an die Daimler-
Spitze verbaut war, wechselte er für kurze Zeit an die Spitze der Hei-
delberger Druckmaschinen. Mehdorn wurde dann 1999 von seinem
Duzfreund, dem Bundeskanzler Gerhard Schröder, als Bahnchef be-
rufen. Nach seinem Abgang bei der DB AG im März 2009 wirkte er
zwischen 2011 bis 2013 als Vorstandsvorsitzender der wenig später
Bankrott gegangenen Fluglinie Air Berlin und 2013/14 als Chef der
BER-Flughafengesellschaft. Mehdorn war derjenige, der das Projekt
Stuttgart 21, das sein Vorgänger im Amt, Johannes Ludewig, gestoppt
hatte, reaktivierte.

Rüdiger Grube kam ebenfalls über MBB und DASA zu Daim-

---

3   Siehe als aktuelles Beispiel: Daimler AG, 20 neue Setra für Flixbus , 26. April
     2018, unter: www.daimler.com.

4   Im Rückblick sind die Pläne und Projekte von Edzard Reuter, der in den Jah-
     ren 1987 bis 1995 an der Spitze der Daimler AG stand, differenziert zu be-
     trachten. Seine Grundidee, aus dem Autokonzern einen »integrierten Tech-
     nologiekonzern« zu machen und dabei unter anderem mit dem von ABB
     und Daimler gemeinsam getragenen Unternehmens Adtranz maßgeblicher
     Hersteller von Lokomotiven und anderer Bahntechnik zu werden, hätte zu-
     kunftsweisend sein können. Seine Nachfolger Jürgen Schrempp und Dieter
     Zetsche – und der mediale Mainstream – fällten allerdings ein vernichtendes
     Urteil über diese Konzeption und konzentrierten sich erneut auf die Her-
     stellung von Pkw, Lkw und Bussen – mit durchaus negativen Folgen für den
     Konzern selbst (siehe weiter unten im Text). Interessant ist in diesem Zu-
     sammenhang auch das von Edzard Reuter 2019 eingegangene Engagement
     gegen Stuttgart 21. Siehe: www.lenk-in-stuttgart.de (und dort die Liste der
     Erstunterzeichner).

ler. Er war 1990 bis 1992 Büroleiter von Mehdorn in der DASA-Geschäftsführung. Von 1996 bis 2009 nahm Grube im Daimler-Konzern führende Positionen ein. Unter anderem lenkte er gemeinsam mit Konzernchef Jürgen Schrempp die (am Ende krachend gescheiterte) Daimler-Expansion mit den Aufkäufen Chrysler (1998) und Mitsubishi Motors (2000). Dies kann als eine Art Vorspiel für seine spätere Global-Player-Strategie als Bahnchef gesehen werden. Anfang 2009 war Grube Chairman des Luft- und Rüstungskonzerns EADS. Er plädierte damals dafür, die Rüstungsexporte auszuweiten (»Exporte machen wir schließlich nicht mit Bratpfannen«[5]). In seiner Bahnchef-Amtszeit trat er bis zur Fukushima-Reaktor-Katastrophe vehement für die Verlängerung der Atomkraftwerke-Laufzeiten ein (siehe unten zur Person Jürgen Großmann). Die CDU/CSU-SPD-Koalition berief Grube am 25. April 2009 zum neuen Bahnchef. Er stand bis Januar 2017 an der Spitze der Deutschen Bahn. Grube war, wie beschrieben, nach Mehdorn der wesentliche Treiber bei der fatalen Global-Player-Strategie. Er war bei Stuttgart 21 der Exekutor – er war es, der zusammen mit der Bundeskanzlerin das zerstörerische Projekt politisierte und Ende 2010 erklärte: »Das Ding muss jetzt durchgezogen werden. [...] Wenn wir in Stuttgart nur einen Millimeter nachgeben, dann fliegen uns in Deutschland alle Infrastrukturprojekte um die Ohren.«[6]

Obgleich Grube am 30. Januar 2017 seinen Spitzenjob kündigte und ohne Vorankündigung von heute auf morgen aus dem Bahnkonzern ausschied, wurde er mit einem goldenen Handschlag verabschiedet.[7] Dabei gibt es gute Gründe, ihm Untreue gegenüber

---

5   Interview mit Rüdiger Grube, Süddeutsche Zeitung vom 23. März 2009.

6   Zitiert bei: Andreas Schmidt, Der Herrenabend als Heimspiel für den Bahn-Chef, Hamburger Abendblatt vom 15. November 2010.

7   Laut Geschäftsbericht 2017 (Seite 374) erhielt Rüdiger Grube für das Jahr 2017 2,3 Millionen Euro. Davon entfielen 2,251 Millionen auf »Bezüge im Zusammenhang mit der vorzeitigen Beendigung der Tätigkeit«. Das waren, angesichts der real 30 Tage Amtszeit als Bahnchef in dem Jahr, 76.667 Euro pro Tag.

dem langjährigen Arbeitgeber DB vorzuwerfen. Allzu krass gegen
DB-Interessen gerichtet sind die Engagements, die Grube sofort
nach seinem Weggang bei der Bahn übernahm: Im März 2017 wurde bekannt, dass Grube ab dem 21. Juni 2017 den Aufsichtsratsvor-
sitz der Hamburger Hafen und Logistik AG (HHLA) übernimmt.
Bereits dieses Engagement ist problematisch.[8] Im Juli 2017 wurde
publik, dass Grube als Chairman für das deutsche Investmentbanking der Vermögensverwaltungs- und Finanzberatungsgesellschaft
Lazard »gewonnen« wurde. Die *Süddeutsche Zeitung* verwies kaum
verhüllt darauf, dass es sich hier um ein Dankeschön der Investmentbank handeln dürfte: »Der Kontakt zwischen Lazard und Grube kam
nicht über die Politik, man kennt sich aus Grubes Zeit bei Daimler.
[…] Unter den Investmentbankern, von denen sich Daimler beraten
ließ, waren auch zwei Banker, die heute für Lazard arbeiten. Einer
davon ist der heutige Co-Deutschland-Chef Eric Fellhauser. Später,
als Grube als Bahnchef eine Teilprivatisierung der Töchter Schenker
und Arriva prüfen ließ, bekam Lazard den Auftrag. […] Dem bisschen Geschmäckle […] wirkt Grube mit dem Hinweis entgegen, dass
er weder mit Handel noch mit Hedgefonds zu tun habe. Finanziell
gut entschädigt wird er in diesem Job allemal.«[9] Seit Sommer 2017
arbeitet Grube auch als Berater für die Firma Herrenknecht, weltweit größter Hersteller von Tunnelbohrmaschinen. Hier liegt ein
massiver Interessenskonflikt vor: Die Deutsche Bahn ist Deutschlands größter Auftraggeber im Tunnelbau. Stuttgart 21 ist das größte
Tunnelbau-Projekt im Land überhaupt. Ein wesentlicher Auftrag-
nehmer beim S21-Großprojekt ist Herrenknecht. Grube verfügt auf
den Gebieten Bahn-Tunnelbau im Allgemeinen und Stuttgart 21 im
Besonderen über ein unschätzbares Insiderwissen. Die Interessenskonflikte münden in feine Verästelungen. So wenn Bahnchef Grube
ein knappes Jahr vor seinem Weggang bei der DB, im April 2016,

---

8   Die Deutsche Bahn AG unterhält enge geschäftliche Beziehungen zur
    HHLA. Die HHLA wiederum hat mit ihrem Tochterunternehmen Metrans
    einen der größten Bahn-Logistiker.

9   Andrea Rexer, Von der Bahn zur Bank, Süddeutsche Zeitung vom 14. Juli 2017.

verfügen ließ, dass die DB-Speditionstochter Schenker »Lang-Lkws«, auch »Giga-Liner« genannt, einsetzen kann, obgleich diese bislang bundesweit im Regelverkehr nicht zugelassen sind und die Durchsetzung dieser Mega-Lastkraftwagen den Schienengüterverkehr substanziell bedrohen.[10] Es war damals die Lkw-Spedition Schockemöhle, die sich in diesem Bereich besonders engagierte und seit 2014 Autoteile mit Gigalinern nach Bremen transportiert[11] – eigentlich ein klassisches Feld der Bahn. Nun ist – Überraschung! – Grube seit Sommer 2017 Beiratsvorsitzender bei der Lkw-Speditionsfirma Paul Schockemöhle.[12]

Ähnlich wie es an der Spitze der Bahn aussah (und roch), sieht es an der Spitze des Aufsichtsrats (AR) aus: Günther Saßmannshausen war der erste Aufsichtsratsvorsitzende der DB AG (in dieser Position 1994 bis 1997). Er spielte eine wichtige Rolle bei der Vorbereitung und Umsetzung Bahnreform, also bei der formellen Privatisierung der DB. Saßmannshausen stammt aus dem Ölgeschäft. Er war Preussag-Chef und u. a. Mitglied in den Aufsichtsräten von VW, Continental und Deutsche Shell. Auf ihn folgte in dieser Position 1997, wie bereits erwähnt, Heinz Dürr. Dürrs Nachfolger war Dieter Vogel (1999-2001), der als Ex-Thyssen-Mann eng mit der Transrapid-Technologie verbunden war. Die Deutsche Bahn unterstützte dann in der Ära Mehdorn den Einsatz des Transrapid, obgleich dieses teure Magnetbahn-System direkt mit der Schiene konkurrierte. Auf Vogel folgte an der AR-Spitze Michael Frenzel (2001-2005), erneut ein Top-Mann von Preussag/Tui, damals auch Betreiber der Billig-Airline Tuifly. Frenzel war dann 2006 bis Juli 2018 einfaches Mitglied im Aufsichtsrat der DB AG. Seit 2012 ist Frenzel Präsident des Bundesverbandes der Deutschen Tourismuswirtschaft (BTW). In dieser

---

10   Christian Schlesiger, Die überraschenden Strategieschwenks der Bahn. Bahn-Logistiksparte testet Monster Trucks, Wirtschaftswoche vom 20. April 2016.

11   Schockemöhle fährt Autoteile per Lang-LKW nach Bremen, Deutsche Verkehrs-Zeitung 10/2014, unter: www.forschungsinformationssystem.de.

12   Wikipedia-Artikel zu Rüdiger Grube [10.7.2019].

Position ist er vor allem ein Lobbyist der Luftfahrt.[13] 2005 wurde
Werner Müller Aufsichtsratsvorsitzender. Er war damals gleichzeitig Chef der Ruhrkohle AG-Stiftung. Die Ruhrkohle (RAG) ist einer
der wichtigsten Kunden im Schienengüterverkehr der DB AG; das
Unternehmen hat ein Interesse an niedrigen Frachttarifen, was wiederum für die DB gewinnreduzierend ist. Auf Müller folgte 2010 bis
2018 Utz-Hellmuth Felcht. Felcht nimmt seit 2007 und bis heute bei
dem Finanzinvestor One Equity Partners (OEP) eine führende Position ein. OEP ist mit der zweitgrößten Bankengruppe in den USA, JP
Morgan Chase & Co, verbunden. Der Name OEP fiel immer wieder
mal, wenn es zu neuen Anläufen zur Privatisierung der Deutschen
Bahn kam oder wenn große Tochtergesellschaften der Deutschen
Bahn teilprivatisiert werden sollten, wie dies 2015/2016 geplant war.

Seit April 2018 ist der CDU-Politiker und Staatssekretär Michael
Odenwald Vorsitzender des DB-Aufsichtsrats. Der Mann engagierte
sich bislang vor allem für das Wohlergehen der Luftfahrt – derjenigen Form von Mobilität, die in besonderem Maß zur Klimaerwärmung beiträgt. Odenwald war bis April 2018 Aufsichtsratschef bei
Fraport, und er ist weiter Mitglied im Aufsichtsrat von Fraport, dem
größten deutschen Airport, der zugleich im internationalen Luft-
verkehrsgeschäft engagiert ist. Odenwald stellte im Dezember 2016
zusammen mit dem damaligen Bundesverkehrsminister Alexander
Dobrindt die Eckpunkte eines Nationalen Luftverkehrskonzeptes
vor, in dem Nachflugverbote weitgehend ausgeschlossen werden und
der Hauptakzent auf ein weiterhin starkes Wachstum der Luftfahrt
gesetzt wird.[14]

---

13   Er fordert in dieser Funktion ausdrücklich, dass »die Eisenbahnmärkte
      europaweit liberalisiert« werden. Der Verband tritt ein für einen generellen
      »Aus- und Neubau der Fernstraßen«. Er bezieht unmissverständlich Partei
      für die Luftfahrtbranche und fordert »die Luftverkehrssteuer ad acta zu le-
      gen«, »Nachtflugverbote und Flugverbote in Tagesrandzeiten [...] zu verhin-
      dern« und »die großen Flughafendrehkreuze bedarfsgerecht« auszubauen.
      All das sind Positionen, die in direktem Widerspruch zu den Interessen der
      DB AG stehen. Zitate nach der offiziellen Website des Verbandes.

14   Siehe: Bündnis Südost gegen Fluglärm, Eckpunkte-Papier zum nationalen

Es klingt natürlich ein bisschen nach Verschwörungstheorie oder besser Verschwörungspraxis, wenn eine Kontinuität mit den Interessen der Autolobby nahestehenden Top-Bahn-Personen von Dürr bis Grube und über alle DB-Aufsichtsratschefs hinweg behauptet wird. Und wenn dabei einigermaßen auffällig Bahnchef Johannes Ludewig ausgeklammert wird. Wie passt dann dieser Top-Bahn-Mann in das »Schema«? Tatsächlich bildet Ludewig in der beschriebenen Serie einen interessanten Sonderfall. Er war in den Jahren 1997 und 1998 der von Kanzler Helmut Kohl eingesetzte Bahnchef. Einiges spricht dafür, dass Ludewig als Kohl-Vertrauter damit einen Versorgungsposten erhielt. Ludewig war keine Lichtgestalt in diesem Amt. Beispielsweise unterstützte er weiter, wie zuvor Dürr, die Magnetbahn-Technologie. Er sprach sich auch grundsätzlich für einen Bahnbörsengang aus. Doch in einigen Punkten engagierte er sich offensichtlich aus Überzeugung für Bahn-Interessen: So stellte er Stuttgart 21 auf den Prüfstand und sprach sich schließlich Anfang 1999 gegen die Fortführung des Projekts aus. Er startete eine Pünktlichkeitsoffensive und knüpfte die Boni der Manager an das Erreichen dieses Ziels. Vor allem seine sachlich nachvollziehbare Kritik am Stuttgart-21-Tiefbahnhof stieß bei Heinz Dürr, Aufsichtsratschef bis Februar 1999, auf erbitterten Widerstand. Die Leidenschaftlichkeit und Konsequenz, mit der er die Pünktlichkeitsoffensive betrieb (»Der Satz ›Pünktlich wie die Eisenbahn‹ muss wieder zum Markenzeichen der Bahn werden«[15]), trieb die Mehrheit der Führungskräfte, die Einkommenseinbußen befürchteten, auf die Barrikaden. Fatal war sicher auch, dass in seine Amtszeit die Eisenbahnkatastrophe von Eschede fiel. Eine Verantwortung dafür traf allerdings Ludewig eher nicht; die falschen Entscheidungen im Vorfeld waren schon weit früher getroffen worden (vgl. Kapitel 11). Doch er war auch nicht in der Lage, offensiv eine seriöse Aufklärung über die Ursachen des Un-

---

Luftverkehrskonzept der Bundesregierung. Presseinformation vom 6. Dezember 2016, unter: www.bündnissüdost.de.

15 Wirtschaftswoche 51/1997.

glücks zu betreiben. Die Ablösung von Ludewig als Bahnchef wurde dann vor allem von Gerhard Schröder betrieben. Schröder war bis Herbst 1998 als niedersächsischer Ministerpräsident und Mitglied im VW-Aufsichtsrat eng mit dem größten deutschen Autohersteller verbunden; ab September 1998 stand er der ersten rot-grünen Bundesregierung vor und ließ sich gerne als »Autokanzler« titulieren. Nach Ludewigs Weggang und mit Mehdorns Antritt als neuer Bahnchef wurde als eine der ersten Maßnahmen die Koppelung Bahnpünktlichkeit und Boni aufgegeben. Bald darauf wurde das Projekt Stuttgart 21 wieder auf die Schiene gesetzt. Insgesamt gesehen erscheint die Kurzzeitära Ludewig eher als eine Ausnahme, mit der die hier beschriebene Regel bestätigt wird, wonach auf den Top-Sesseln im Bahnkonzern immer mehr die Herren mit den Auto- und Luftfahrtinteressen Platz nahmen.

Dazu passt, dass es auch unterhalb der Top-Ebene im Vorstand und Aufsichtsrat der Deutschen Bahn eine große Zahl von Führungskräften gab und gibt, die auch auf diesem Level die Durchsetzung des Bahnkonzerns mit Auto- und Luftfahrtinteressen dokumentieren.[16] Wir beschränken uns auf drei exemplarische Beispiele.

Christoph Franz. In der Ära Mehdorn fiel vor allem der große Einfluss von Ex-Lufthansa-Leuten ins Auge. Diese waren maßgeblich für das 2002 neue und dann gescheiterte Bahnpreissystem verantwortlich, das sich am Ticket-System der Airlines ausrichtete. Damit verbunden war die Abschaffung der BahnCard 50 (siehe Kapitel 6). Franz war ab 1990 bei der Lufthansa, zuletzt in höheren Manager-Positionen tätig. 1994 wechselte er zur Deutschen Bahn, wo er bald Mitglied im Konzernvorstand und Chef der Fernverkehrssparte wurde. Nach dem Scheitern dieser Bahnpreisreform ging Franz zur Schweizer Fluggesellschaft Swiss, die er bald unter die weiten Flügel des Lufthansa-Kranichs führte. 2011 wurde Franz Lufthansa-Chef. Diese Position hatte er dann bis 2014 inne. Sein beruflicher Werdegang endete dort, wo er begann. Die Deutsche Bahn war in der

---

16   Siehe Details bei: http://wikireal.info/wiki/Deutsche_Bahn/Strategie.

Karriere von Franz faktisch eine Zwischenstation – jedoch mit ausgesprochen negativer Wirkung für die Bahn.

Jürgen Großmann: Der Milliardär war bis Sommer 2018 ein langjähriges und äußerst einflussreiches Mitglied im Bahnaufsichtsrat. Großmann gehört laut Forbes zu den hundert reichsten Personen in Deutschland. Er war 2007 bis 2012 Chef des Energiekonzerns RWE. Er initiierte 2010 den »Energiepolitischen Appell«, der für eine Verlängerung der Laufzeiten der Atomkraftwerke warb und wurde dabei von Bahnchef Rüdiger Grube engagiert unterstützt. Großmann gehört zum Kreis der »Frogs«, der »Friends of Gerd«. Er kaufte 1993 für zwei DM das damals marode Unternehmen Georgsmarienhütte (GM-Hütte) auf. Bei Wikipedia heißt es, er »formte« das Unternehmen zu einem verschachtelten Großkonzern mit rund 50 einzelnen, von der GM-Holding kontrollierten Unternehmen. Zu ergänzen ist, dass, »bei Großmanns Start als Unternehmer [...] der damalige Ministerpräsident von Niedersachsen [...] Gerhard Schröder wertvolle Hilfe [leistete] und über die landeseigene NordLB für die Anschubfinanzierung [sorgte].«[17] Die Unternehmen der GM-Holding sind in den Bereichen Stahl, Maschinenbau, Autozulieferung und – vor allem – Bahntechnik engagiert. Mit der Bochumer Verein Verkehrstechnik GmbH und der Bahntechnik Brand-Erbisdorf GmbH ist die GM-Hütte nach Eigendarstellung »der führende Radsatzhersteller in Europa«.[18] Von der erwähnten GM-Tochter in Bochum stammte auch die beschriebene Radkonstruktion, mit der die ICE-1-Züge ausgestattet wurden und die maßgeblich zur Eschede-Katastrophe beigetragen hatte (vgl. Kap. 11). Wobei diese Räder im Bereich Straßenbahnen und langsamer verkehrenden Eisenbahnen durchaus ihren Zweck erfüllen. Wichtigster Kunde in dem Bereich Radsatzherstellung war laut GM-Hütte-Angaben die DB AG. Die

---

17   Handelsblatt vom 20. April 2005.

18   Zitate nach der Website der GM-Hütte. Die Neuerwerbung der GM-Holding, MWL Brasil Rodas & Eixos Lta in Sao Paolo, Brasilien, wiederum ist im südamerikanischen Markt führend in der Herstellung von Eisenbahnachsen und Radsätzen.

Interessenskonflikte zwischen Großmann als Unternehmer und Großmann als Kontrolleur der DB waren also ausgesprochen vielfältig.

Antje Neubauer. Die PR-Fachfrau war in den Jahren 2006 bis Sommer 2019 für die DB tätig, zuletzt als Marketingleiterin und PR-Chefin.[19] Sie arbeitete zuvor für den RWE-Konzern. Neubauer sagte von sich: »Ich bin bahntechnisch sozusagen ein Spätzünder. [...] Bevor ich 2006 zur Bahn ging, hatte ich keinerlei Bahn-Bezug. Ich kann mich nicht entsinnen, mit meinen Eltern je Zug gefahren zu sein.«[20] Noch 2019 betonte Antje Neubauer: »Ich bin ein Autofan! [...] Noch heute fahre ich leidenschaftlich gern Auto – und höre dabei laut Musik und singe.«[21] 2017 entstand unter der Ägide von Antje Neubauer und anlässlich der Eröffnung der Hochgeschwindigkeitsstrecke Berlin – München bei der DB ein ausgesprochen aufwendig gedrehter 90-Sekunden-DB-Werbefilm mit dem Formel-1-Weltmeister Nico Rosberg, in dem der ICE gegen das Flugzeug und gegen ein (von Rosberg ziemlich sportlich gefahrenes) Auto gewinnt. Am PR-Film-Ende lässt Rosberg auf der Dachterrasse eines Luxushotels die Champagner-Korken knallen. Eine Fachzeitschrift stellte die berechtigte Frage: »Ob die Konsumenten Rosbergs Einsatz für den Bahnkonzern [...] als glaubwürdig empfinden, wird sich herausstellen. Schließlich

---

19 Neubauer kündigte ihren Job Anfang 2019. Sie war noch bis September 2019 für die DB aktiv. Im Oktober übernahm Jürgen Kornmann ihren Job. Kornmann ist seit 2008 bei der DB. Er wiederum war 1998 bis 2007 für VW aktiv, u. a. als Markensprecher für Vertrieb, Marketing, Elektronische Medien und IT. Nach: Zeit online vom 22. Februar 2019.

20 Ich bin ein Autofan, Interview mit Antje Neubauer, Unterwegs, Oktober 2018 (turi2 edition #7).

21 Ebenda. Wenn Frau Neubauer ihr Privatleben beschreibt, dann klingt das so: »Wir [sie und ihr Lebensgefährte; die Autoren] wohnen in zwei verschiedenen Städten und auch er arbeitet sehr viel. Es ist nicht einfach, unsere beiden Terminkalender zu koordinieren. Es gab Situationen, in denen wir zum anderen geflogen sind, statt mit dem Zug zu fahren, weil wir nur vier Stunden Zeit zusammen hatten.« In: »Wenn man meinen Job richtig machen will, geht das nicht in Teilzeit«. Interview mit Antje Neubauer, Die Zeit online vom 22. Februar 2019.

steht er wie kaum ein zweiter in Deutschland für schnelle Autos und war regelmäßig für seinen langjährigen Arbeitgeber Mercedes-Benz im Werbeeinsatz.«[22] Die Nachbarbahn ÖBB unternahm übrigens vor einiger Zeit den Versuch, den (2019 verstorbenen) Ex-Formel-1-Piloten Niki Lauda als Werbeträger einzuspannen – ebenfalls mit einem ausgesprochen fragwürdigen Ergebnis.[23]

Und wie sieht die aktuelle Führungscrew im Bahnkonzern aus? Wo ist der noch relativ neue Bahnchef Richard Lutz zu verorten? Lutz wird in der Regel als netter Junge und idealer Schwiegersohn, dann noch, wie erwähnt, als aus einer Eisenbahner-Familie stammender Bahner, beschrieben. Im Übrigen, so der überwiegende Tenor der Berichte, sei Lutz farblos; ein unbeschriebenes Blatt. Bezugnehmend auf die Eisenbahnerfamilien-Legende wurde in der *Frankfurter Allgemeinen Zeitung* festgestellt, dass Lutz »nie im Betrieb unterwegs (war), immer am Schreibtisch«.[24] Richtig ist, dass der Betriebswirtschaftler Richard Lutz bereits 1994 zur neu gegründeten Deutschen Bahn AG kam und dass seine Karriere ausschließlich dort stattfand. Lutz hat sich jedoch längst als überzeugter Privatisierer präsentiert. So machte er 2011, als er im Bahnkonzern »nur« der für die Finanzen verantwortliche Vorstand war, deutlich, dass die Bahnprivatisierung für das Top-Personal dieses Unternehmens immer zentrales Thema und für ihn eine Herzensangelegenheit ist. Er führte in der *Börsen-Zeitung* aus: »Auf unseren Roadshows im Ausland findet das Schlechtreden der Bahn-Entwicklung nicht statt. […] Im September [2011] werden wir wieder vier Stationen (mit Roadshows; d.

---

22 BBDO schickt dreifachen Nico Rosberg in ein Wettrennen gegen sich selbst, Horizont vom 20. Oktober 2017, unter www.horizont.net.

23 2006 antwortete der Ex-Formel-1-Fahrer und damaliger Chef der Billigfluglinie NIKI auf die Frage, wie oft er bisher Bahn gefahren sei: »Als ich vor zwei Jahren in den Aufsichtsrat der Österreichischen Bundesbahnen gewählt wurde, hatte ich zum ersten Mal in meinem Leben das Gefühl, ich sollte in einen Zug einsteigen. Ich bin von Wien nach Graz gefahren.« Frage: »Das war Deine erste und letzte Bahnfahrt?« Antwort Lauda: »Richtig«. Interview in: Penthouse, März 2006.

24 Frankfurter Allgemeine Zeitung vom 9. Dezember 2017.

Red.) haben: In Tokio, in Peking, Hongkong und Singapur besuchen
wir Staatsfonds und Pensionsfonds. Das machen wir seit 2002. Vor
allem in Japan [...] fragen uns die Anleger immer wieder, wann wir
endlich an die Börse gehen.«[25] Zu diesem Zeitpunkt behaupteten
die maßgeblichen Politiker der damaligen schwarz-gelben Bundesregierung und der damalige Bahnchef Grube, ein Bahnbörsengang
oder eine Privatisierung der DB AG stünden »nicht auf der Tagesordnung«. Lutz konnte damals Gegenteiliges vortragen, da ihn niemand
als künftigen Bahnchef auf dem Schirm hatte. Lutz trat auch für eine
weitere Erhöhung der Trassenpreise ein – was jeden Schienenverkehr
abwürgen muss und was die Tendenz im Bahnkonzern, wonach die
Holding wie ein Wegelagerer bei den Trassen und Bahnhöfen agiert,
stärkt.[26] Nur wenige Wochen nach seinem Amtsantritt als Bahnchef
wurde Lutz im April 2017 auf der Bilanzpressekonferenz mit der
Frage konfrontiert, wie er beim Projekt Stuttgart 21 zu verfahren ge-
denke. Er antwortete, er sei »finster entschlossen«, Stuttgart 21 fertig zu bauen.[27] Das war eine typische Freud'sche Fehlleistung: Lutz
weiß natürlich, dass das Projekt kontraproduktiv ist. Er führte im
Verkehrsausschuss des Bundestages wenig später auch aus, dass das

---

25   Interview in der Börsen-Zeitung vom 11. Februar 2011.

26   Auf der Verkehrsausschuss-Sitzung vom 25. März 2015 sagte Lutz laut Pro-
     tokoll (und in einer Replik auf die Abgeordnete Sabine Leidig, DIE LINKE):
     Im Bereich der Infrastruktur liege die Rendite »mit drei Prozent weit unter
     den Kapitalkosten«. Der DB müsse es »in den kommenden Jahren im Be-
     reich Infrastruktur gelingen, ihre Ergebnisse bzw. den Cash Flow zu stei-
     gern«. Bei einer »Rendite von nur 3 Prozent« sei es »auf Dauer schwierig,
     dieses Geschäft aufrechtzuerhalten«. Damit verteidigte er die viel zu hohen
     Trassenpreise und sprach sich indirekt für deren weitere Erhöhung aus. Da-
     bei ist es lächerlich, von einer »Kapitalrendite« bei DB Netz zu sprechen,
     da der größte Teil der Schieneninfrastruktur vom Steuerzahler geschenkt
     wurde und da der Bund Jahr für Jahr vier bis sechs Milliarden Euro in die
     Infrastruktur steckt. Die Forderung nach einer Verzinsung von Geschenken
     ist betriebswirtschaftlich fragwürdig und verkehrspolitisch pervers. Zitate
     nach dem Protokoll des Ausschusses für Verkehr und Infrastruktur, Sitzung
     vom 25. März 2015.

27   Siehe: Winfried Wolf, abgrundtief + bodenlos. Stuttgart 21, sein absehbares
     Scheitern und die Kultur des Widerstands, 3. Auflage, Köln 2019, S. 176.

Projekt der DB dauerhaft Verluste einbringen würde.[28] Doch er ist eben Teil der bahnzerstörerischen DB-Führungskräfte-Crew, die sich politischen Vorgaben und nicht den Fahrgästen oder dem Schienenverkehr primär verpflichtet fühlt. Und vor diesem Hintergrund gibt es keinerlei sachliches Argument für Stuttgart 21; es bleibt die »finstere Entschlossenheit«.

Die Volksweisheit lautet: Wie der Herr, so's G'scherr. So auch im Fall des aktuellen Bahnvorstands. Lutz zur Seite steht – und an Lutz' Stuhl sägt – Ronald Pofalla. Dieser ist ein Mann, der seine Entschlossenheit, öffentliche Gelder zu veruntreuen, sehr früh dadurch dokumentierte, dass er als Bundestagsabgeordneter in den Jahren 2006 bis 2009 aus Mitteln für den MdB-Bürobedarf Montblanc-Luxusschreibgeräte im Wert von 14.722,32 Euro orderte.[29] Pofalla war lange Zeit Kanzleramtschef und unter Bundeskanzlerin Angela Merkel fürs Grobe verantwortlich. Im Vorfeld der DB-Aufsichtsratssitzung am 5. März 2013, auf der eine neue Kostensteigerung für Stuttgart 21 beschlossen werden sollte und auf der die Zustimmung einzelner AR-Mitglieder als unsicher galt, schlug Pofallas Stunde. Er bearbeitete einzelne Aufsichtsräte – und konnte am Ende alle Räte (mit der Ausnahme des GDL-Vertreters) für die Zustimmung zur S21-Kostenerhöhung gewinnen. Gegen Pofalla wurde in dieser Sache mehrfach Anklage wegen Untreue erhoben.[30] Sein Einzug in den Vorstand der Deutschen Bahn im August 2015 wurde allerorten als Belohnung für seine Nibelungentreue gegenüber der Kanzlerin interpretiert. Mit Eisenbahn hatte Pofalla nie etwas zu tun. In seiner CDU-Stammregion hatte er sich vielmehr als wackerer Promoter des hoch defizitären Regionalflughafens Weeze hervorgetan, während gleichzeitig Schienenstrecken in der betreffenden Region stillgelegt wurden. Als Verantwortlicher für die Bahn-Infrastruktur versagte

---

28   7. Sitzung des Ausschusses für Verkehr und digitale Infrastruktur am 18. April 2018

29   Montblanc-Affäre – Pofalla griff bei Luxusfüllern am meisten zu, Berliner Morgenpost vom 24. August 2016.

30   Siehe: http://stuttgart21.strafvereitelung.de/

Pofalla im Sommer 2017 bei dem Tunneleinbruch in Rastatt komplett. Das Handelsblatt monierte, Pofalla sei »abgetaucht«, um in be-
währter Weise die Angelegenheit »auszusitzen«.[31]

Seit dem 1. Januar 2019 ist Alexander Doll Finanzvorstand. Er
übt diese Funktion in Personalunion mit dem Job des Logistik-Ver-
antwortlichen im Vorstand, den er seit Herbst 2017 innehat, aus.
Als Finanzvorstand löste Doll Richard Lutz ab. Alexander Doll hat
damit, von der Öffentlichkeit weitgehend unbemerkt, eine enorme
Machtfülle auf sich konzentriert. Das ist erstaunlich für einen absoluten Newcomer – und aufschlussreich für einen Mann mit dieser
höchst spezifischen Vita: Als Doll im November 2017 zur Deutschen
Bahn stieß – damals im Vorstand zunächst nur verantwortlich für
die Geschäftsfelder DB Cargo und DB Schenker – verwies Bahnchef
Lutz darauf, dass Doll in seiner früheren Zeit als Banker »uns als DB
bei mehreren Projekten beraten« hat.[32] Das ist höchst zurückhaltend
formuliert. Alexander Doll ist Bankkaufmann mit viel Erfahrung im
internationalen Investmentbanking. Es ist kaum nötig zu betonen,
dass er mit Eisenbahn nie etwas zu tun hatte. Doll war im Zeitraum
2001 bis 2009 in führenden Positionen bei der Schweizer Bank UBS
tätig. In dieser Funktion fädelte er den Aufkauf des US-Logistikers
Bax Global durch die Deutsche Bahn AG ein. Ein Fehlschlag für die
DB. Ein gutes Geschäft für UBS (siehe Kapitel 14). Doll war sodann in
den Jahren 2005 bis 2008, erneut als Top-Banker bei UBS, engagiert
beim damals geplanten Börsengang der Deutschen Bahn. Auch in
diesem Fall war der damalige Bahnchef Hartmut Mehdorn sein Auftraggeber. Das Projekt war ein Fehlschlag für die DB. Aber es war ein
Geschäft für UBS. Im Frühjahr 2009 wechselte Alexander Doll dann
zur Investmentbank Lazard. Er nahm dort im Zeitraum Mai 2009 bis
Dezember 2012 die Position eines »Managing Director of Financial
Advisory Business Germany« ein. In dieser Funktion organisierte er

---

31   Handelsblatt vom 30. August 2017; siehe ausführlich: Winfried Wolf, ab-
     grundtief + bodenlos, a. a. O., S. 324.

32   Brief von Richard Lutz an die Mitarbeiter des Bahnkonzerns vom 10. No-
     vember 2017.

2010 – in der Zeit mit Rüdiger Grube als Bahnchef – den bislang größten Auslandseinkauf der Deutschen Bahn AG überhaupt, die Übernahme des britischen Bus- und Schienenverkehrsbetreibers Arriva. Grube ist, wie beschrieben, heute für Lazard aktiv. 2018 wurde beschlossen, dass Arriva wieder verkauft wird. Im Bahnvorstand ist damit beauftragt: Alexander Doll. Mitte 2019 zeichnet sich ab, dass die DB nicht einmal das Geld zurückbekommt, das 2010 für Arriva bezahlt wurde. Das wäre dann ein Fehlschlag für die DB. Und wieder einmal ein Geschäft für diejenigen Banker, die den neuen Arriva-Deal abwickeln. Wer wird dies sein? UBS? Lazard? Oder Barclay? Für die letztgenannte Bank war Doll 2012 bis 2017 aktiv – in der Zeit, bevor er zur DB kam.

Grundsätzlich muss die Frage gestellt werden: Was könnte die Motivation für den 47-jährigen Alexander Doll gewesen sein, trotz »deutlicher Einkommenseinbußen« zur DB zu wechseln? Er gilt als »einer der bekanntesten Investmentbanker Deutschlands« und vertrat bis zu seinem Wechsel zur DB in nicht gekündigter Position die Großbank Barclays in Deutschland. »Doll gilt als Dealmaker«, schreibt ein Finanzfachblatt.[33] Und mit »Deals« bei der Deutschen Bahn AG dürften in erster Linie neue Versuche einer Teilprivatisierung gemeint sein – oder die Ausgliederung beispielsweise des Schienengüterverkehrs. Der Verantwortliche bei DB Cargo heißt im Übrigen seit November 2017 Roland Bosch. Ihn qualifizierten für diesen Job die Tatsachen, dass er Betriebswirtschaftler ist, dass er im früheren Berufsleben für eine Beratungsfirma, die Boston Consulting Group, tätig war und von 2002 bis 2010 als Führungskraft für den Bahn-Konkurrenten und größten Lkw- und Bushersteller Europas, den Daimler-Konzern, arbeitete.[34]

---

33 Mark Heinrichs / Michael Hedtstück, Investmentbanker Alexander Doll wird Bahn-Vorstand, FinanzMagazin vom 10. November 2017, unter: www. finance-magazin.de.

34 Deutsche Verkehrs-Zeitung vom 23. November 2017. Bosch war bei Daimler 2002 bis 2005 Leiter des Strategiebereichs und 2005 bis 2010 Finanzchef von Daimler für Nordostasien mit Sitz in Peking.

Verbindet man die beschriebene Struktur auf der Führungsebe-
ne der Deutschen Bahn AG mit der tiefen Krise des Bahnkonzerns,
dann muss von einer existenziellen Krise des Schienenverkehrs in
Deutschland gesprochen werden. Zu einem vergleichbaren Schluss
kommt der EVG-Vorsitzende Alexander Kirchner, der die Lage des
Bahnkonzerns Anfang 2019 wie folgt auf den Punkt brachte: »In seiner heutigen Form ist das Unternehmen Deutsche Bahn nicht überlebensfähig [...] Es gibt keinen großen Kredit mehr für die Bahn in
der Öffentlichkeit und in der Politik. Für den Bahnvorstand ist das
die letzte Chance zu zeigen, dass er es kann.«[35]

Doch was ist, wenn dieser Vorstand dies gar nicht will? Wenn er
keine Chance ergreifen will, um der Bahn wieder eine Perspektive zu
weisen? Dieser Vorstand und die Mehrheit der Führungskräfte im
Konzern Deutsche Bahn sind inzwischen – wie umfassend ausgeführt – so zusammengesetzt, dass ihnen die Interessen der Fahrgäste
und der Bahnbeschäftigten mehr oder weniger gleichgültig sind. Sie
bringen dies nicht selten offen zum Ausdruck. So als der damalige
Bahnchef Mehdorn erklärte: »Bei Strecken, auf denen ich mit dem
Zug länger als drei Stunden unterwegs bin, nehme ich den Flieger.
Denn lange Bahnreisen sind eine Tortur.«[36] Wobei Mehdorn in be-
sonderem Maß auf die Konzentration auf Hochgeschwindigkeitsverkehr setzte, der überhaupt erst ab drei Stunden Fahrtzeit sinnvoll ist.
Oder wenn Ulrich Homburg, bis 2015 DB-Verantwortlicher für den
Fernverkehr, offen bekannte, nie Nachtzug gefahren zu sein – aber
den Nachtzug dann einfach einstellte. Oder wenn die Bahnchefs vom
»Autonomen Fahren« schwärmen und sich für die neue Offensive
der Autoindustrie in Form von »floatenden Stadtautos« engagieren,
Autos, die flächendeckend in den Stadtzentren verteilt sind.[37]

---

35   Zitiert in: Markus Balser, Die letzte Chance, Süddeutsche Zeitung vom
     13. Januar 2019.

36   Zitiert nach: Sächsische Zeitung vom 14. Januar 2003.

37   Homburg: »Ich bin noch nie Nachtzug gefahren« – das sagte im Januar 2015
     der damalige Personenverkehrs-Vorstand der DB ML AG Ulrich Homburg
     am Rande einer Anhörung zum Thema Nachtzüge des Bundestagsausschus-

Viele der Top-Verantwortlichen im Bahn-Konzern vertreten, wie aufgezeigt, Interessen, die in Widerspruch zu einer gedeihlichen Entwicklung der Schiene stehen. Und alle betreiben sie eine Politik, die kontraproduktiv für den öffentlichen Verkehr im Allgemeinen und den auf Schienen im Besonderen ist. Es gibt damit in Deutschland – und zugleich in Europa – Indizien für einen vergleichbaren, gefährlichen Prozess, wie wir ihn in den USA mit dem Niedergang des schienengebundenen, öffentlichen Verkehrs im Zeitraum 1930 bis 1960 erlebt hatten. Für die USA gilt als belegt, dass für die Zerstörung des öffentlichen Verkehrs in den US-Städten eine Verschwörungspraxis verantwortlich war, die von den Autokonzernen General Motors, Ford, Chrysler im Verbund mit dem Reifenhersteller Firestone organisiert wurde, ein vor der Öffentlichkeit geheim gehaltenes Komplott, dessen Wirken nachträglich in einem Ausschuss des US-Senat im Jahr 1974 mit dem »Snell-Report« dokumentiert wurde.[38]

ses für Verkehr und digitale Infrastruktur. Siehe: Lunapark21, Extra 13, Sommer 2016. Zum Aspekt DB und autonomes Fahren siehe das diesem Kapitel vorangestellte Motto und die dazu gehörende Fußnote.

38   Im Jahr 1974 wurde in der für den US-Senat verfassten Studie von Bradford C. Snell umfassend dokumentiert, wie General Motors, Standard Oil und der Reifenhersteller Firestone die radikale Umstrukturierung des Transportsektors über mehr als drei Jahrzehnte hinweg mit krimineller Energie vorangetrieben hatten. Danach wurden nach der Weltwirtschaftskrise, in den 1930er Jahren, in Millionenstädten wie Baltimore, Philadelphia, New York, St. Louis und Los Angeles die Unternehmen mit schienengebundenen Verkehrsmitteln, die jahrzehntelang gut funktioniert hatten, aufgekauft, der Schienen-Transport abgebaut bzw. auf Busverkehr umstrukturiert. Zu diesem Zweck gründeten General Motors, Standard Oil of California (also Rockefeller) und der führende Reifenhersteller Firestone die Holding National City Lines. Bis 1950 kaufte diese Gesellschaft Stadt für Stadt elektrische Verkehrssysteme auf und wandelte sie in Busgesellschaften um. Dieser tiefgreifende Umbau des nordamerikanischen Verkehrssektors wurde noch dadurch begünstigt, dass General Motors zu diesem Zeitpunkt in den USA 70 Prozent aller Autobusse und 80 Prozent aller Lokomotiven herstellte und somit die Transportarten, die eine Alternative zum privaten Straßenverkehr bildeten, kontrollierte. In der Snell-Studie finden sich Formulierungen, die an die aktuellen Debatten über Stadtzerstörung und Umwelt- und Klimabelastung erinnern. »Die Motorisierung hat sich die Lebensqualität im südlichen Kalifornien drastisch verändert. Heute [1974; die Autoren] ist Los An-

Es sind in Deutschland vier sich wechselseitig bedingende Prozesse, die in diese Richtung wirken: Erstens ist, wie ausführlich beschrieben, der Verkehrsmarkt massiv so ausgerichtet, dass das Auto und das Flugzeug gefördert und die Schiene benachteiligt wird. Eine aktuell diskutierte (und im Übrigen vom Bundesverband der Deutschen Industrie, BDI, geforderte) CO_2-Steuer wird daran wenig ändern, da sie erneut als »End-of-the-pipe«-Maßnahme angelegt ist: Es wird nicht, wie dringend erforderlich, die Verkehrsmarktordnung grundsätzlich geändert, sondern auf diese wird eine zusätzliche Steuer aufgepfropft. Zweitens gibt es die beschriebene tiefe Krise der Schieneninfrastruktur im Allgemeinen und des Konzerns Deutsche Bahn AG im Besonderen als Langzeitfolge von Bahnreform, den Sparprogrammen mit Abbau von Infrastruktur, der Orientierung auf den Börsengang und des mehr als 20-jährigen Fahrens auf Verschleiß. Drittens findet die gefährliche europaweit betriebene Offensive der Fernbusse statt, in deren Zentrum sich mit Flixbus ein Unternehmen befindet, hinter dem finanzstarke US-Investoren und der Daimler-Konzern stehen. Hier gibt es die Parallele zur Geschichte der Greyhound-Busse, die in den USA nach dem Zweiten Weltkrieg wesentlich dazu beitrugen, dass dort der Schienenverkehr in der Fläche zerstört wurde. Die Greyhound-Busse wurden zum größten Teil vom führenden US-Autokonzern General Motors produ-

geles ein ökologisch zerstörtes Gebiet. Die Palmbäume verdorren aufgrund des von der Petrochemie getränkten Smogs. Die Orangenhaine wurden mit über 3000 Meilen Stadtautobahnen zubetoniert. Die Luft ist vergiftet durch die vier Millionen Pkw, von denen die Hälfte von GM stammt und die Tag für Tag 13.000 Tonnen Schadstoffe ausstoßen. Mit der Zerstörung des Pacific Electric Rail System wurden Los Angeles Hoffnungen auf [...] eine smogfreie Stadt zerstört." Bradford C. Snell, The American Ground Transport. A Proposal for Restructuring the Automobile, Truck, Bus and Rail Industries, vorgelegt dem Subcommittee on Antitrust and Monopoly of the Committee on the Judiciary United States Senate, 26. Februar 1974; unsere Übersetzung. Siehe zusammenfassend zu dem Report bei Wikipedia den Artikel: Großer Amerikanischer Straßenbahnskandal; auch: Winfried Wolf: Snell-Report zur Zerstörung der Eisenbahn in den USA: Nicht VerschwörungsTHEORIE – VerschwörungsPRAXIS!, 2014, unter: www.wikireal.info.

ziert. Viertens haben in der Führung der Deutschen Bahn AG Leute das Sagen, die die Interessen des Auto- und Flugverkehrs sowie der Investmentbanken vertreten. Diese vier Faktoren haben wesentliche Wechselwirkungen. Die Verkehrsmarktordnung ist vor allem von Auto- und Luftfahrtinteressen bestimmt. Das zeigte sich sehr deutlich beim Skandal um die weltweit manipulierten Diesel-Pkw-Motoren. Die Verkehrsmarktordnung wurde vor wenigen Jahren so geändert, dass die Fernbus-Offensive erst möglich wurde. Vergleichbares findet auf EU-Ebene statt: Fernbusse im Allgemeinen und Flixbus im Besonderen sind europaweit in der Offensive Wobei Flixbus inzwischen auch im Bereich des Schienenpersonenfernverkehrs aktiv wurde. Die Durchsetzung der Deutschen Bahn AG geht soweit, dass der Bahnkonzern zunächst selbst im großen Maßstab ins Fernbusgeschäft einstieg (und dabei weitgehend am Unternehmen Flixbus, das heute ein Fast-Monopol einnimmt, scheiterte). Die DB setzt auch heute noch auf Strecken mit eigenen Bahnverbindungen eigene Busse in Konkurrenz zur Schiene ein.[39]

Diese Krise erscheint als das Ergebnis einer von langer Hand geplanten, systematischen Politik. Deshalb ist es auch so schwer, in eine Offensive zugunsten der Schiene zu gehen. Eine Stimmung in der Öffentlichkeit mit dem Tenor »Die Schiene bringt es einfach nicht« wird auf diese Weise systematisch gefördert – und ist in diesem Sinn vergleichbar mit der Phase 1990 bis 1993 im Vorfeld der Bahnreform. In diesem Rahmen sind es dann oft anscheinend fortschrittliche Modernisierer-Parteien, die im Konzert der Zerstörung der Schiene eine

---

39   Dies trifft zu auf die EuroCity-Verbindung Zürich – Lindau – München, auf der die DB gleichzeitig eigene InterCity-Busse einsetzt, die auf dieser Verbindung schneller als die Bahn unterwegs sind und bei denen in der Regel Fahrpreise angeboten werden, die deutlich niedriger als die Preise für die EC-Tickets sind. Gleichzeitig zögerte die DB die Elektrifizierung der Verbindung Lindau – München jahrzehntelang hinaus, obgleich die Schweiz bzw. die SBB auf diese Maßnahme drängten und sich bereit erklärten, hierfür die Vorfinanzierung zu leisten. Die Züge aus Zürich verkehren dann über Österreich und bis Lindau mit elektrischer Traktion. In Lindau muss ein Lokwechsel erfolgen, wofür aktuell bis zu 15 Minuten Aufenthaltszeit eingeplant sind.

tragende Rolle spielen. Das war der Fall 1993/94 bei der Bahnreform, 1999 bei der Berufung des harten Privatisierers Hartmut Mehdorn als Bahnchef und 2005 bis 2008 beim Projekt Bahnbörsengang, als die SPD und die mit der SPD verbundene Gewerkschaft GdED und Transnet den Prozess der Bahnprivatisierung maßgeblich mittrugen. Das ist heute der Fall mit den Grünen, die mit ihrer Fixierung auf »Wettbewerb« und mit der Einstellung des Widerstands gegen Stuttgart 21 erhebliche Mitverantwortung für den Zersetzungsprozess der Bahn tragen.[40]

Wie kann es weitergehen?

Ende 2018 trafen sich laut *Welt am Sonntag* die Ex-Bahnchefs Heinz Dürr, Hartmut Mehdorn, Rüdiger Grube und der amtierende Bahnchef Richard Lutz – im Kreis von gut zwei Dutzend Top-Leuten der Deutschen Bahn AG – zum »Weihnachtsessen«. Die Stimmung sei laut Bericht »erstaunlich gut gewesen«. Das verblüfft bei einem Blick auf das Rekordtief bei der Pünktlichkeit im Fernverkehr (70 Prozent), angesichts des Rekordhochs bei den Bahnschulden (25 Milliarden Euro) und vor dem Hintergrund des kurz zuvor geschehenen fatalen ICE-Brandes bei Dierdorf (vgl. Kapitel 11). Trotzdem fühlten sich die Ex-Bahnchefs und der amtierende Bahnchef laut Zeitungsbericht einander nah. Die tiefe Krise, in der sich der Bahnkonzern befindet, scheint sie nicht wirklich zu beunruhigen. In dem Bericht über das Weihnachtsessen heißt es: »DB-Chef Richard Lutz wirkte entspannt, wie Teilnehmer berichten. Der Eigentümer Bund sei zufrieden mit der Entwicklung der Bahn, habe Lutz gesagt, berichtet

---

40   Das Wirken grüner Verkehrspolitik hat auch praktische, für die Autoindustrie durchaus positive Folgen. Die Zahl der in Deutschland zugelassenen Pkw stieg im Zeitraum 2010 bis Frühjahr 2019 von 41,73 auf 47,30 Millionen oder um 13,3 Prozent an. Im gleichen Zeitraum stieg die Zahl der in Baden-Württemberg registrierten Pkw von 5,72 auf 6,63 Millionen oder um 16,5 Prozent an. Ein vergleichbar hohes, überdurchschnittliches Wachstum des Pkw-Bestands gab es nur noch im CSU-Land Bayern. In Baden-Württemberg stellen die Grünen seit 2010 den Ministerpräsidenten und den Verkehrsminister. Daten nach Kraftfahrzeugbundesamt 2019.

einer der Eingeladenen später. […] ›Das Treffen hat inzwischen Tradition. Da sagen die Ehemaligen den Jungen, wie es laufen müsste,
und die machen dann weiter so, was sie wollen‹, witzelte einer der
Gäste im Anschluss.«[41]

Doch genau ein solches »Weiter so«, darf es nicht geben. Die Krise der Deutschen Bahn hat Ausmaße erreicht, die ein gemeinsames
und schnelles Agieren von allen verlangt, die dem Schienenverkehr
verbunden sind und die diesem eine Zukunft erhalten wollen: ein gemeinsames Handeln der im Bahnbereich und im übrigen öffentlichen
Verkehrssektor verankerten Gewerkschaften EVG, GDL und Ver.di,
der Umweltverbände und der Organisationen, die – wie die Allianz
pro Schiene, PRO BAHN und der VCD (um einige zu nennen) – die
Interessen des Schienenverkehrs im Allgemeinen und der Fahrgästen
im Besonderen vertreten. Das muss verbunden sein mit einem umfassenden personellen Neuanfang. Die Deutsche Bahn hat nur dann
eine Chance auf eine Bewältigung der beschriebenen Krise und auf
eine positive Entwicklung, wenn an ihrer Spitze ein Team steht, das
Eisenbahn liebt und für die Schiene – aus Überzeugung – lebt. Vor
allem muss ein solcher Neustart verbunden werden mit einer neuen
Struktur und möglichst auch mit einer anderen Unternehmensform
der Deutschen Bahn. Dies sollte vorzugsweise eine Anstalt des Öffentlichen Rechts sein, in der die Orientierung am Gemeinwohl und am
Ziel, die Schiene zu fördern und die Interessen der Fahrgäste und der
Beschäftigten zu wahren, im Zentrum stehen. Denkbar ist allerdings
auch, dass als erster Schritt die Satzung der Deutschen Bahn AG neu
formuliert und beschlossen wird. In derselben müssten als die drei zentralen Ziele verankert sein: die Verlagerung von Verkehr auf die Schiene, die Orientierung der Unternehmenspolitik an den Bedürfnissen
der Fahrgäste bei gleichzeitigem sozialverantwortlichem Umgang mit
den Beschäftigten und den Gewerkschaften und schließlich die Konzentration der Unternehmenstätigkeiten auf den Schienenverkehr in

---

41   Nach: Nikolaus Doll, Schwere Zeiten bei der Bahn, Welt am Sonntag vom
     9. Dezember 2018.

Deutschland, was auch heißt: Ausstieg aus bahnfremden und Auslandsgeschäften. Interessanterweise behauptet die amtierende Bundesregierung im Koalitionsvertrag, also seit Anfang 2018, just eine
solche Neufassung der Satzung der Deutschen Bahn AG zu planen.[42]

Ein solches Unternehmen – gleichgültig ob Anstalt des öffentlichen Rechts oder Aktiengesellschaft mit neu formulierter Satzung
– braucht klare Zielvorgaben im Sinne von Qualitätskriterien und
Orientierung auf Verkehrsverlagerung auf die Schiene. Nur so wird
es möglich sein, wesentlich mehr Verkehr von der Straße und aus der
Luft auf die Bahn zu verlagern, was in Zeiten der sich zuspitzenden
Klimakrise das wichtigste Anliegen der Verkehrspolitik sein muss.

Viele der in diesem Buch geforderten Maßnahmen kosten Geld,
von dem es in den politischen Diskussionen immer wieder heißt, es
sei nicht vorhanden. Für eine wirkliche Verkehrswende mit einem
wesentlich größeren Verkehrsmarktanteil für die Bahn – sowohl im
Personen- als auch im Güterverkehr – muss tatsächlich viel Geld investiert werden. Doch dies lässt sich in erster Linie durch eine Umverteilung von Mitteln innerhalb des Verkehrssektors generieren,
wobei es dadurch gleichzeitig noch weitere positive Effekte im Sinne
einer Verkehrswende hat:

---

42   Die Aktiengesellschaft als Unternehmensform ist ohne Zweifel suboptimal,
     wenn die Ziele eines Unternehmens vor allem an öffentlichen Bedürfnissen
     und nicht an einer Gewinnmaximierung orientiert sind. Die vielfach vor-
     getragene Behauptung jedoch, die Unternehmensform Aktiengesellschaft
     verhindere per se eine Politik, die die oben formulierten drei Ziele im Zent-
     rum hat und eine AG als Unternehmensform zwinge förmlich zum Ziel der
     Gewinnmaximierung, ist schlicht falsch. Nirgendwo im Aktiengesetz findet
     sich ein entsprechender Paragraf. Es gibt auch eine größere Zahl von städ-
     tischen Verkehrsbetrieben mit der Unternehmensform AG, die erkennbar
     nicht primär an der Gewinnmaximierung orientiert sind. Im Fall der Unter-
     nehmensform Aktiengesellschaft – wie bei der Deutschen Bahn gegeben –
     spielt die (auch vom Aktienrecht geforderte) Satzung eine nicht unerheb-
     liche Rolle. Die Deutsche Bahn AG verfügt über eine eigene Satzung (siehe
     www.deutschebahn.com). In dieser wird der DB z.B. (in § 2, Absatz 2 und
     3) weitgehend freie Hand gelassen für eine Expansion im In- und Ausland –
     und zwar allgemein im Bereich Transport und Logistik. Doch in dieser Sat-
     zung steht kein Wort von einem Ziel, Verkehr auf die Schiene zu verlagern.

- Beendigung des Dieselsteuerprivilegs: zusätzliche Einnahmen von rund 7,35 Milliarden Euro pro Jahr.
- Beendigung der Steuerbegünstigung für Dienstwagen: zusätzliche Einnahmen von mindestens 3,1 Milliarden Euro pro Jahr.
- Beendigung der Kerosinsteuerbefreiung für den Luftverkehr: zusätzliche Einnahmen von rund 7,08 Milliarden Euro pro Jahr.
- Beendigung der Mehrwertsteuerbefreiung für den grenzüberschreitenden Luftverkehr: zusätzliche Einnahmen von 4,76 Milliarden Euro pro Jahr.[43]
- Stopp des fortgesetzten Ausbaus des Autobahn- und Fernstraßennetzes und Reduktion der Investitionsmittel auf die Instandhaltung: eingesparte Investitionsmittel in Höhe von mindestens 7,2 Milliarden Euro pro Jahr.[44]
- Stopp eines Ausbaus und der Subventionierung von Flughäfen mit öffentlichen Mitteln: eingesparte Investitionsmittel in Milliardenhöhe.

Es lassen sich alleine durch ein Ende des bisherigen Modells der Förderung der fossilen Verkehrswirtschaft rund 30 Milliarden Euro pro Jahr zur Bahn verlagern. Damit sind die oben genannten Forderungen problemlos finanzierbar. In einer Dekade, in der die hier skizzierte umfassende neue Bahnpolitik umgesetzt werden müsste, sind damit rund 300 Milliarden Euro mobilisierbar. Wobei wir hier noch nicht einmal die mindestens so hohen externen Kosten des Verkehrs berücksichtigt haben: Mit dem Ausbau der Bahn bei gleichzeitigem Rückgang des Straßenverkehrs und der Luftfahrt ließen sich externe Kosten dieser letztgenannten Verkehrsarten in sehr großer Höhe einsparen.[45]

---

43 Alle Daten zu den genannten Subventionen nach: Umweltschädliche Subventionen in Deutschland 2016, herausgegeben vom Umweltbundesamt.

44 Investitionsmittel für den Straßenverkehr laut Statistischem Bundesamt.

45 Laut einer aktuellen Studie erzeugt der Straßenverkehr alleine externe Kosten von 141 Mrd. Euro pro Jahr – die nicht von den Verursachenden, sondern von der Gesellschaft und im Falle des Klimas von zukünftigen Gene-

Mit einem mutigen politischen Umsteuern im Sinne der in diesem Buch skizzierten Maßnahmen kann die Bahn zu einem wichtigen Element der Verkehrswende werden. Dies ist insbesondere in Anbetracht der Klimakrise dringend notwendig. Eine bessere Bahn ist möglich, aber sie wird den politischen Kampf vieler engagierter Menschen erfordern. Wir, die Autoren dieses Buches, setzen uns für eine solche Verkehrswende ein und ermutigen alle, sich mit uns zu engagieren. Die Bahn in Deutschland und in Europa muss und kann wieder eine zuverlässige, komfortable und bezahlbare Bahn für alle werden.

In diesem Sinn veröffentlichte das Bündnis Bahn für Alle, das sich 2005 gegründet hat und seitdem für eine bessere Bahn in öffentlicher Hand engagiert, seit nunmehr zwölf Jahren immer am Tag vor der Bilanzpressekonferenz der Deutschen Bahn AG ihren Alternativen Geschäftsbericht Deutsche Bahn.[46] In diesem Sinn führten wir jeweils am Ende der vorangehenden 15 Kapitel wichtige Maßnahmen auf, die im Rahmen einer Verkehrswende zu ergreifen sind. Und mit diesem Ziel initiierten wir im Frühjahr 2019 das Projekt »Initiative Rettet die Bahn«, mit dem wir zu einem breiten Bündnis im Interesse eines solchen Neuanfangs bei der Schiene aufrufen.[47]

---

rationen getragen werden. Die externen Kosten der Bahn betragen für die gleiche Verkehrs- bzw. Transportleistung im Vergleich zur Straße weniger als ein Drittel (im Personen-) bzw. weniger als die Hälfte (im Güterverkehr) – wobei der Luftverkehr nochmals deutlich schlechter abschneidet als der Straßenverkehr. Vgl. Cuno Bieler / Daniel Sutter, Externe Kosten des Verkehrs in Deutschland, Straßen-, Schienen-, Luft- und Binnenschiffverkehr 2017. Studie erstellt von Infras (Zürich) im Auftrag der Allianz pro Schiene, Schlussbericht 21.8.2019.

46　Wir publizierten im Januar 2019 ein Sonderheft zu »25 Jahre Deutsche Bahn«, mit wesentlichen Teilen aus dem 2018er Alternativen Geschäftsbericht Deutsche Bahn. Siehe: Lunapark21, Extra 18/19, Januar 2019, »25 Jahre Deutsche Bahn AG – 9131 Tage Störungen im Betriebsablauf« (www.lunapark21.net). Bahn für Alle ist ein Bündnis aus 20 Organisationen und wird von dem Verein Gemeingut in BürgerInnenhand (GiB) getragen. Weitere Informationen unter www.bahn-fuer-alle.de

47　Siehe den auf den folgenden Seiten wiedergegebenen Text.

Initiative »Rettet die Bahn!« – Zehn Forderungen

Der Schienenverkehr in Deutschland und die Deutsche Bahn (DB) befinden sich in einer schweren Krise. Dies wird in vielen Medien-Beiträgen verdeutlicht (siehe z. B.: »Die Anstalt« vom 29. Januar 2019). Dabei ist heute eine nachhaltige Bahn notwendiger denn je. Daher fanden wir uns als »Initiative Rettet die Bahn« zusammen und stellen die folgenden zehn Forderungen zur Diskussion.

1. Mobilität: Gerecht, nachhaltig, sozial

Die Benachteiligung der Schiene gegenüber den weniger nachhaltigen Verkehrsträgern muss beendet werden. Subventionen sind nur sinnvoll für Verkehrsarten mit optimaler Klimabilanz, die zugleich allen zur Verfügung stehen (Fußgänger, Fahrrad, ÖPNV, Bahn).

2. BürgerBahn. Demokratische Bahn. Nachhaltigkeitsbahn

Die Erfahrungen mit bisher erfolgten Privatisierungen und Aufspaltungen sind negativ. Das Ja zum Deutschland-Takt unterstreicht die Notwendigkeit einer »Bahn in einer Hand«. Das starke Engagement der DB in risikoreichen Auslandsgeschäften sowie in Lkw-Speditionen ist kontraproduktiv. Unternehmensform und Statut der DB müssen den drei Zielen dienen: mehr Schienenverkehr, maximale Sicherheit, optimaler Fahrgastkomfort. Es gilt Gemeinwohlorientierung anstelle Gewinnmaximierung.

3. Das Betätigungsfeld der DB ist Deutschland

Die DB ist für die Schieneninfrastruktur und für den Schienenverkehr *in Deutschland* verantwortlich. Engagements außerhalb von Deutschland und jenseits der Schiene sind deutlich zu reduzieren.

4. Keine Konzentration auf Großprojekte

Begonnene und geplante Großprojekte (Stuttgart 21, Zweite S-Bahn-Stammstrecke München, Hamburg-Altona/Diebsteich, Fehmarn-Belt-Querung) werden auf den Prüfstand gestellt.

5. Infrastruktur in einer Hand – Trassenpreise senken

Die Infrastruktur-Unternehmen DB Netz, Station & Service und DB Energie sind in *einem* Unternehmen und ohne Personalabbau im produktiven Bereich zusammenzufassen. Die Nutzungsentgelte werden mit dem Ziel »Verlagerung auf die Schiene« deutlich gesenkt. Gewinne werden in die Infrastruktur reinvestiert (keine Gewinnabführung an die Holding).

6. Vereinfachtes, attraktives Preissystem

Notwendig ist eine Tarifreform mit deutlicher Senkung der regulären Preise und dem Verzicht auf Schnäppchentickets zu Dumpingpreisen. Dazu gehören deutlich niedrigere Preise für BahnCard 50 und BahnCard 100, sodass diese Mobilitätskarten eine massenhafte Verbreitung finden wie in der Schweiz.

7. Nachtzüge wieder einführen – grenzüberschreitenden Schienenverkehr ausbauen

Notwendig ist der Wiederaufbau eines europaweiten Tages- und Nachtzugnetzes. Damit wird Luftverkehr auf die Schiene verlagert.

8. Deutschland-Takt konkretisieren

Das Ja zum Deutschland-Takt erfordert eine deutliche Verbesserung der Zielfahrpläne, die Ertüchtigung von Bahnknoten, den Netzausbau, die Erweiterung vieler eingleisiger Strecken zu Zweigleisigkeit, deutlich mehr Elektrifizierung und die Wiedereinführung einer Zuggattung im Fernverkehr, die die Fläche erschließt (ähnlich dem früheren *InterRegio*). Ziel ist eine deutliche Verlagerung von Pkw-, Lkw- und Flugverkehr auf die Schiene.

9. Mitarbeiter stärken, Management verschlanken

Der wichtigste Aktivposten der Bahn sind die Beschäftigten. Notwendig ist eine deutliche Aufstockung der Zahl der im produktiven Bereich Beschäftigten. Insbesondere die unteren Lohngruppen müssen besser entlohnt und die Arbeitsbedingungen und Schichtsysteme überarbeitet werden. Die Beschäftigten müssen sich wieder mit der DB identifizieren können. Im Managementbereich wird ein Personalabbau angestrebt. Grundsätzlich muss das Führungspersonal aus Menschen bestehen, die »*Schiene leben*«.

10. Strategische Ausrichtung

Die Einflussnahme bahnfremder Lobbygruppen und der Einfluss bahnfremder Unternehmensberater auf die Bahn müssen unterbunden werden. Die Gremien der DB sollten aus Fachleuten bestehen, die demokratisch legitimiert, in Sachen Bahn kenntnisreich, unabhängig und vor allem leidenschaftlich engagiert sind für eine nachhaltige und soziale Bahn-Mobilität.

Wer die Bahn retten will, muss für eine Flächenbahn, für eine Bürgerbahn und für eine nachhaltige Bahn eintreten. Wir tun das! Unterstützen Sie uns!

Unterzeichnende Personen

Tom Adler, Stadtrat, Stuttgart / Prof. Dipl.-Ing. Karl-Dieter Bodack, M.S., Gröbenzell / Thilo Böhmer, Lokführer und GDL-Mitglied, Rodgau / Peter Cornelius, Vorsitzender des Landesverbandes Berlin-Brandenburg des Fahrgastverbandes PRO BAHN / Dr. Christoph Engelhardt, Geschäftsführer von Wiki-

Real.org, Garching bei München / Klaus Gietinger, Regisseur, Autor, Sozialwissenschaftler, Frankfurt/M. / Dipl.-Ing. Eberhard Happe, Bundesbahndirektor a. D., Celle / Johannes Hauber, Betriebsratsvorsitzender i. R., Mannheim / Prof. Dr. Wolfgang Hesse, Informatiker und Fahrplan-Experte, München / Joachim Holstein, ehem. Zugbegleiter, BR und Wirtschaftsausschuss Mitropa und DB ERS, Nachtzug-Bündnis »Back on Track«, Hamburg / Dipl.-Ing. (BA) Andreas Kegreiß, Aktionsbündnis gegen S21, SPD-Mitglied, IHK Verkehrsausschuss Region Stuttgart / Andreas Kleber, Schorndorf / Dr. Bernhard Knierim, Biophysiker und Verkehrswissenschaftler, Werder (Havel) / Prof. Dr. Hermann Knoflacher, Wien / Thomas Kraft, Landesvorsitzender des Fahrgastverbandes PRO BAHN Hessen, Lahnau / Katrin Kusche, Redaktion »Ossietzky«, Berlin / Monika Lege, Politologin, Hamburg / Sabine Leidig, MdB, bahnpolitische Sprecherin Fraktion DIE LINKE, Kassel / Arno Luik, Journalist und Autor, Hamburg / Prof. Dr. Heiner Monheim, Geograf, Stadt- und Verkehrsplaner, Mitinhaber von raumkom Institut für Raumentwicklung und Kommunikation, Trier, Bonn, Malente / Dipl.-Physiker Roland Morlock, Deutscher Bahnkundenverband Baden-Württemberg, Stuttgart / Albrecht Müller, NachDenkSeiten, Pleisweiler / Werner Sauerborn, Aktionsbündnis gegen S21, Stuttgart / Julian Smaluhn – Referent für Mobilität bei Robin Wood / Dipl.-Ing. Carl Waßmuth, Gemeingut in BürgerInnenhand – GiB, Berlin / Dr. Winfried Wolf, Michendorf

Unterstützende Verbände, Organisationen, Medien

Bahn für Alle / Aktionsbündnis gegen Stuttgart 21 / Bahnfachleutegruppe Bürgerbahn statt Börsenbahn (BsB) / Gemeingut in BürgerInnenhand – GiB / Redaktion Lunapark21 / NachDenkSeiten / Redaktion »Ossietzky« /Robin Wood

VERLAGSANZEIGE

Winfried Wolf

abgrundtief
+ bodenlos

**Stuttgart 21,
sein absehbares Scheitern
und die Kultur des Widerstands**

3., aktualisierte und erweiterte Auflage
Hardcover | 373 Seiten, mit zahlr. Abb.
ISBN 978-3-89438-671-9
€ 20,00 [D]

Stuttgart 21 ist nicht nur das größte Bauprojekt in Deutschland. Es hat auch
die Besonderheit, dass hier mit einem Aufwand von gut 10 Milliarden Euro
eine funktionierende Bahnhofskapazität um 30 Prozent verkleinert werden soll.
Die Gewinner sind die Immobilienbranche, die Autoindustrie und die Luftfahrt.
Die Verlierer sind der Schienenverkehr, Stuttgarts Bevölkerung und das Klima.

*»Wolf erklärt den Durchhaltewillen der Bürgerbewegung mit der Erkenntnis,
dass es bei S21 um mehr geht als um einen Bahnhof.«* (ver.di publik)

*»Die in der hier vorgelegten zweiten Auflage erstmals wiedergegebenen
Stimmen vieler Menschen, die sich vor Ort gegen das zerstörerische Projekt
engagieren, dokumentieren die Breite der Bürgerbewegung gegen Stutt-
gart 21. Dabei wäre kein anderer als Winfried Wolf geeigneter, diese gesamte
Geschichte des beeindruckenden Widerstands gegen S21 zu schreiben.«*
(Volker Lösch)

PapyRossa Verlag
Luxemburger Str. 202, 50937 Köln, Tel. (02 21) 44 85 45, Fax 44 43 05
mail@papyrossa.de – www.papyrossa.de

VERLAGSANZEIGE

Kai Eicker-Wolf /
Patrick Schreiner

Mit Tempo in
die Privatisierung

**Autobahnen, Schulen, Rente
– und was noch?**

Paperback | 194 Seiten
ISBN 978-3-89438-655-7
€ 14,90 [D]

Der Bund setzt zu Lasten der Länder eine zentrale Bundesfernstraßengesell-
schaft durch, zudem sollen kommunale Schulgebäude künftig vom Bund direkt
gefördert werden können. Beides öffnet den Weg zu noch mehr Privatisierungen und zu noch mehr Öffentlich-Privaten Partnerschaften. Darüber freuen
kann sich die Finanzwirtschaft – für Versicherungen, Banken und Investment-
fonds gibt es neue Anlagemöglichkeiten. Und freuen wird sich die Politik – ele-
gant kann sie nun selbstverordnete Verschuldungsregeln umgehen. Die Bürgerinnen und Bürger aber haben aufgrund intransparenter und undemokratischer
Entscheidungsprozesse das Nachsehen. Und die Steuerzahlenden müssen
für Extrarenditen der Investoren aufkommen. Dieses Buch zeigt: Die aktuellen
politischen Entwicklungen ordnen sich ein in eine lange Reihe wirtschafts-
und sozialpolitischer Fehlentscheidungen. Dazu gehören insbesondere die
anhaltende Förderung von Öffentlich-Privaten Partnerschaften, die »Schulden-
bremse« und die Teilprivatisierung der Altersvorsorge in Deutschland.

PapyRossa Verlag
Luxemburger Str. 202, 50937 Köln, Tel. (02 21) 44 85 45, Fax 44 43 05
mail@papyrossa.de – www.papyrossa.de